AF548059

Der Antisemitismus und die Moderne

Umschlag vorn:
Foto vom Torhaus des KZ Auschwitz-Birkenau, Aufnahme kurz nach der Befreiung 1945.
Aufnahme: Stanisław Mucha. Bundesarchiv, B 285 Bild-04413

Die Deutsche Nationalbibliothek verzeichnet diese Publikation
in der Deutschen Nationalbibliografie;
detaillierte Daten sind im Internet über https://portal.dnb.de/ abrufbar.

Originalausgabe: Antisemitism and Modernity, New York 2006, Routledge

Hentrich & Hentrich Verlag Berlin Leipzig
Inh. Dr. Nora Pester
Haus des Buches
Gerichtsweg 28
04103 Leipzig
info@hentrichhentrich.de
http://www.hentrichhentrich.de

Korrektorat: Simon Raulf
Umschlag: Gudrun Hommers
Satz: Barbara Nicol

1. Auflage 2020

Printed in the EU
ISBN 978-3-95565-349-1

Hyam Maccoby

DER ANTISEMITISMUS UND DIE MODERNE

Die Wiederkehr des alten Hasses

Herausgegeben von Peter Gorenflos
Aus dem Englischen von Wolfdietrich Müller

Inhalt

Vorwort des Herausgebers

Muss man dem Vorwort Hyam Maccobys zu seinem letzten Werk „Der Antisemitismus und die Moderne" überhaupt noch etwas hinzufügen? Er hatte es kurz vor seinem Tod im Jahre 2004 fertiggestellt. Maccoby spricht hier von Essays, von Übungen, die zeigen, dass eine Gegensätzlichkeit zwischen dem mittelalterlichen christlichen und dem modernen „rassistischen" Antisemitismus in Wirklichkeit nicht existiert. Er versteht seine Essays auch als Aufforderung, seine Untersuchungen fortzusetzen. Wie war es überhaupt möglich, dass der Antisemitismus die Aufklärung überdauern und trotz Französischer Revolution und ihrer Ideale „Freiheit, Gleichheit, Brüderlichkeit" überleben konnte? Nach der Lektüre dieses Buches kommt man zu dem Schluss, dass dies nur möglich war, weil auch das Christentum, die Kirche – wenn auch geschwächt – überlebt hat. Die Revolution hatte die Catholica in ihre Schranken verwiesen und die Scheiterhaufen zum Erlöschen gebracht, aber eines ihrer ursprünglichen Ziele hatte sie verfehlt. Sie hatte die Religion mit den Mitteln der Vernunft und der Wissenschaft nicht vollständig überwunden. Die mittelalterliche Feudalität wurde durch die Herrschaft des Bürgertums abgelöst. Durch die industrielle Revolution im 19. Jahrhundert entstand eine neue soziale Klasse, die der Industriearbeiter, und damit einhergehend ein neuer gesellschaftlicher Interessenkonflikt, der mit dem Gleichheitsprinzip für alle Menschen nicht vereinbar war. Die Kirche, viele Jahrhunderte ein Pfeiler feudaler Macht, wurde nun zur Stütze des Bürgertums.

In „Der Antisemitismus und die Moderne" erfahren wir, wie einer der prominentesten Vertreter der Aufklärung, Voltaire, seinen Erzfeind, die Kirche, mit ihren eigenen Mitteln zu bekämpfen versuchte. Er und zahlreiche andere Vordenker der Moderne führten die Ursprünge des Christentums auf das Judentum zurück und richteten die antisemitische Waffe, mit der die Kirche ihre vermeintliche, usurpierte Vorgänger-Religion über die Jahrhunderte in Schach und auf Pariastatus hielt, gegen die Kirche selbst. Maccobys letztes Werk regt zu einem Gedankenexperiment an. Was wäre passiert, wenn seine Erkenntnisse zur Entstehung des Christentums schon damals in der von ihm beschriebenen Klarheit bekannt gewesen wären (denn ansatzweise waren sie es schon seit dem Mittelalter)? Vielleicht hätte die Aufklärung dann einen ganz anderen Weg eingeschlagen. Dann hätte das Judentum, dessen Elend im 17. und 18. Jahrhundert durch christliche Repression einen traurigen Höhepunkt erreichte, zu einem interessanten Bündnispartner werden können. Dann wäre die

Haskala vielleicht zu einem wichtigen Beschleuniger der Aufklärung und der Moderne geworden. Denn die Thora war als Grundlage für den Bund der erste wirkliche Gesellschaftsvertrag, wie der Autor des „contrat social", Jean-Jacques Rousseau, klarsichtig erkannte. Das Konzept eines erfolgreichen Sklavenaufstandes – der Auszug aus Ägypten –, ob historisch oder mythologisch, hätte ein Modell für den Kampf für Freiheit von feudaler Bevormundung in Frankreich und ganz Europa werden können. Das Gleichheitsprinzip und das Ideal der Brüderlichkeit waren schon immer wesentliche Bestandteile des Judentums. Diskussion und Mehrheitsbeschluss waren bei rabbinischen Streitgesprächen seit Jahrhunderten eine Selbstverständlichkeit, wobei die Minderheitenmeinung immer sorgfältig dokumentiert wurde. In auffälligem Kontrast dazu standen das katholische Dogma und die Demut der Gläubigen. Das jüdische Bildungsideal stand dem bürgerlichen in Nichts nach, und als die Analphabetenrate im christlichen Mittelalter einen Höchststand erreicht hatte, konnten in den jüdischen Gemeinden nicht nur die meisten Männer, sondern auch fast alle Frauen lesen und schreiben. Der Umgang der jüdischen Gelehrten mit dem Talmud und die Herangehensweise an Text und Inhalt vergleicht Maccoby in „The Philosophy of the Talmud" mit dem modernen wissenschaftlichen Diskurs an den Universitäten. Mit dem jüdischen Konzept der Drei Kronen hatte man sogar ein Modell sowohl für die moderne Gewaltenteilung, als auch für die Trennung von weltlicher und religiöser Macht. Selbst das Potenzial zur Überwindung des zentralen religiösen Mythologems – der Glaube an ein höheres Wesen, einen Schöpfer – verbirgt sich in dieser ungewöhnlichen Religion, womit sie eine Sonderstellung unter allen drei Monotheismen einnimmt. Die Details kann man in Hyam Maccobys Sammlung von Sprichwörtern und Fabeln „The Day God Laughed" und in „The Philosophy of the Talmud" nachlesen, deren Übersetzung ins Deutsche äußerst wünschenswert ist.

Stellen wir uns in diesem Gedankenexperiment vor, Voltaire, Marx oder Nietzsche hätten gewusst, dass das Christentum seine Wurzeln nicht im Judentum, sondern in den hellenistischen Religionen hatte, in den Mysterienkulten und der Gnosis, dass Paulus – der eigentliche Erfinder des Christentums – diesem Gebräu nur einen jüdischen Anstrich gab, um ihm zu Autorität und Ansehen zu verhelfen, dann hätte ihre Kritik am Christentum einen völlig anderen, viel effizienteren Ansatzpunkt gehabt. Selbst das zentrale Sakrament des Christentums, das Abendmahl, geht keineswegs auf den Kiddusch zurück, wie christliche Apologeten behaupten. Paulus verwendet dafür noch den Begriff „Mahl des Herrn", ein Ausdruck, den die Anhänger der Mysterienkulte zur Bezeichnung ihrer sakralen

Mähler zu Ehren ihres Erlösergottes benutzten. Erst die Kirchenväter, die Paulus' Terminologie in Verlegenheit brachte, führten den Begriff der Eucharistie ein, um die hellenistischen Ursprünge zu vertuschen. Die Kreuzigung Jesu war die Hinrichtung eines jüdischen Widerstandskämpfers durch die römischen Besatzer. Paulus machte daraus den Opfertod eines vom Himmel herabgestiegenen Gottes zwecks Entsühnung der Gläubigen, die am ewigen Leben teilhaben konnten, wenn sie an seine Auferstehung glaubten, ganz nach hellenistischem Muster. Die mythologische Umwandlung dieses historischen Ereignisses war zugleich ein Atavismus, der bis in die prähistorische Zeit der Menschenopfer zurückreicht, die zwecks Gründung einer neuen Gemeinschaft, der Abwendung einer existenzbedrohenden Gefahr oder zum Erzielen einer guten Ernte durchgeführt worden waren. Ein Menschenopfer löst Schuldgefühle aus und macht einen Sündenbock, einen „Heiligen Henker“ erforderlich, den Paulus und seine Nachfolger bei den Juden ausfindig machten.

Eine solche Kritik an der christlichen Religion und ihrer Organisation zu diesem neuralgischen Zeitpunkt der Geschichte hätte eine ganz andere Tragweite gehabt. Damit hätte die Aufklärung den christlichen Antisemitismus an seinen Wurzeln packen und einem potenziellen Verbündeten, dem Judentum, Rückendeckung geben können. Stattdessen warf man Judentum und Christentum als Vorgänger- und Nachfolgereligion in einen Topf und wendete sozusagen den kirchlichen „Antisemitismus“ als Waffe gegen beide. Hätten die Aufklärer des 18. Jahrhunderts ihre antisemitischen Vorurteile – Relikte kirchlicher Indoktrination und Gehirnwäsche – abgelegt (Rousseau war die goldene Ausnahme), das revolutionäre Potenzial im Judentum erkannt und es zum Bündnispartner gemacht, dann wäre ein späterer Rückfall in ein technisiertes Mittelalter – nichts anderes war die Hitlerei – weniger wahrscheinlich gewesen. Vielleicht wäre es dann nicht zum Holocaust gekommen, dessen massenpsychologische Grundlage – wie Maccoby in zahlreichen Abhandlungen nachweist – im christlichen Antisemitismus wurzelt, der politisch instrumentalisiert wurde. Es waren genau diese unterschwelligen Kräfte, die Hitler mobilisierte und entfesselte. Für die reaktionären Kreise, die ihn finanzierten und ohne die er ein armseliger Psychopath geblieben wäre, war sein Antisemitismus nur eine Marotte, die man zynisch in Kauf nahm, bis er seinc Aufgabe erledigt haben würde: die Zerstörung des menschlichen Fortschritts in der Weimarer Republik.

Maccobys letztes Werk macht auch die neueren Entwicklungen und Gefahren zum Thema und weist auf deren religiöse Implikationen hin. Ein ganzes Kapitel ist dem Islam gewidmet, dem anderen Usurpationsmythos, der von keiner bürgerlichen Revolution, keiner Aufklärung entschärft wurde und der jetzt, im 21. Jahrhundert, die Stereotypen des christlichen Antisemitismus übernimmt. Wir erleben antisemitische Übergriffe von dieser Seite fast täglich und werden daran erinnert, dass sich der Holocaust jederzeit wiederholen kann – und sei es durch ein nukleares Armageddon im Nahen Osten.

Bei der Lektüre von „Der Antisemitismus und die Moderne" versteht man, weshalb Maccoby auf dem vornehmlich katholischen europäischen Festland, dem „Continent", so wenig bekannt ist. Er sägt sozusagen an dem mythologischen Ast, auf dem die Kirchen sitzen, und zeigt, dass der Antisemitismus in der christlichen – und weniger zentral in der muslimischen – DNA verankert ist. Das kann einer Organisation nicht gefallen, die politisch so einflussreich und finanziell so stark ist. Mit Maccoby spricht die leise Stimme der Vernunft. Sie sagt uns, dass wir nach dem Zivilisationsbruch des Holocaust eine neue, vertiefte Aufklärung brauchen, die die Fehler der ersten vermeidet, um ein neues Mittelalter zu verhindern. Das Problem des Antisemitismus ist jedenfalls noch lange nicht gelöst.

Peter Gorenflos
Berlin, den 1. Januar 2020

Die Übersetzungen der Auszüge von T. S. Eliot sind der folgenden Ausgabe entnommen: *T. S. Eliot: Werke in vier Bänden: 4: Gesammelte Gedichte 1909–1962,* hrsg. von Eva Hesse, Frankfurt a. M., Suhrkamp 1972. Die Auszüge von Ezra Pound sind der folgenden Ausgabe entnommen: *Ezra Pound: Die Cantos.* In der Übersetzung von Eva Hesse und Manfred Pfister, Zürich, Hamburg, Arche-Literatur-Verlag 2012. Für die freundliche Erlaubnis, die Übersetzungen zu verwenden, herzlichen Dank.

Dank

Mein herzlicher Dank gilt Professor Oliver Leaman und Joe Whiting für ihre Hilfe und Ermutigung, dieses Buch für die Veröffentlichung vorzubereiten.
Mein tiefster Dank geht an unsere Kinder David Maccoby, Deborah Maccoby und Melanie und Alan Craig für ihre unermüdliche Unterstützung. Besonders dankbar bin ich Deborah Maccoby für ihre Hilfe bei der Herausgabe dieses Buches.

Cynthia Maccoby
Oktober 2005

Vorwort

Das Thema Antisemitismus hat wegen der Probleme, die der Konflikt zwischen Israel und den Palästinensern verursacht, eine neue beklemmende Aktualität erreicht. Vordergründig haben diese Probleme überhaupt nichts mit Antisemitismus zu tun. Aber auch wenn er wegen des Entsetzens über den Holocaust lange zu schlummern schien, hat der Antisemitismus eine Wiederbelebung erfahren und spielt eine große (wenngleich getarnte) Rolle in der gegenwärtigen Auseinandersetzung, wie sie in Teilen der westlichen Medien geführt wird.

Dies macht eine neuerliche Diskussion der Ursprünge des Antisemitismus und besonders seiner Entwicklung in der modernen Welt aktuell. Wie ist es möglich, dass sich dieses mittelalterliche Vorurteil als so dauerhaft und wirkmächtig erwies? Mit welchen Mitteln überbrückte es die Kluft zwischen dem Geist des Mittelalters und der Aufklärung? Wie konnte es sein, dass viele der angesehensten Persönlichkeiten der Aufklärung (etwa Voltaire), die sich doch für Toleranz und Pluralismus einsetzten, einen aggressiven Antisemitismus bewahrten? Sind die Wurzeln des Antisemitismus religiös? Wenn ja, wie unterscheiden sich dann diese Wurzeln im Christentum und im Islam? Wie kommt es, dass zwar der christliche mittelalterliche Antisemitismus sehr viel bösartiger war als die islamische Variante, sich aber in der modernen Welt die Rollen umgekehrt haben und sogar die derzeitigen Formen der Propaganda, die eingesetzt werden (Ritualmordlegende, Protokolle der Weisen von Zion usw.), vom Christentum unverändert in die islamische Welt übertragen worden sind?

Wir beschäftigen uns also hier mit der Fähigkeit des Antisemitismus, seine äußere Form zu verändern, ohne sein inneres Wesen zu wandeln. So wandelte sich in der westlichen Welt der mittelalterliche religiöse Antisemitismus (Juden als Christusmörder) unter dem Einfluss einer pseudowissenschaftlichen darwinistischen Theorie zum rassistischen Antisemitismus, dem zufolge die Juden das Blut der Menschheit vergifteten. In der rechten Politik wurden die Juden die archetypischen Kommunisten, während sie in der linken Politik die archetypischen Kapitalisten wurden. Wo immer eine Theorie, wenn auch noch so religionsfern oder antireligiös, eine teuflische Macht benötigte, die gegen sie wirkte, wurden die Juden als diese Macht ausersehen. Wir müssen die Frage stellen: Worin besteht die paranoide Macht des antisemitischen Mythos? Was ist der psychologische Mechanismus, die so viele Formen entstehen lässt? Wie führte all das zum

Massenmord in Europa und zu gewaltsamen Formen des Widerstands (einschließlich der Selbstmordattentate) im Nahen Osten?

Dieses Buch führt den Antisemitismus auf religiöse Ursprünge zurück. Antisemitismus entsteht gerade aus der Tatsache, dass die zwei großen Religionen, Christentum und Islam, aus dem Judentum abgeleitet sind und deshalb eine ödipale Beziehung zum Judentum haben. Ich argumentiere, dass der nichtreligiöse Antisemitismus wegen seiner nicht erkannten religiösen Wurzeln umso mächtiger ist und der nichtreligiöse Antisemitismus tatsächlich nur mit Hilfe einer Art Psychoanalyse durch die Aufdeckung vergessener gesellschaftlicher Erinnerungen ausgetrieben werden kann. Die moderne Welt hat sich nie ganz von der mittelalterlichen Welt gelöst, und eine ihrer unerwünschten Erbschaften ist die Last des Antisemitismus.

Ein merkwürdiges Ergebnis dieses Erbvorgangs ist, dass sich in jüngster Zeit das Hauptgewicht des Antisemitismus von der politischen Rechten zur Linken verlagert hat (obwohl eigentlich der linke Antisemitismus eine eigene Geschichte hat). Der Zionismus begann als Versuch, den Antisemitismus durch die Normalisierung der Juden zu heilen; stattdessen hat er eine neue Art von Antisemitismus hervorgebracht, nach der von vielen Linken (wenngleich keineswegs von allen) der jüdische Staat als kolonialistischer Außenposten der großen imperialistischen Macht gesehen wird, Amerika, das die Dritte Welt mit seinem Reichtum und seiner Macht unterdrückt. Als Überbleibsel aus dem Kalten Krieg bleibt Amerika der Erzfeind, aber die Juden sind die symbolischen Amerikaner geworden.

Diese Haltung ist in Mode bei Menschen, die nichts von jüdischer Geschichte und der tausendjährigen Bindung der Juden an Israel wissen. Sie sind davon überzeugt, dass die Juden Neuankömmlinge im Nahen Osten und deshalb Kolonialisten sind. Was die Juden der Antike angeht, gibt es immer noch den weit verbreiteten Mythos, nach dem die Juden vor 2000 Jahren von den Römern vertrieben wurden (ein Mythos mit religiösen Untertönen im Zusammenhang mit der angeblichen Ermordung Christi durch die Juden). Historisch richtig ist, dass die Juden weiterhin über viele Jahrhunderte nach diesem Datum die Mehrheit der Bevölkerung Palästinas bildeten. Die Araber dagegen werden als uralte Einwohner dieser Region romantisiert, als direkte Nachkommen der uransässigen Bewohner. Vielmehr kamen die Araber in der Zeit der arabischen Landnahme als imperialistische Eroberer im 7. Jahrhundert u. Z., zu einer Zeit, als die Juden bereits seit 2000 Jahren Palästina bevölkerten. Die Juden als mächtige Imperialisten zu sehen ist eine merkwürdige Verkehrung der Tatsachen von der Zeit, die nicht so lange zurückliegt, als die Juden als natürliche Knechte und Sklaven betrachtet wurden und die Vorstellung von Juden als Herrscher und Kämpfer als lächerlich oder sogar als blasphemische Umkehr der vorbestimmten Rolle der Juden als demütige Leidende angesehen wurde. Derart sind die Kehrtwendungen, die charakteristisch für die wechselhafte Geschichte des Antisemitismus sind. Ein besseres Verständnis der jüdischen Geschichte gehört zu den wichtigsten Punkten auf der Wunschliste im Kampf gegen den Antisemitismus.

Antisemitismus sollte streng abgegrenzt werden von legitimer Kritik an der Politik der jeweiligen Regierung von Israel. Außerdem stehe ich vollständig hinter dem Recht der Palästinenser auf einen unabhängigen eigenen Staat, neben Israel und in Frieden und wirtschaftlicher Zusammenarbeit mit Israel. Das Problem ist, wie man dieses legitime Ziel von antisemitischen Forderungen nach der Vernichtung Israels löst, die auf religiösem Fanatismus und der Leugnung der jüdischen Vergangenheit beruhen. Antisemitismus ist eines der Haupthindernisse des Wohlstands und der nationalen Verwirklichung für alle im Nahen Osten.

In diesem Buch möchte ich also zeigen, wie Antisemitismus die Fähigkeit besitzt, sich an neue Umstände anzupassen, und besonders, wie er sich übereinstimmend mit den sich wandelnden Ideen der modernen Welt wandelte, ohne sich jedoch im Kern zu verändern.

Die unzähligen und anscheinend widersprüchlichen Ausprägungen des Antisemitismus haben einen gemeinsamen historischen Ursprung, der für die spezifische Färbung von Hass, Angst und Verachtung, die den Antisemitismus ausmachen, verantwortlich ist. Nur wenn wir diese Tatsache anerkennen, können wir hoffen, eine wirksame Therapie für das anzubieten, was letztlich etwas Pathologisches ist.

Hyam Maccoby
März 2004

Hyam Maccoby starb kurz nach Vollendung dieses Buches.

Er begann, sich mit den Ursprüngen des Christentums zu befassen, weil er die Ursache der Lawine des Hasses, der sich gegen die Juden richtete und schließlich im Holocaust gipfelte, zu entdecken wünschte.

Die Geschichte der Verfolgungen und Massaker, die die Juden im Christentum erlitten, ist gut dokumentiert. Hyam Maccobys Werk ist ein zweifaches Unterfangen. Zunächst wollte er den historischen Jesus als Juden und als Teil der großen pharisäischen Reformbewegung wiederfinden. Jesus starb an einem römischen Kreuz, weil er behauptete, der (menschliche) Messias zu sein, der das Heilige Land von römischer Herrschaft befreien und das Reich Gottes auf Erden begründen würde, sobald Krieg und militärische Eroberung beendet wären, wie es die Propheten verkündet hatten. Hyam Maccoby schrieb darüber in seinen Büchern *Revolution in Judaea* (1980; dt. „König Jesus. Geschichte eines jüdischen Rebellen", 1982), *The Mythmaker* (1986; dt. „Der Mythenschmied. Paulus und die Erfindung des Christentums", 2007), *Paul and Hellenism* (1991) und *Jesus the Pharisee* (2003).

Der zweite Teil des Unternehmens sieht vor, den christlichen Mythos zu dekonstruieren, in dem die Juden durch die eponyme Gestalt, Judas Ischariot, die Rolle des Heiligen Henkers spielten: desjenigen, der das Opfer vollzieht, das die Menschheit rettet, der aber auch die Schuld und Schande trägt. Hyam Maccoby betonte die Notwendigkeit, den Mythos und seine Auswirkungen in der volkstümlichen Überlieferung sowie die paranoiden Einbildungen von Antisemiten, die die allmächtigen Juden als aktiven Teil einer Verschwörung zur Beherrschung der Welt sehen, zu verstehen. Er diskutierte dies in seinen Büchern *The Sacred Executioner* (1982; dt. „Der Heilige Henker", 1999), *Judas Iscariot and the Myth of Jewish Evil* (1992) und *A Pariah People: The Anthropology of Antisemitism* (1996; dt. „Ein Pariavolk. Zur Anthropologie des Antisemitismus", 2019).

Im vorliegenden Buch zeigt er, wie der Mythos selbst nachaufklärerische Persönlichkeiten beeinflusste: Es gibt keinen säuberlichen Bruch zwischen mittelalterlichem religiösem Judenhass und modernem rassistischem Antisemitismus. Beide sind am besten zu verstehen als die ständig wechselnden Verkleidungen des antiken Mythos.

Cynthia Maccoby
September 2004

Einleitung

Der moderne Antisemitismus brachte viele neue Themen hervor und bewahrte dennoch ein erstaunliches Maß an Kontinuität mit dem Antisemitismus des Mittelalters. Inwieweit sollten wir also den modernen, rassistischen Antisemitismus als gesondertes Phänomen betrachten, das sich deutlich von seinen mittelalterlichen Vorläufern unterscheidet?

Die Juden waren während des Mittelalters wegen ihrer Rolle im christlichen Mythos als Gottesmörder und wegen der vermeintlichen Gefahr für den christlichen Anspruch, das wahre Israel zu sein, zunehmend als Pariavolk behandelt worden. Vom 11. Jahrhundert an wurden sie von normalen Berufen ausgeschlossen, ihnen wurden Menschenrechte entzogen, und sie wurden mit Verachtung behandelt und verfolgt. Ihr Erscheinungsbild wurde durch künstlerische Mittel herabgesetzt, wobei die Passionsspiele eine besondere Quelle für den verbreiteten Hass und die allgemeine Verachtung waren. Die Folklore ließ sich von den Lehren der Kirche inspirieren und brachte fantastische Vorstellungen vom Juden als einer dämonischen, unmenschlichen Kreatur hervor. In Spanien verwandelte sich der theologische Antisemitismus durch die Lehre der *limpieza de sangre* bereits in einen rassistischen Antisemitismus.

Ich behaupte, dass das Erbe der mittelalterlichen Verteufelung der Juden die wesentliche Zutat im Antisemitismus in der Epoche der Aufklärung und danach war. Man konnte nicht damit rechnen, dass eine verhasste, verachtete Pariagruppe problemlos als gleichberechtigt und normal gemäß den Prinzipien der Aufklärung akzeptiert würde. Sogar liberale Denker (mit einigen Ausnahmen, etwa Rousseau), die für eine Normalisierung des jüdischen Status plädierten, zeigten starke Spuren antisemitischen Vorurteils. Diejenigen, die eine radikale Veränderung des Status der Juden nicht hinnehmen konnten, sich aber für zu aufgeklärt hielten, um die theologische antisemitische Haltung des Mittelalters fortzusetzen, fanden neue rationalisierende, pseudowissenschaftliche Gründe, um den Juden die Eintrittskarte in die moderne Welt zu verweigern. Demagogen entdeckten, dass sie politisch etwas erreichen konnten, besonders in schlechten Zeiten, indem sie den verbreiteten irrationalen Hass auf die Juden ausbeuteten. Versuche seitens der Juden, ihre neuen Rechte wahrzunehmen, indem sie gehobene Berufe ergriffen, lösten Panik und Feindseligkeit aus.

Das Ziel dieses Buches ist, die Geisteshaltung einiger wichtiger nachmittelalterlicher Persönlichkeiten zu erforschen und zu zeigen, wie sie mittelalterlichen Antisemitismus an die neuen Denkweisen anpassten. Diese Essays sind also Übungen in der Erkundung einer einzigartigen Verschmelzung von Innovation mit Kontinuität, die zeigen, dass die angebliche Gegensätzlichkeit zwischen religiösem Antisemitismus und modernem, rassistischem Antisemitismus in Wirklichkeit nicht existiert; religiöser Antisemitismus wurde in eine moderne Sprache übertragen, und die Verbrechen, die den Juden im Zeitalter des Glaubens zur Last gelegt wurden, fanden ihre moderne Entsprechung.

Luther, Shakespeare, Voltaire, Marx, Nietzsche und T. S. Eliot waren geniale Persönlichkeiten. Alle formten sie den Antisemitismus zu etwas Neuem. Sie wandten aus der Moderne abgeleitete Erkenntnis an und vermischten sie mit einem alten mythologischen Symbol, dem Juden, in einer Weise, die ihrer Sache dienlich war oder ein künstlerisches Muster um eine Dimension mitreißenden Hasses ergänzte.

Hitler und die Nazis nutzten jede Verleumdung, die gegen die Juden in der christlichen Vergangenheit vorgebracht worden war: die Ritualmordlegende, das mittelalterliche Bild von dem jüdischen Wucherer, die Verschwörungstheorie der Weisen von Zion, die spätere mittelalterliche Darstellung der Juden als Untermenschen, die spanische Angst vor jüdischem rassischem Makel. Zu Hitlers Lieblingslektüre gehörten Luthers Tiraden gegen die Juden. Die Vorstellung der Nazis vom deutschen Staat als heiligem, reinem Organismus, der vor den Juden geschützt werden musste, war eine rassistische Version der christlichen Vorstellung vom Leib Christi, der von jüdischen Hostienschändern angegriffen wurde. Hitler selbst als Verkörperung des nationalen Organismus war ein moderner triumphierender Christus, der die tausendjährige Herrschaft einleitete, die ein wörtliches Echo der chiliastischen christlichen Erwartung der Niederlage des Antichristen war. Der Nazismus war eine säkulare, blasphemische Version des christlichen Mythos, in dem Juden ihre antike Rolle der satanischen Widersacher spielten.

So wurde der antike Mythos von dem dämonischen Juden, im Mittelalter in die soziologische Realität einer Pariaklasse von Wucherern verwandelt, in der modernen Welt ein Spielstein in politischen und künstlerischen Spielen: Wo immer ein Schurke gebraucht wurde, sei es für ästhetische oder gesellschaftliche oder politische Zwecke, war der Jude zur Hand, um die Rolle in den fantasievollen Konstruktionen der Intelligenz und der Demagogen zu übernehmen.

Aber diese Spiele fanden ein schreckliches, tragisches Ende: den Holocaust. Der völkermörderische Unterton klang viele Male in der neuzeitlichen Entwicklung des Antisemitismus an. Besonders in Deutschland, von Luther bis Wagner und Dühring, finden wir das Verlangen nach einer Beseitigung der Juden, die Überzeugung, dass das sogenannte „jüdische Problem“ so hartnäckig, das Übel so unausrottbar sei, dass die einzige Lösung eine „Endlösung“ war.

Im Mittelalter gab es viele Faktoren, die einer drastischen Reaktion auf die angebliche dämonische Macht der Juden entgegenwirkten. Nicht die Auslöschung als solche war unvorstellbar, denn sie wurde bedenkenlos im Fall der ketzerischen Katharer oder Albigenser angewendet. Aber die Juden, so sehr sie auch gehasst wurden, waren durch ihre Position als *religio licita* (ein Erbe des Römischen Reiches) und durch ihren Rang im religiösen Plan des Christentums als das Volk des Alten Testaments und als die vom Schicksal vorgesehenen Vollstrecker des notwendigen göttlichen Opfers geschützt. So notwendig waren die Juden für den christlichen Heilsplan, dass man glaubte, solange die Juden nicht bekehrt waren, könnte der Höhepunkt der menschlichen Geschichte – die Wiederkunft Christi – nicht stattfinden.

In der modernen Welt hielt sich der Glaube an die dämonische Macht der Juden, aber die christlichen Absicherungen des Mittelalters wurden von dem neuen Vernunftglauben weggefegt. Das hatte zur Folge, dass die Stellung der Juden, anstatt sich durch den Anbruch der Aufklärung zu verbessern, um vieles unsicherer wurde, zumindest in bestimmten Regionen.

Wo es starke Tendenzen zugunsten der Integration gab (Amerika zum Beispiel, wo ein Schmelztiegel von Immigranten ein Integrationsethos schuf), erwies sich die Aufklärung tatsächlich als großer Segen für die Juden. Aber in instabilen Verhältnissen, verursacht durch einen verunsicherten aufkommenden Nationalismus, kompliziert durch militärische Niederlage und ökonomischen Zusammenbruch wie in Deutschland, verschmolz der Wunsch nach einem Sündenbock mit dem halb verdrängten mittelalterlichen Bild vom dämonischen Juden und dem vermeintlichen gesellschaftlichen Stigma, das sich daraus ergab.

In einer Atmosphäre gequälter Hysterie und Paranoia wurden also die Juden auserkoren für die Position einer internationalen Verschwörung, die gegen alles intrigierte, was der nationalen Rettung dienlich war. Dieser blinde irrationale Hass, der sich als wissenschaftlich ausgab, verlor alle mittelalterlichen Hemmnisse und wurde völkermörderisch.

Historisch betrachtet kamen die Juden aus einer Position des Pariavolks und der Machtlosigkeit und Verletzlichkeit heraus, die sie durch das ganze Mittelalter gelähmt hatte und gegen Ende des Mittelalters und der heraufziehenden Emanzipation sogar noch deutlicher geworden war. Es gab tatsächlich kein jüdisches Problem, sondern nur ein Problem von Nichtjuden, die jede kleine Verbesserung in der Lage der Juden als beängstigende Bedrohung empfanden. Wenn einige Juden, etwa die Rothschilds, persönliche Macht und Wohlstand erlangten, wurde dies als Drohung der Juden, die ganze Welt in Besitz zu nehmen, erlebt. Wenn einige Juden (oder auch Ex-Juden) wie Mendelssohn oder Meyerbeer zu Ruhm in der kulturellen Welt gelangten, war dies eine Übernahme, bei der deutsche Werte von einer jüdischen Verschwörung überschwemmt wurden. Wenn Juden mehr Stellen an den Universitäten erhielten, als man vielleicht aufgrund der Statistik erwartet hätte, bedeutete dies, dass Deutschland von den Juden beherrscht wurde und bald eine Provinz in einem jüdischen Weltreich sein würde, wenn keine drastischen Maßnahmen ergriffen würden. Schon war von Genozid (Dühring und Marr) als einziger Lösung für die Gefahr die Rede.

Woher kommt diese Paranoia? Es scheint klar, dass sie sich vom christlichen Mythos ableitet, der von vielen Intellektuellen nicht mehr in seiner ursprünglichen Form geglaubt wurde, sondern verschiedene unbewusste Verkleidungen annahm.

Im christlichen Mythos sind die Juden sehr mächtig. Sie sind die mächtigen, strengen Vaterfiguren, die den jungen Jesus richten und verurteilen, der sinnbildlich für die Hilflosigkeit der Jugend steht. Ganz gleich wie machtlos die Juden in der Realität sein mochten, blieben sie mächtig in der Fantasie, die die Welt beherrschte, die einst die Christenheit gewesen war. Dies erklärt die seltsame Tatsache, dass die Nazis in ihrem völkermörderischen Feldzug gegen unbewaffnete Männer, Frauen und Kinder sich für sehr mutig hielten. Sie maßen sich mit der größten und mächtigsten Weltmacht, jener der Juden. Sie waren keine Unterdrücker, sondern die Armee der Unterdrückten, die sich von der sklavischen Abhängigkeit von den Juden befreiten.

Die Juden haben Jahrhunderte der Unterdrückung erlebt. Aber das bleibt für viele Menschen mit christlichem Hintergrund eine Tatsache, an die sie sich nicht gewöhnen können, weil in dem Mythos, der ihr Bewusstsein beherrscht, nicht Christen Juden verfolgen, sondern Juden Christen, bezogen auf die angebliche Verfolgung Jesu und seiner Jünger sowie der frühen christlichen Kirche durch die jüdische Oberschicht – eine Verfolgung, die von der modernen Forschung als nahezu gänzlich unhistorisch nachgewiesen worden ist.

Der Holocaust bewirkte sowohl bei Juden als auch bei Christen ein stärkeres Bewusstsein der Art der christlichen Verantwortlichkeit für den Antisemitismus. Christen, die entsetzt auf das Versagen der deutschen christlichen Kirchen zurückblicken, Hitlers mörderische antisemitische

Politik zu bekämpfen, begannen darüber nachzudenken, in welcher Weise die christliche Lehre die Juden entmenschlicht hatte. Die Schriften von Rosemary Ruether, Roy Eckardt, Friedrich Heer, Frank Littell, Malcolm Hay, John Gager, James Carroll und vielen anderen haben christliche Erkenntnis des Antisemitismus der Evangelien und der christlichen Tradition zum Ausdruck gebracht.

Auch Juden sind zu einer neuen Einsicht in den christlichen Ursprung des Antisemitismus gelangt. Der jüdisch-christliche Dialog in vielen unterschiedlichen Formen hat stark zugenommen. Die lange Vorgeschichte der Gleichgültigkeit seitens der Juden bezüglich des Studiums der christlichen Mythologie und Lehre weicht einer Erkenntnis, dass christlicher Antisemitismus nicht bloß eine Verfolgung mehr ist, sondern ein besonders wirkmächtiger Mythos. Zwar begann das Studium des Neuen Testaments durch Juden im frühen Mittelalter, doch diente dies rechtfertigenden oder polemischen Zwecken, nicht einer Analyse der Wurzeln des christlichen Antisemitismus. Heute besteht Hoffnung auf eine wirksame, tiefgreifende Analyse des christlichen und nachchristlichen Antisemitismus.

Das Ende des Antisemitismus kann nur durch das fortgesetzte Studium seiner religiösen Ursprünge und seiner vielfältigen Tarnungen beschleunigt werden. Die Notwendigkeit dafür ist dringlicher denn je, betrachtet man, wie islamistische Gruppen aus christlichen Quellen hergeleitetes Material wie die Ritualmordlegende und die *Protokolle der Weisen von Zion* heute verwenden.

Wie schmerzlich dies auch für Studierende, ob mit christlichem oder jüdischem Hintergrund, sein mag, das Studium der christlichen Ursprünge des Antisemitismus muss vertieft werden. Untersuchungen des Antisemitismus sollten sich auf die Ausgestaltung eines Stigmas durch theologisch-folkloristische Mythologisierung und auf seine Ausgestaltung in der modernen Welt konzentrieren. Bis diese Ursachenforschung des Antisemitismus in den Vordergrund gerückt ist, wird das Studium des Holocausts oberflächlich und die Möglichkeit einer radikalen Heilung in weiter Ferne bleiben. Der große Fehler jedoch ist, die sich ständig wandelnden Verkleidungen zu untersuchen, als ob sie für sich die Lösung des Problems des Antisemitismus offenbaren könnten.

Teil I

Historischer Hintergrund

Kapitel 1

Antisemitismus
Ein historischer Überblick

Antisemitismus ist gegen Juden gerichteter Hass, und deshalb müssen wir zunächst klären, was unter diesem Begriff „die Juden" zu verstehen ist.

Die Bezeichnung „Juden" ist von „Juda" abgeleitet, dem Namen eines bedeutenden Stammes der Israeliten. Um 975 v. u. Z. spalteten sich die Israeliten in zwei Königreiche auf, das Nördliche (genannt Israel, das zehn Stämme umfasste) und das Südliche (genannt Juda, das nur den Stamm Juda und den halben Stamm Benjamin umfasste, dazu den priesterlichen Stamm Levi mit der Untergruppe der Kohanim oder Priester, Nachkommen Aarons). 740 v. u. Z. erlosch das Nordreich, nachdem es von den Assyrern zerstört worden war. Die zehn Stämme des Nordreiches (oder zumindest ihre jeweilige Oberschicht) wurden in entlegene Regionen des Assyrischen Reiches ins Exil geschickt, und ihr Schicksal ist unbekannt, doch entstanden in späteren Jahrhunderten viele Legenden über ihr Fortbestehen in Indien, Afrika und selbst in England und Amerika. Nur das Südreich Juda blieb als nationales Gebilde übrig. Folglich wurde das Volk, das über rund 600 Jahre als Israeliten bekannt gewesen war, nun als Judäer oder Juden bezeichnet (hebräisch *yehudim*, griechisch *Iudaioi*, lateinisch *Judaei*). Als das Südreich 588 von den Babyloniern zerstört wurde, behielten die nach Babylon ins Exil geschickten Juden ihre Identität, und als sie in den zwei Wanderungswellen 536 und 457 v. u. Z. in ihr Land zurückkehrten, wurde es wieder das Land Juda. Selbst die Reste der Bevölkerung des Nordreiches, das schließlich wieder mit dem Gemeinwesen im Süden vereinigt wurde, wurden jetzt als Juden bezeichnet, und die Bezeichnung „Israeliten" wurde nicht mehr verwendet (außer für bestimmte religiöse Zwecke), um erst mit der Geburt Israels 1948 u. Z. wiederbelebt zu werden. Durch eine seltsame historische Umkehrung sind die Israeliten (oder Israelis) heute eine Untergruppe der Juden, während ursprünglich die Judäer (oder Juden) eine Untergruppe der Israeliten waren.

Warum aber bot diese besondere Gruppe der Menschheit Anlass zu einer bestimmten Art von Hass oder Fremdenfeindlichkeit, der man einen eigenen Namen geben musste, Antisemitismus? Die Bezeichnung „Antisemitismus" selbst ist eine moderne Wortschöpfung und beruht auf einer bestimmten Theorie, wonach Hass auf die Juden aus der behaupteten Unterlegenheit ihrer Rasse herrührt, das heißt, weil sie Semiten sind. Diese Theorie wurde nicht einmal richtig von Menschen ernst genommen, die sich als rassistische Antisemiten bezeichneten. Hitler zum Beispiel hasste keine Araber und machte in seiner Gegnerschaft gegen die Juden gemeinsame Sache mit dem Mufti von Jerusalem. Das Wort „Antisemitismus", ungeachtet der zugrunde liegenden Theorie, hat nie etwas anderes als „Hass auf die Juden" bedeutet. Es ist schade, dass so ein ungenaues Wort geläufig geworden ist für etwas, das eigentlich „Judenhass" oder „Judäophobie" heißen müsste; aber „Antisemitismus" ist in die europäischen Sprachen eingegangen und muss in diesem Sinne verwendet werden, wenngleich ab und zu manch einer vorgibt, ihn misszuverstehen. Sogar der Judenhass der Antike, hinter dem keine rassistische Theorie stand, wird korrekt als „Antisemitismus" bezeichnet, und selbst der mittelalterliche und neuzeitliche arabische Hass auf die Juden muss mit demselben Namen benannt werden.

Natürlich weckt jeder Staat Hass bei seinen Nachbarn oder Rivalen, und so haben wir das Phänomen der Anglophobie oder Frankophobie oder USA-Phobie. Dieser Hass nimmt tendenziell zu, je größer die Ansprüche des betreffenden Staates auf Weltführerschaft in Politik, Handel oder Kultur sind. Der Hass kann sich dann zu einer Art Paranoia entwickeln, in der dem Volk, gegen das er sich richtet, eine teuflische Verschwörung gegen den Rest der Menschheit unterstellt wird. Die Juden sind immer ein kleines Volk gewesen; aber ihre Ansprüche auf Weltführerschaft auf dem Gebiet der Religion sind sehr groß gewesen, da sie sich als das auserwählte Volk des Weltschöpfers betrachtet haben. Der gegen sie gerichtete Hass ist zu der Größe dieses Anspruchs proportional gewesen.

Die jüdische Vorstellung von der Auserwähltheit blickt zurück auf das Ereignis, von dem man glaubte, es habe die Israeliten als Volk geformt: der

Auszug aus Ägypten. Das erstaunliche Eingreifen Gottes in die Geschichte, durch das ein Sklavenvolk gerettet und durch die Wüste geführt wurde, ein Gesetz der Freiheit erhielt und in ein Land der Verheißung geleitet wurde, wurde so verstanden, als sei das Volk Israels, später die Juden, mit einer besonderen Bedeutung in der Geschichte des Menschengeschlechts ausgezeichnet worden. Dies war nicht einem besonderen Verdienst ihrerseits zu verdanken; vielmehr betont die Bibel, die die Geschichte liefert, die dem Judentum zugrunde liegt, die Unzulänglichkeiten sowohl des auserwählten Volkes als auch seiner Führer, die ständig von Propheten getadelt werden müssen, damit sie nicht von ihrer Sendung abweichen. Das Schicksal des Exils, zuerst der Zehn Stämme des Nordreichs und dann der Judäer, wurde von den Propheten als Strafe für das Versagen gedeutet, der Rolle gerecht zu werden, für die Gott sie ausersehen hatte, aber auch als Gelegenheit für Buße und Rückkehr zu dieser Rolle.

Dieser religiöse Mythos und das Gefühl der Berufung waren in der antiken Welt insofern einzigartig, als sie die Israeliten/Juden als nicht assimilierbar durch benachbarte Kulturen auszeichneten. Der Gott, der sie von Ägypten erlöst hatte, wurde (sicherlich vom 8. Jahrhundert v. u. Z. an und möglicherweise schon vorher) nicht nur als nationaler Gott betrachtet, sondern als universelle Gottheit, als Schöpfer von allem. Folglich war der übliche religiöse Synkretismus nicht möglich, durch den andere antike Völker ihre Götter vermischten. Die Israeliten/Juden lehnten jede Gültigkeit anderer Götter ab und hielten sich von jeglicher „Abgötterei" fern, indem sie Mischehen mit „Götzendienern" aus ideologischen, nicht aus rassistischen Gründen verweigerten (es gab kein Verbot der Mischehe mit Heiden, wie etwa Rut, die den jüdischen Glauben annahm). Diese Einstellung weckte natürlich Feindschaft bei manchen Angehörigen anderer Völker und Religionen, die die Israeliten/Juden eher als feindselig reserviert und intolerant sahen denn als Bahnbrecher eines universalistischen Glaubens. Antisemitismus in seiner frühesten Form konzentrierte sich auf diese unterstellte Reserviertheit und Anpassungsunwilligkeit, da die Juden als feindselig gegenüber dem Rest des Menschengeschlechts dargestellt wurden. Diese Frühform des Antisemitismus war besonders stark, als die Juden einer benachbarten Kultur gegenüberstanden, die großen Wert auf ihren eigenen zivilisatorischen Auftrag legte und deshalb jüdischen Widerstand gegen die Assimilation als Beleidigung ihrer eigenen Sendung betrachtete.

Es ist oft falsch dargestellt worden, dass das jüdische Selbstverständnis als auserwähltes Volk in Wirklichkeit eher Engstirnigkeit war als ein Gefühl universeller Berufung. Besonders die Zeit der Heimkehr aus

Babylon unter der Führung von Esra und Nehemia wird häufig als Beginn einer isolationistischen Periode betrachtet, während der die universalistische Vision der Propheten aufgegeben wurde. Eine solche Deutung wurde in der Regel im Interesse eines historischen Programms vorgetragen, nach dem es erst das Aufkommen des Christentums gewesen sei, das wieder universalistische Ideen einführte. Esra habe angeblich jede Mischehe mit Heiden verboten und die Juden zu einer priesterlichen Kaste gemacht.[1] Wenn dies zuträfe, wäre es höchst verwirrend, dass das Judentum, das Esras Lehren folgte, großes Gewicht auf Bekehrung legte und den Büchern Rut, Jona und Hiob kanonischen Rang gab. Tatsächlich waren die „ausländischen Frauen", die Esra verbannte, jene, die es ablehnten, sich zum Judentum zu bekehren, und ihre Kinder zum Götzendienst erzogen.[2] Genauso wurde den „Feinden" die Beteiligung an der Wiedererrichtung des Tempels nicht aufgrund von Erwägungen rassischer oder priesterlicher Reinheit nicht erlaubt, sondern weil sie Götzendiener waren, die die Verehrung Jahwes mit der Anbetung anderer Götter verbanden.

Das Verbot der Mischehe mit Heiden war immer von dem Ziel motiviert, den Glauben zu bewahren, nicht die Rasse, und unterschied sich nicht wesentlich von dem späteren christlichen Verbot der Mischehe mit Nichtchristen. Der Ausdruck „der heilige Same", den Esra verwendet, hat keinen rassistischen Inhalt; er bezieht sich nicht nur auf jene, die in den Glauben geboren sind, sondern auch auf jene, die von Bekehrten abstammen (einschließlich das königliche messianische Haus Davids). Es gibt also keine Begründung für die verbreitete Ansicht, wonach die Reformen Esras späterem Antisemitismus den Boden bereiteten, indem sie einen jüdischen Isolationismus stärkten. Esra hat lediglich die gewohnte jüdische Verteidigung gegen Synkretismus und Verfälschung des Glaubens zu einer Zeit, als diese eine besondere Gefahr darstellten, in die Praxis umgesetzt. Das Gleiche gilt für die Reformen Nehemias,[3] in denen der Fall Salomos ausdrücklich angeführt wird. Der jüdische Isolationismus war religiös und ideologisch motiviert und leitete sich direkt von der Unfähigkeit eines universalistischen Glaubens ab, Kompromisse mit dem Polytheismus zu schließen.

Die Juden scheinen während ihrer Unterwerfung unter das Babylonische und das Persische Reich kaum Antisemitismus erfahren zu haben. Beide Reiche waren tolerant gegenüber allen Religionen und hatten selbst wenig Interesse an kultureller Mission. Das biblische Buch Ester könnte den Anschein erwecken, einen lebhaften Antisemitismus in persischer Zeit zu schildern, aber dieses Buch wurde in Wirklichkeit während der Periode der griechischen Vorherrschaft geschrieben, und was es anachronistisch schildert, ist hellenistischer Antisemitismus mit seiner Betonung des jüdischen Widerstands gegen Assimilation.[4]

Der Ursprung des Antisemitismus in seiner Bedeutung als entschiedene Antipathie gegen die Juden (im Gegensatz zu vorübergehender Feindseligkeit aufgrund von bestimmten Vorkommnissen) lässt sich auf die Zeit der hellenistischen Vorherrschaft und den Konflikt zwischen Hellenismus und Judentum zurückführen. Sowohl Judentum als auch Hellenismus hatten ein Sendungsbewusstsein, und sie waren deshalb natürliche Rivalen. Allerdings hassten die Juden den Hellenismus nicht, sondern bewunderten ihn sogar in mancher Hinsicht. Es war die Unterstellung, die Juden könnten vom Hellenismus übernehmen oder ablehnen, was ihnen gefiel, sich dabei aber weiterhin im Besitz einer höheren Weisheit sehen, was viele Repräsentanten der hellenistischen Kultur verärgerte und eine Kampagne der Verunglimpfung der Juden in Gang brachte, die einen Großteil der Verleumdungen und Motive des späteren Antisemitismus vorwegnahm.

Der zielstrebige Versuch, die Unverwechselbarkeit der Juden zu verwischen und sie einfach in den Rang eines weiteren hellenistischen Staates herabzusetzen, kam von dem Seleukidenherrscher Antiochos Epiphanes, der 168 v. u. Z. den jüdischen Tempel gewaltsam in eine Kultstätte für Zeus umwandelte und den jüdischen Kult verbot. Er unterstützte auch eine antisemitische Kampagne, in der den Juden Menschenhass und die Durchführung kultischer Menschenopfer vorgeworfen wurde. Dieser erste Auftritt eines offiziellen Antisemitismus lässt seine spätere Geschichte ahnen, in der Antisemitismus untrennbar mit antijüdischer Haltung verknüpft war: Die Juden waren ein böses Volk, weil sie eine böse Religion hatten, und ihr einziger Weg in die Normalität war die Aufgabe dieser Religion. 133 v. u. Z. wurde zum ersten Mal eine Strategie des Völkermordes gegen die Juden erörtert, und zwar von Ratgebern des Seleukidenherrschers Antiochos Sidetes, die diese Strategie wegen der angeblichen Verschlossenheit und Ablehnung der Assimilation an andere Völker und auch wegen des Scheiterns des Versuchs Antiochos Epiphanes', sie zur Anpassung zu zwingen,[5] vorantrieben. Möglicherweise veranlasste dieser Rat die Abfassung des Buches Ester, das diesen Rat zum Völkermord in die frühe Perserzeit verlagerte.

In der folgenden Ära der römischen Hegemonie blieben die Hauptgegner der Juden diejenigen, die ganz der hellenistischen Kultur verpflichtet waren. Während die Römer selbst vordergründig hellenistisch waren, zeigte sich ihre imperiale Politik insgesamt praktisch und tolerant, den Persern ähnlicher als den Griechen. Nur die wenigen römischen Kaiser, die wie Hadrian Apostel des Hellenismus wurden, waren Antisemiten, obwohl andere unter dem Einfluss hellenistischer Ratgeber zeitweise antisemitische Strategien verfolgten. Einige römische Herrscher (z. B. Julius Cäsar) waren projüdisch. Die Römer erkannten das Recht der Juden an, ihren besonderen Gottesdienst und ihre Bräuche zu praktizieren und von dem, was sie als Götzendienst betrachteten, befreit zu sein.

Im 1. Jahrhundert u. Z. dann wurden in hellenistischen intellektuellen Kreisen, vor allem in Alexandria, erstmals ein einheitliches historisches Schema und sogar eine Theologie des Antisemitismus entwickelt. Das historische Schema ist in seiner feindseligsten Form in der Propaganda von Apion zu sehen, wie sie Josephus überliefert. Dies baut auf dem biblischen Bericht auf, gibt ihm aber eine antisemitische Tendenz. Der Auszug aus Ägypten fand durchaus statt, aber nicht als eine von Gott geschenkte Befreiung. Es war eine schändliche Vertreibung eines aussätzigen Gesindels, das als Reaktion darauf eine menschenverachtende Religion entwickelte, deren wichtigste kultische Feier das Menschenopfer war. Der theologische Antisemitismus, der aus Alexandria kam, baute ebenfalls auf biblisches Material, aber mit tieferer Kenntnis, besonders des Buches Genesis. Dies ist die als Gnosis bekannte religiöse Strömung, die behauptete, der jüdische Gott sei in Wirklichkeit ein böser und beschränkter Schöpfer oder Demiurg, der diese böse Welt erschaffen und seinen Anhängern, den Juden, eine böse Thora gegeben hatte. Die wahren Helden der biblischen Geschichte waren nichtjüdische Randfiguren, etwa Set, Enosch und Melchisedek, die eine echte Erkenntnis (gnosis) vermittelten, die nicht vom Demiurgen herrührte, sondern vom Hochgott, gegen den der jüdische Gott seine überheblichen Ansprüche erhob. Der Antisemitismus der gnostischen Schriften, etwa der *Apokalypse des Adam*, ist eher geringschätzig als bösartig. Die Juden wurden als sklavische Anhänger eines beschränkten Gottes und verblendete Gestalten betrachtet und nicht als teuflische Mörder. Dennoch ist die Gnosis insofern bedeutsam in der Geschichte des Antisemitismus, als sie den Antisemitismus zum ersten Mal um eine kosmische Dimension erweiterte. Die Juden waren nicht bloß verhasste Parias, die aus ihrer Isolation eine Tugend machten wie in Apions Schema; sie waren die irdischen Gefolgsleute einer bösen Gestalt von kosmischen Ausmaßen, wenngleich nicht ganz so furchterregend wie der Teufel der späteren Christenheit.

Die Gnosis ging, wie die Fachwelt zunehmend erkannt hat, nicht aus dem Christentum hervor, sondern war eine frühere oder zumindest eigenständige Entwicklung, die erst später in das Christentum mündete, indem sie eine christliche Form annahm. Der biblische Gehalt der Gnosis hat einige Wissenschaftler veranlasst, sie als eine Form des Judentums zu betrachten; aber ihre antisemitische Tendenz, so schwach sie sein mag, legt eher den Schluss nahe, dass sie eine Randerscheinung bei jenen Hellenisten war, die sich vom Judentum sowohl angezogen als auch abgestoßen fühlten. Ihr kosmischer Antisemitismus ist dennoch historisch wichtig, weil er den christlichen Antisemitismus um eine wesentliche Zutat ergänzte. Ihre Methode, jüdische Materialien zu verwenden, um einen antisemitischen Mythos zu erzeugen, ist auch ein Vorgeschmack auf den christlichen Antisemitismus.

Alexandrinischer Antisemitismus entstand zum Teil aus sozialen Gründen, da die hellenistische Oberschicht, die von der römischen Herrschaft aus ihrer einflussreichen Stellung verdrängt worden war, die Konkurrenz der aufstrebenden Juden übelnahm. Hauptsächlich handelte es sich jedoch um kulturelle Rivalität. Alexandriner Juden, zum Beispiel Philon, hatten sich die griechische Kultur angeeignet, nutzten sie aber zu einer missionierenden Kampagne für das Judentum. Zum Judentum Bekehrte waren zahlreich im ganzen Römischen Reich, und die Hellenisten hielten ihre Stellung als Kulturvermittler für gefährdet. Auch kam eine Schicht von römischen Intellektuellen auf, viele von ihnen Aristokraten, die den hellenistischen Antisemitismus übernahmen und einsetzten, um römische Tradition gegen östliche religiöse Übergriffe zu verteidigen. Der erbittertste Gegner der Juden war unter ihnen der Historiker Tacitus, der eine vordergründig objektive Darstellung der Geschichte der Juden schrieb. Darin wiederholt er jede in der griechisch-römischen Welt gängige antisemitische Verleumdung. In diesem antisemitischen Traktat stellt Tacitus die Juden als Gefahr für die Reinheit des Römischen Reiches und als Auslöser des Verfalls dar. Dieses Argument zielte vor allem darauf, dass die Juden, da sie sich außer in ihrer eigenen Gemeinschaft antisozial verhielten, niemals mit dem Rest der Menschheit zusammenarbeiten könnten und deshalb in jedem übergreifenden politischen System zwangsläufig schlechte Bürger seien.

Diese antisemitische Geisteshaltung griechisch geprägter römischer Intellektueller erlangte breite Unterstützung in der Zeit der jüdischen Rebellion gegen Rom. Die eigentliche Einstellung der Römer zeichnete sich jedoch durch Toleranz aus. Jüdische Versuche, die Unabhängigkeit zu erreichen, wurden als natürliches Verhalten eines stolzen Volkes verstanden, das einer schlechten Provinzverwaltung ausgesetzt war, und es galt auch als selbstverständlich, dass die Juden loyale und nützliche Angehörige des Römischen Reiches sein konnten (wie sie es in früheren Reichen gewesen waren), solange ihre Religion nicht unterdrückt oder beleidigt wurde.

Die Juden blieben gegenüber den hellenistischen antisemitischen Angriffen keineswegs still. Die umfangreichen Werke des alexandrinischen jüdischen Philosophen Philon (um 25–40 u. Z.) stellen eine kontinuierliche Verteidigung des Judentums gegen den Vorwurf der Sektiererei dar. Er weist nach, dass das Judentum eine universalistische Religion ist und die Bekehrung der ganzen Menschheit zur Anbetung des Einen Gottes und der Befolgung seines Gesetzes der Wahrheit und Gerechtigkeit anstrebt, und dass die Absonderung der Juden vom Rest der Menschheit nicht durch Menschenhass verursacht ist, sondern von ihrem Geist der Hingabe und Berufung zu ihrem Auftrag. Er versucht auch zu zeigen, dass das Judentum mit dem Besten in der griechischen Philosophie, vor allem mit Platons Denken, in Einklang steht. Eine wichtige frühere Verteidigung gegen die Vorwürfe der Sektiererei und schlechten staatsbürgerlichen Verhaltens ist der *Aristeasbrief*, um 170 v. u. Z. in Alexandria geschrieben, der die Bewunderung des Herrschers Ptolemaios II. Philadelphos für das Judentum zur Zeit der Abfassung der Septuaginta (um 260 v. u. Z.) spiegelt. Eine systematische Verteidigung des Judentums gegen antisemitische Vorwürfe ist die Abhandlung *Gegen Apion* von dem Historiker Josephus, der sehr wirkungsvoll auf die Angriffe des führenden alexandrinischen antisemitischen Theoretikers antwortet und die jüdische Geschichte in einem günstigen Licht darstellt. Tatsächlich können die großartigen Hauptwerke des Josephus, *Jüdische Altertümer* und *Geschichte des jüdischen Krieges*, als anhaltende Verteidigungen der jüdischen Vergangenheit auf einer breiten historischen Basis betrachtet werden, die jüdische Ergebenheit gegenüber wohlwollenden Herrschern sowie die Erhabenheit und das ehrfurchtgebietende Alter der jüdischen Religion beweisen.

Die früheren Werke sind von einem Wunsch nach Aussöhnung zwischen der jüdischen und der hellenistischen Kultur inspiriert, aber es gab auch eine zornigere, angriffslustigere Art der jüdischen Reaktion auf Antisemitismus. Dies waren Werke, die in gleicher Weise reagierten, indem sie die moralische Unterlegenheit nichtjüdischer Religion und Kultur behaupteten. Dazu gehörten die jüdischen *Sibyllinischen Orakel* (im 2. Jahrhundert u. Z. und später geschrieben, eine Nachahmung einer nichtjüdischen Gattung der Prophezeiung), die die Sünden des Heidentums verurteilten und ein messianisches Zeitalter voraussagten, in dem jüdisches Gedankengut vorherrschen und die Bösen bestraft würden. Selbst diese Werke nahmen allerdings eine kulturübergreifende Haltung an, da sie ein Zeitalter voraussahen, in dem Juden und bußfertige Heiden gemeinsam den Einen Gott anbeten würden.

Die Form des Antisemitismus, die aus der antiken Welt ins Mittelalter und somit an die moderne Welt überliefert wurde, war der christliche Antisemitismus. Diesem zugrunde liegen der oben erörterte hellenistische Antisemitismus und auch einige wichtige andere Faktoren.

In seiner frühesten Form, nämlich in der Jerusalemer Kirche, war das Christentum ein Zweig des Judentums und nicht antisemitisch.[6] Die Führer der Jerusalemer Kirche, Jakobus, der Bruder Jesu, Petrus und Johannes, waren praktizierende Juden, die sich dem Tempeldienst widmeten, das jüdische Priesteramt anerkannten und Beschneidung, Sabbat und Feste sowie Speisegesetze wie andere Juden praktizierten. Sie betrachteten Jesus als jüdischen Messias, der von den Römern gekreuzigt, aber durch ein Wunder Gottes wieder zum Leben erweckt worden war und bald seine messianische Befreiungsmission wieder aufnehmen würde. Die Hingabe der Jerusalemer Kirche zum Judentum legt die starke Vermutung nahe, dass Jesus selbst ein loyaler Jude war, der nicht beabsichtigte, eine neue Religion zu gründen.

Als jedoch Jesus allmählich als göttliche Opfergestalt verehrt wurde, die im Mittelpunkt einer neuen, das Judentum ersetzenden Religion stand und sich nicht mehr um die jüdischen Ziele der Befreiung kümmerte, fand eine Spaltung in der christlichen Kirche statt. Die Judenchristen sahen in Jesus weiterhin eine menschliche Messiasgestalt, während jene, die Jesus als göttlich verehrten, vor allem eine nichtjüdische Kirche bildeten. Wann es zu dieser Spaltung kam, ist umstritten, aber vieles spricht dafür, Paulus als treibende Kraft hinter der Vorstellung von der göttlichen Opferfigur Jesus anzunehmen, da Paulus' Schriften die frühesten sind, die diese Ideen enthalten, und Paulus die Autorität der direkten göttlichen Inspiration, nicht der Tradition, für seine Lehren geltend macht.[7] Die von Paulus zu seinen Lehren Bekehrten waren fast alle Nichtjuden, die schließlich, nach der Abspaltung vom Judenchristentum, die paulinische Kirche bildeten. In dieser paulinischen Kirche, aus der das spätere Christentum hervorging, entstand der Antisemitismus.

Das früheste Anzeichen christlicher antisemitischer Haltungen findet sich in Paulus' Schriften selbst.[8] Er verurteilt die Juden, weil sie immer wieder von Gott gesandte Propheten getötet hätten, am Ende sogar Jesus,[9] eine Anklage mit einer langen Tradition im Christentum. Er verleiht auch den Juden mythischen Status als die von Gott bestimmten Feinde Christi, die behandelt werden „als Feinde Gottes, und das um euretwillen“[10], eine Rolle des mystischen Bösen, die die spätere Entwicklung der Gestalt des Judas Ischariot (bei Paulus nicht zu finden) vorausdeutet.[11] Gleichzeitig erwartet Paulus die letztliche Buße der Juden und Bekehrung zum paulinischen Christentum; allerdings bietet er auch ein alternatives Szenario von dem jüdischen Antichrist an, der sich dem wahren Christus in der Endzeit entgegenstellt.[12]

Generell scheint Paulus' Sicht der Juden stark vom gnostischen Antisemitismus beeinflusst. Während die Gnostiker die Juden als die ungeistigen Altardiener eines beschränkten Gottes betrachteten, sah Paulus sie als Sklaven eines beschränkten Gesetzes, das von einer höheren Geistigkeit abgelöst worden war. Während die Gnostiker diese Welt als böse betrachteten, da sie von einer bösen oder beschränkten Gottheit geschaffen worden war, sah Paulus diese Welt, obwohl ursprünglich gut erschaffen, als Beute Satans, Gottes durch und durch bösen Widersachers. Genauso wie die Gnostiker ihren dualistischen Mythos aus biblischem Material aufbauten, deutete Paulus die Bibel radikal in einem akosmischen Sinn um, indem er die politische, utopische Bedeutung des Exodus mit der Idee eines individuellen spirituellen Exodus und der Wiedergeburt durch Gleichsetzung mit einem göttlichen Opfer ersetzte.

Doch Paulus' Mythos hatte wegen der Opferkomponente ein viel größeres Potenzial für Antisemitismus als die Gnosis. Die Juden waren in der Gnosis keine Mörder; sie waren die verständnislosen Gegner der Aufklärung und eher Zielscheiben der Verachtung als des Hasses.[13] Die Träger der *gnosis* waren unverwundbare Gestalten; es gab keine einzigartige zentrale Gestalt, die einen gewaltsamen, qualvollen Tod von den Händen böser Mächte erfuhr (diese Einstellung wurde später von den gnostischen Ketzern, die den Kreuzestod Jesu leugneten, in das Christentum eingeführt). Für Paulus hingegen gab es nur die eine Gestalt, jene der Gottheit Jesus Christus, dessen gewaltsamer Tod unerlässlich war für die Erlösung, dennoch ein abscheuliches Verbrechen seitens derer, die es herbeigeführt hatten. Somit verwandelte Paulus den gnostischen Antisemitismus, indem er die Idee vom Tod eines Gottes einführte – eine Idee, die er, so ist zu vermuten, von hellenistischen Mysterienkulten wie etwa dem Attis-Kult übernahm. Die Mysterienkulte an sich hatten keinen antisemitischen Aspekt; aber als ihr Hauptmotiv mit dem gnostischen Antisemitismus kombiniert wurde, entstand daraus ein Mythos von unerhörter antisemitischer Schlagkraft. Paulus selbst stammte aus Tarsus, einem Zentrum der Mysterienreligion wie auch der Gnosis. Paulus' Behauptung, er sei jüdischer Herkunft und pharisäisch erzogen, ist fragwürdig. Vermutlich war er heidnischer Herkunft (wie die Judenchristen unterstellten),[14] wurde zum Judentum bekehrt und entwickelte dann ein Amalgam aus Gnosis und Mysterienreligion, indem er jüdische Materialien im gnostischen Stil radikaler Neuinterpretation verwendete. Paulus' Offenbarung auf der Straße nach Damaskus sollte als der Moment betrachtete werden, in dem das Christentum als eine vom Judentum geschiedene Religion begann.

In den Evangelien und der Apostelgeschichte, die nach früheren Materialien der Jerusalemer Kirche im Geiste von Paulus' Lehren bearbeitet wurden und von etwa 70–110 u. Z. stammen, erfuhr der bei Paulus noch undeutliche Umriss eines antisemitischen Mythos erzählerische Ausgestaltung. Die Juden wurden als feindselig gegenüber den ihnen von Jesus gebrachten höheren Wahrheiten dargestellt. Da sie seinen Tod suchten, hätten sie ihn aufgrund einer falschen Anklage der Volksverhetzung den Römern übergeben und einen widerstrebenden römischen Gouverneur überredet und erpresst, ihn hinrichten zu lassen. Dazu kommen Anklagen, wonach die Juden in der Vergangenheit göttliche Boten verfolgt hätten,[15] sodass sie von Anfang an dazu bestimmt erscheinen, das notwendige Verbrechen zu begehen. Eine neue Figur taucht auf, Judas Ischariot, der vom Teufel besessene Jünger, dessen vom Schicksal bestimmte Rolle es ist, Jesus zu verraten; sein Name „Judas" bezeichnet ihn als Stellvertreter für die Juden insgesamt. Die Juden spielen somit die Rolle der dunklen Gestalt, wie Seth, der Mörder von Osiris, Mot, der Mörder von Baal, und Loki, der Mörder von Baldur, in den Mythen von göttlichem Opfer und Sühne. Bei alldem fungieren die Juden als die Altardiener des Widersachers Gottes, Satans, dessen Machenschaften gegen den göttlichen Erlöser unabsichtlich Gutes für die Menschheit bringen.

Gleichzeitig bleibt genügend Material von der früheren Berichten der Jerusalemer Kirche übrig, sowohl in den Evangelien als auch in der Apostelgeschichte, woraus hervorgeht, dass der paulinische Mythos einer ganz anderen Geschichte übergestülpt wurde, in der die jüdischen religiösen Führer weder gegen Jesus noch gegen die Jerusalemer Kirche auftraten. Gamaliel zum Beispiel unterstützt Petrus und seine Gefährten[16] – was die angebliche Gegnerschaft der Pharisäer zu Jesus selbst widerlegt. Der Hohepriester war tatsächlich Jesu Gegner – aber der Hohepriester, den die Masse des jüdischen Volkes als sadduzäischen Ketzer betrachtete, wurde von den Römern eingesetzt und handelte als ihr Handlanger bei der Verhaftung politischer Agitatoren wie zum Beispiel Jesus. Jesu eigene Lehre, wie sie in den Evangelien überliefert ist, stand keineswegs in Gegensatz zum pharisäischen Judentum; auch war sein Anspruch, der Messias zu sein, nicht blasphemisch. Sein angeblicher Prozess im Sanhedrin wegen dieser Anklagen fand niemals statt, wie aus dem Johannesevangelium klar hervorgeht, das von keinem Prozess im Sanhedrin berichtet.

Warum also wurden die Juden und nicht die Römer zu den Schurken in der Erzählung der Evangelien und der Apostelgeschichte? Die Antwort liegt vor allem in der Entpolitisierung der Erzählung. Solange Jesus als jüdische Gestalt betrachtet wurde, darauf bedacht, biblische Prophezeiungen über die Befreiung und einen neuen Exodus aus der Knechtschaft unter einer fremden Militärmacht zu erfüllen (verbunden mit Hoffnungen auf das Ende kriegerischer Reiche und dem Anbruch eines friedlichen theokratischen Weltzeitalter, des „Reich Gottes"), blieben die Römer die böse Macht, wie sie es noch in den erhaltenen jüdisch-christlichen Schriften sind, darunter Abschnitte des Buches der Offenbarung. Aber als Jesus zu einer unpolitischen Gestalt gemacht wurde, die persönliche Erlösung brachte, nicht nationale Befreiung, fand er allgemeinen Anklang in der römischen Welt mit ihrem Hunger nach einer Erlösungsreligion, die individuelle Unsterblichkeit und Vergebung versprach. Jüdische Ideen der Befreiung, ob für die Juden oder für die Welt, verloren ihre Bedeutung, und das Christentum wurde eine Religion, die nicht mehr im Konflikt mit Rom war und nun ein unpolitisches Erscheinungsbild anstrebte. Es war jetzt peinlich und belanglos, dass Jesus, als eine in Judäa gekreuzigte Person, vermutlich ein jüdischer Rebell war wie andere Messiasgestalten, etwa wie Judas der Galiläer und Theudas, mit denen Jesus in der Apostelgeschichte (Apg 5) verglichen wird. Sein Tod konnte nicht mehr als Folge des Konflikts mit Rom erklärt werden. Er musste das Ergebnis seines Erlösungsauftrags sein, dem sich die Juden natürlich widersetzten, die durch die Theorien hellenistischer Antisemiten einschließlich der Gnostiker seit langem für die Rolle der Gegner der Aufklärung vorbereitet worden waren und die jedenfalls zur Zeit der Abfassung der Evangelien und der Apostelgeschichte sowohl bei römischen Amtsträgern als auch der römischen Öffentlichkeit tief in Ungnade gefallen waren, weil sie versucht hatten, im Krieg gegen Rom von 66–70 u. Z. die Unabhängigkeit zu erreichen.

In seiner Tirade gegen die Juden[17] gebrauchte Paulus den bekannten Vorwurf, der dem hellenistischen Antisemitismus zugrunde liegt, dass die Juden „die Feinde aller Menschen" seien. Aber er führte auch eine neue Anklage ein, dass die Juden ihre eigenen Propheten töteten; dies war nicht typisch für hellenistischen Antisemitismus, der vielmehr angeblichen jüdischen Kastengeist hervorhob. Im christlichen Antisemitismus wurde diese neue Anklage zum herausragenden Merkmal, das im Licht des vom paulinischen Christentum erhobenen Anspruchs, das Judentum abgelöst zu haben, verstanden werden muss. Denn abgesehen von der Notwendigkeit, die Juden zu diffamieren, die sich aus der Entpolitisierung der Botschaft Jesu ergab, bestand auch das tiefsitzende Bedürfnis, die Juden zu verunglimpfen, um für ein neues, auf der radikalen Neuinterpretation der jüdischen Schriften beruhendes Glaubenssystem Platz zu schaffen.

In der Gnosis hatte es bereits ein Element der Ersetzung gegeben, denn der jüdische Anspruch auf Auserwähltheit war zugunsten der Linie der *gnosis*-Träger, beginnend mit Seth, zurückgewiesen worden; die Juden *waren* auserwählt worden, aber von dem falschen Gott, dem Demiurgen. Aber das ersetzende Programm bestand in der Bereitstellung einer alternativen Tradition, bestehend aus einer Linie von Gestalten, die in der Bibel eher Randfiguren waren. Der ersetzende Anspruch des paulinischen Christentums, wie er in den Evangelien ausgearbeitet wird, war kühner: Er annektierte die jüdischen Propheten als Proto-Christen, die von den Juden missverstanden und verfolgt worden waren. Dies war eine Übernahme der Hauptlinie jüdischer Autorität, und sie beinhaltete eine stärkere Diffamierung der Juden, als in der Gnosis nötig war, da den Juden jetzt vorsätzlicher Ungehorsam und direkte Verfolgung der Gottesboten vorgeworfen wurde und nicht deren kurzsichtige Missachtung. Dieses Bild konnte sich auf Denunzierungen der Sünden der Juden in der hebräischen Bibel berufen, besonders den (ansonsten unbestätigten) Vorwurf des Prophetenmordes im zweiten Buch der Chronik (2 Chr 36, 16), aber diese Denunzierungen waren die Voraussetzungen der Auserwählung der Juden, die sie zur Buße lenkten und ihr Leiden als Sühne für ihre Sünden erklärten, die schließlich vergeben würden. Das strenge Programm der Selbstkritik der Bibel wurde nunmehr verwendet, um die Zurückweisung der Juden zu rechtfertigen, aber nicht mehr ihre Auserwähltheit.

Der hellenistische Antisemitismus als Reaktion auf jüdische Ansprüche auf einen besonderen Auftrag nahm somit zwei wesentliche Formen an. Zum einen ging es einfach darum, diese Ansprüche zurückzuweisen, indem man eine Art Karikatur der jüdischen Geschichte als ein Volk von Ausgestoßenen anstatt Aposteln einsetzte; dies war die Richtung, die Apion und andere antisemitische Autoren wählten. Die andere Reaktion, die eher von Eifersucht als von Verachtung getrieben war, bestand darin, die Juden aus ihrem Auftrag zu verdrängen und diesen zu übernehmen; so reagierten diejenigen, die tief beeindruckt waren von dem ehrfurchtgebietenden Anspruch der Juden, diesen aber auch zutiefst übelnahmen. Die zwei wesentlichen religiösen Entwürfe, die aus dieser Haltung hervorgingen, sind Gnosis und Christentum, beide aus jüdischen Materialien aus der hebräischen Bibel konstruiert. Die Gnosis focht den jüdischen Auftrag an, indem sie unterstellte, er komme aus einer minderwertigen Quelle; das Christentum erklärte jedoch, dass die Juden wahrhaft inspiriertes Wissen erhalten hätten, es aber nie verstanden und die von Gott gesandten Boten verfolgt hätten, die Propheten (als Proto-Christen und nicht als Juden betrachtet), und jetzt, durch ihr äußerstes Verbrechen, nicht mehr als Volk

Gottes gelten konnten, das freilich in der Form der christlichen Kirche fortbestand.

Der christliche Antisemitismus, wie er sich in den Evangelien findet, kann deshalb am besten verstanden werden als die am höchsten entwickelte Form des hellenistischen Antisemitismus, in dem nicht nur die jüdischen Ansprüche zurückgewiesen werden, sondern die Juden auch zu den unheilvollen Schurken eines neuen, aus jüdischen Materialien konstruierten Szenarios gemacht werden. Anstatt das Volk Gottes zu sein, die Helden eines religiös-historischen Dramas von der Schöpfung bis zum messianischen Zeitalter, werden die Juden die Erzschurken der Geschichte, die ihre Karriere des Verbrechens und Ungehorsams mit dem Gottesmord krönten, womit sie sich unter einen Fluch stellen, den sie nach dem Neuen Testament auf dem Höhepunkt ihrer Ablehnung Jesu sogar gegen sich selbst aussprechen mit den Worten: „Sein Blut komme über uns und unsere Kinder!"[18] Diese schrecklichen Worte sagen die Leiden der Juden unter der Christenheit voraus.

Die antisemitischen Aspekte der Schriften des Neuen Testaments hatten über lange Zeit kaum Einfluss auf das jüdische Bewusstsein. Nach der Kreuzigung durch die Römer galt Jesus bei den Juden einfach als ein weiterer gescheiterter Messias und wurde wie Judas von Galiläa und Theudas (die beide in den rabbinischen Schriften nicht erwähnt werden) vergessen. Erst als das Christentum im 2. und 3. Jahrhundert allmählich zur missionierenden Kraft wurde, tauchten jüdische Antworten auf christliche Ansprüche auf, und diese finden sich in dürftigen Hinweisen auf Jesus in der Tosefta und im Talmud und beschränken sich auf Widerlegungen der über Jesus erhobenen Behauptungen. Überhaupt kam das Bewusstsein, dass das Christentum in seinen wichtigen religiösen Texten den Juden eine böse Rolle zuweist, die für einen besonders intensiv ausgeprägten Antisemitismus fruchtbar ist, unter Juden erst in der Neuzeit auf. Davor wurden christliche Bekundungen der Feindseligkeit nur als Fortsetzung der Beschwernisse betrachtet, die die Juden durch ihre ganze Geschichte seitens der Eroberer von Ägypten bis Rom erfahren hatten.

Die angebliche jüdische Verfolgung der frühen Kirche findet sich erst im neutestamentlichen Buch der Apostelgeschichte. Diese wird nicht als Reaktion auf christliche Kritik an den Juden geschildert, sondern einfach als Fortsetzung der unterstellten Feindschaft der Juden gegen Jesus geschildert. Tatsächlich gab es keine Verfolgung der Jerusalemer Kirche, außer aus politischen Gründen seitens der Hohepriester und der Herodianer, die der Ansicht waren, die Jerusalemer Kirche führe den Feldzug Jesu gegen die römische Besatzung fort und schüre Hoffnungen auf Befreiung. Die

Unterstützung Petrus' durch Gamaliel[19] zeigt, dass die Pharisäer nicht feindlich gegen die Jerusalemer Kirche eingestellt waren, und von Hananias, einem Jünger Jesu, heißt es, „der bei allen Juden dort in gutem Ruf stand".[20] Das Bild in der Apostelgeschichte von den „Juden" als Verfolger der frühen Kirche ist somit widersprüchlich und theologisch geprägt. Der angebliche Pharisäismus des Verfolgers Saulus ist angesichts seiner Verbindung mit dem sadduzäischen Hohepriester[21] und der gegenteiligen Haltung der gesamten von Gamaliel angeführten Pharisäerbewegung zweifelhaft.

Die Kirchenväter entwickelten antisemitische Theorien, die im Wesentlichen auf den gegen die Juden im Neuen Testament erhobenen Vorwürfen beruhten. Die griechischen Kirchenväter griffen besonders stark die Juden an, da sie in Regionen mit einer großen jüdischen Bevölkerung predigten und die Konkurrenz um Bekehrte zwischen Juden und Christen scharf war, bevor der Übertritt des Reiches zum Christentum die jüdischen missionarischen Aktivitäten gewaltsam beendete.

Das antisemitische Schema der Kirchenväter könnte folgendermaßen zusammengefasst werden: Nach einer langen Geschichte voller Verbrechen, darunter die Ermordung von Propheten, verwirkten die Juden schließlich durch ihren Gottesmord an Jesus die Gnade Gottes. Zur Strafe dafür wurde ihr Tempel zerstört und sie selbst aus dem Land vertrieben. Sie waren verdammt, als Sklaven und Vertriebene bis zur Wiederkunft Christi zu leiden; erst dann würden sie endlich das Licht sehen. Christen sollten die Juden als verfluchtes Volk betrachten und von freundlichem Umgang mit ihnen Abstand nehmen.

Um das Bild von den Juden als verbrecherischem Volk zu bekräftigen, verwendeten die Kirchenväter Abschnitte aus der hebräischen Bibel und aus dem Neuen Testament. Jede spezielle Art von gewöhnlichem Verbrechen wurde den Juden zugeschrieben, besonders Götzendienst und sexuelle Laster.[22] Auf der Grundlage von Psalm 106, 37 wurde erklärt, die Juden hätten Kindesmord praktiziert. Chrysostomos beschuldigte sie aufgrund von Deuteronomium 28, 56 sogar des Kannibalismus. Das ausdrückliche Ziel dieses Katalogs angeblicher Verbrechen war der Nachweis, dass der behauptete Mord an Jesus durch die Juden sich durch ihre ganze Geschichte angedeutet hatte.

Diese Vorwürfe gegen die Israeliten des Alten Testaments wurden regelmäßig auch auf zeitgenössische Juden angewendet, da ihre Weigerung, Jesus anzubeten, als Fortführung ihrer früheren Verdorbenheit betrachtet wurde.[23] Insbesondere die Vorwürfe jüdischer Verfolgung von Christen in gegenwärtigen oder jüngst vergangenen Zeiten wurden regelmäßig nicht auf Tatsachenbeweise gestützt, wie James Parkes gezeigt hat,[24] sondern auf Texte der hebräischen Bibel, die abenteuerlich ausgelegt wurden, damit sie auf zeitgenössische jüdisch-christliche Beziehungen passten. So deutet Origenes Deuteronomium 32, 21 dahingehend, dass Juden Christen hassen – obwohl ihm selbst bei seinen Studien viel Hilfe und Freundschaft von Juden zuteil geworden war. Bis auf den heutigen Tag haben Historiker solchen exegetischen Antisemitismus als Beweis für die Verfolgung der Kirche durch die Juden im 2. bis 4. Jahrhundert genommen, trotz der reichlich vorhandenen Dokumente, die dies widerlegen.

Um die angeblich vorbestimmte Zurückweisung der Juden durch Gott zu betonen, wurden gegensätzliche biblische Paare wie Kain und Abel oder Esau und Jakob als symbolisch für die abgelehnten Juden und die anerkannte Kirche interpretiert,[25] eine Art der Exegese, die bereits im Neuen Testament existierte.[26] Die Juden wurden mithin so dargestellt, als spielten sie eine vom Schicksal bestimmte böse Rolle in der Geschichte. Häufig zitiert wurden die Haupttexte der jüdischen Verurteilung im Neuen Testament, Johannes 8, 44–47 und Matthäus 27, 25.

Derweil versuchten Kirchenkonzile, im täglichen Leben eine antisemitische Haltung durchzusetzen. Das Konzil von Elvira (305 u. Z.) und andere Konzile verboten Christen freundschaftliche soziale Beziehungen zu Juden. Antisemitische Haltungen waren zu dieser Zeit weitgehend auf die christliche Geistlichkeit begrenzt, und es gibt zahlreiche Hinweise, dass gewöhnliche Christen freundschaftlichen Umgang mit Juden pflegten, ihren Hochzeiten beiwohnten und sogar Gefallen an jüdischen Predigten fanden. Es brauchte Jahrhunderte der Vorhaltungen durch die Geistlichkeit, ehe der gewöhnliche Christ sich den Hass auf die Juden zu eigen machte, der später fast angeboren erscheint.

Zwei christliche Lehrer übten in dieser Hinsicht besonderen Einfluss aus, Chrysostomos und Augustinus. Mit den Schmähreden des Chrysostomos gegen die Juden konnte es nur Hitler aufnehmen. Er beschuldigte die Juden des Kannibalismus und jedes anderen Verbrechens, aber vor allem des Verbrechens des Gottesmordes. Er verkündete auch, dass die Juden in ihren Synagogen Dämonen anbeteten. Augustinus, der große Theoretiker, gab die Richtung für die Behandlung der Juden in späteren Jahrhunderten vor. Sie sollten wegen ihres Gottesmordes wie Kain betrachtet werden, waren aber, wie Kain, von der Vernichtung ausgenommen, da ihr Elend Gottes Urteil über sie bezeugte, und so agierten sie als „Zeugen" der Wahrheit des Christentums. Diese Haltung der partiellen Duldung bedeutete eine Art Schutz für die Juden selbst während der schlimmsten Verfolgungen späterer Jahre.

Es sollte angemerkt werden, dass in dieser frühen Periode der Entwicklung des Christentums die Beschäftigung mit den Juden fast zwanghaft war. Nahezu jeder bedeutende Schriftsteller verfasste ein Buch „Gegen die Juden“. Dagegen beschäftigt sich die jüdische Literatur der Epoche kaum mit dem Christentum. Der Grund dafür ist, dass das Christentum sich nur durch seine Abspaltung vom Judentum definieren konnte, während das Aufkommen des Christentums vom jüdischen Standpunkt her kein bedeutsames theologisches Ereignis war. Die Juden waren vor allem damit befasst, ihre eigene Tradition in der Mischna, der Tosefta, dem palästinensischen und dem babylonischen Talmud und in den Midraschim zu entwickeln. Somit ist der Eindruck, den christliche Autoren von dieser und späteren Epochen vermitteln, dass der Hass auf das Christentum ein wichtiger Faktor im geistigen Leben der Juden war, sehr weit von der Realität entfernt, die weitgehend von Gleichgültigkeit gekennzeichnet war.

Das Christentum selbst hatte stark unter der römischen Verfolgung gelitten, bevor es schließlich als offizielle Religion des Römischen Reiches angenommen wurde. Der Grund dafür war, dass das Christentum über lange Zeit keinen gesetzlichen Status hatte, der es vor dem Vorwurf der Respektlosigkeit gegenüber den Göttern schützte. Das Judentum war von Rom als nationale Religion anerkannt und wurde als solche geduldet, was das Recht einschloss, keine Opfer für heidnische Götter oder den Kaiser darbringen zu müssen. Das Christentum als nichtnationale Religion wurde als gesetzwidrige Vereinigung gewertet, und seine Weigerung, am öffentlichen Kult teilzunehmen, für illoyal erachtet. Christen wurden beschuldigt, Atheisten zu sein, und sie wurden zeitweise angeklagt, Kinder zu opfern und zu verspeisen, eine Anklage, die viel später von Christen gegen Juden erhoben werden sollte. So galt der große Kampf des Christentums in seinen frühen Jahren dem Ziel, die römischen Behörden davon zu überzeugen, dass Christen loyale Bürger sein konnten – ein Kampf, der, wie wir gesehen haben, zur Entpolitisierung der Erzählung von Jesus und der Einsetzung der Juden anstelle der Römer als seine Feinde beitrug.

Christenverfolgungen durch Römer fanden unter den Kaisern Domitian, Nero, Trajan,[27] Mark Aurel, Septimius Severus, Maximinus, Decius, Valerian und Diokletian (284–305 u. Z.) statt. Die einzige jüdische Verfolgung von Christen, die historisch belegt ist, führte der Rebell Bar Kochba 138 u. Z. gegen die palästinensischen Christen durch, hauptsächlich mit der politischen Begründung, dass sie seinen messianischen Anspruch nicht unterstützten.

Die Thronbesteigung Konstantins 312 führte zum Edikt von Mailand (313), in dem das Christentum gesetzliche Anerkennung erhielt. Die Bekehrung Konstantins schließlich machte das Christentum zur offiziellen Religion des Römischen Reiches, eine Entscheidung, die vom Konzil von Nicäa (325) besiegelt wurde. Unter dem Einfluss von Sylvester, Bischof von Rom, Paulus, Bischof von Konstantinopel, und dem Historiker Eusebius von Caesarea hatte Konstantin 315 ein Edikt erlassen, das Juden die Missionierung verbot – das erste von vielen christlichen Edikten, die sich gegen die Juden richteten.

Die christliche Kirche wandelte sich somit durch ihren Einfluss auf christliche Kaiser von einer verfolgten zu einer verfolgenden Organisation. Die Rechte, die die Juden unter den heidnischen römischen Kaisern genossen hatten, wurden zunehmend ausgehöhlt. Die eigentliche Verfolgung begann unter Constantius (327–30), als die Lehre des Judentums verboten wurde, auf Mischehe und Bekehrung die Todesstrafe stand und den Juden Palästinas eine unmögliche Steuerlast aufgebürdet wurde, was eine Revolte auslöste, die mit einem schonungslosen Massaker niedergeschlagen wurde. Von da an schwand die jüdische Kultur in Palästina, und Babylonien, außerhalb des christlichen Einflusses, wurde zum jüdischen kulturellen Zentrum. Es gab eine Atempause für die Juden während der Regierung von Julian Apostata (361–63), der freundlich gegenüber Juden und Judentum war und dessen Politik der Tolerierung für eine Weile nach seinem Tod anhielt (364–408), sehr zur Entrüstung der antisemitischen Kirchenlehrer Chrysostomos und Ambrosius. Aber danach kam eine lange Periode antijüdischer Gesetzgebung, die alle jüdischen Rechte zunichtemachte und die Juden auf den Status von Sklaven und Fremden herabsetzte, in Übereinstimmung mit ihrem theologischen Status in der christlichen Theorie.

Theodosius II., Kaiser Ostroms (408–50), ein schwacher Herrscher, der dem Druck der Kirche nachgab, erließ viele antijüdische Verordnungen, die dann im Codex des Justinian verstärkt wurden. Justinian herrschte über Ostrom (einschließlich Palästina) von 483 bis 565 und war selbst ein antijüdischer Eiferer. In Palästina war Juden der Zugang zu Jerusalem verwehrt, und sie wurden in jeder Hinsicht unterdrückt. Nun war es zum ersten Mal kein jüdisches Land mehr und wurde christianisiert. Justinian verfügte, dass Juden vor Gericht nicht gegen Christen aussagen durften, nur gegeneinander. Samaritaner durften wegen ihrer rebellischen Vergangenheit überhaupt nicht als Zeugen aussagen oder Rechtshandlungen vornehmen. Juden waren von allen ehrenhaften Ämtern ausgeschlossen. Justinian mischte sich auch in den jüdischen Kult ein, indem er das *Schma* (die Erklärung der Einheit und Einzigkeit Gottes) verbot und den

Gebrauch des Griechischen statt des Hebräischen in den Synagogen vorschrieb. Frühere Erlasse wie das Verbot, neue Synagogen zu errichten, wurden rigoros durchgesetzt.

Im 5. Jahrhundert zerfiel Westrom im Unterschied zu Ostrom unter dem barbarischen Ansturm. Dies brachte den Juden im Weströmischen Reich Erleichterung, denn obwohl die antijüdische Gesetzgebung in den Gesetzbüchern blieb, sorgten die chaotischen Verhältnisse der Zeit dafür, dass sie im Großen und Ganzen nicht durchgesetzt wurde (außer während einer kurzen Zeitspanne, als Justinian Italien zurückeroberte). Folglich dauerte es im Westen bis zum 11. Jahrhundert, dass das antisemitische Programm, das die Kirche in den frühen Jahren ihrer Herrschaft festgeschrieben hatte, vollständig umgesetzt wurde.

Zwar nahmen die Barbaren das Christentum an, doch geschah dies oft in der weniger fanatischen Form des Arianismus, der eine andere Ansicht von der Göttlichkeit Jesu vertrat und deshalb die Juden nicht als Gottesmörder betrachtete. Außerdem bestanden mehrere Päpste darauf, dass Juden nicht gewaltsam zum Christentum bekehrt werden sollten, obwohl diese Lehrmeinung von anderen Mitgliedern der katholischen Hierarchie oft nicht gutgeheißen wurde. Gregor I. (590–604) meinte, dass Juden nur durch Überzeugung (oder Bestechung) bekehrt werden sollten, protestierte aber energisch gegen die Nachlässigkeit des Fränkischen Reiches, das Juden den Besitz christlicher Sklaven erlaubte. Während bestimmte merowingische Könige die Juden unterdrückten, begünstigte die nachfolgende Dynastie der Karolinger sie als höchst nützliche Bürger. Karl der Große schuf sogar ein jüdisches Herzogtum, regiert von einem babylonischen Juden (bekannt als Herzog Wilhelm), der von dem königlichen Haus Davids abstammte. In Spanien wurden die Juden gut behandelt und waren im gewöhnlichen Volk so beliebt, dass die Rabbis gebeten wurden, die Felder von Christen zu segnen. Dies war vom Konzil von Elvira (um 305) verboten worden, aber für lange Zeit ohne große Wirkung. Geistliche wie Isidor von Sevilla, die versuchten, die antijüdische Gesetzgebung wieder einzuführen, wurden von Adligen, die die Juden schützten, übergangen. Es gab kurze Perioden der Verfolgung unter der Herrschaft der fanatischen westgotischen katholischen Monarchen Sisebut und Chintila, aber mit ihrem Tod endete auch die Verfolgung.

Die Nachfolger von Karl dem Großen, Ludwig der Fromme (814–840) und Karl der Kahle (840–877), Herrscher des Frankenreiches bzw. des Westfränkischen Reiches, setzten seine Politik der Tolerierung und sogar Gunst gegen die Juden fort, trotz der Bemühungen der Prälaten Agobard und Amolo, die antijüdischen Gesetze in Kraft zu setzen.

In Spanien prosperierten die Juden derweil unter Muslimen wie unter Christen. Hier entstand eine bedeutende jüdische Kultur, die ihren Höhepunkt im 11. und 12. Jahrhundert erreichte. Sowohl Muslime als auch Christen, die um die Herrschaft in Spanien kämpften, fanden die Juden nützlich, und die Drohungen der Kirche blieben folgenlos. Erst als im 13. Jahrhundert die christliche Macht triumphierte, machte auch die Kirche ihren ganzen Einfluss geltend, und die Lage der Juden verschlechterte sich.

In Deutschland und Frankreich setzte die Verschlechterung früher ein. Im 11. Jahrhundert trug die lange Propaganda der Kirche schließlich Früchte. Das Wohlwollen gegenüber den Juden seitens der gewöhnlichen Christen, das sich in früheren Jahrhunderten gezeigt hatte, schlug letztendlich in Hass um, nachdem ihnen unaufhörlich eingehämmert worden war, dass die Juden Gottesmörder wären und es daher Sünde sei, ihnen zu erlauben, zu prosperieren und ein gewisses Maß an Gleichheit zu genießen. Der Auslöser war der Kampf zwischen Christentum und Islam. Angeblich schlechte Behandlung von Christen in islamischen Ländern wurde irgendwie den Juden zur Last gelegt, besonders weil der Unterschied zwischen Muslimen und Juden nicht so gut verstanden wurde. Die Legende vom Antichrist, gestützt auf Paulus' kryptische Bemerkungen in 2 Thessalonicher 2 und genährt von den Kirchenvätern Irenäus, Hippolyt und Lactantius, fand jetzt allmählich zum ersten Mal Zuspruch in der Bevölkerung, mit tragischen Folgen. Die Muslime erschienen nun als das Heer des Antichrists, das die heiligen Stätten besetzte, wie Paulus prophezeit hatte, und die Juden wurden nun als Verbündete oder sogar Mitglieder der islamischen Verschwörung angesehen.

Verfolgungen und Vertreibungen von Juden begannen in Rouen, Orléans, Limoges und Mainz. 1096 dann kam der große Wendepunkt, der die gesamte Lage der Juden veränderte, der Erste Kreuzzug. Eine Welle endzeitlicher Begeisterung schwappte über die christliche Welt. Als die Kreuzfahrer aufbrachen, Jerusalem zu befreien, metzelten sie in den Städten auf ihrem Weg durch Frankreich und Deutschland Juden nieder. Solche Massaker schienen ein Teil des Kreuzzugs selbst zu sein. Von da an sahen Christen den Mord an Juden als einen Akt der Frömmigkeit, und Juden entwickelten eine Märtyrerphilosophie, nach der sie es vorzogen, in großer Zahl zu sterben, anstatt die angebotene Zwangsbekehrung zu akzeptieren, die sie gerettet hätte. Jeder neue Kreuzzug gab Anlass zu ekstatischen Predigten, die zu Massakern an Juden durch eine aufgeheizte Menge führten. Dieses im Wesentlichen vom Volk ausgehende Phänomen, angefacht von der niederen Geistlichkeit oder aus eigenem Antrieb handelnden Charismatikern, widersprach eigentlich den Wünschen der höheren Geistlichkeit und des Adels, die im Populismus eine Gefahr für ihre eigene Autorität sahen; doch ohne die anhaltende Propaganda der höheren Geistlichkeit in der Vergangenheit über die gottesmörderische Schuld der Juden hätte die verbreitete Paranoia in Bezug auf die Juden nie Fuß fassen können.

Der Albtraum, der jetzt für die Juden begann, enthielt eine Vielzahl von Elementen, die sich gegenseitig verstärkten. Die Juden waren bereits zunehmend in den Beruf des Geldverleihs gedrängt worden, da es Christen verboten war, Zins zu erheben, während Juden, ohnehin als verlorene Seelen betrachtet, sogar ermuntert wurden, sich auf eine Tätigkeit zu verlegen, die die Gesellschaft brauchte. Folglich wurden einige der großartigsten Leistungen des Mittelalters, sogar einschließlich des Baus von Kathedralen, durch jüdische Kredite finanziert. Jetzt jedoch wurde Juden kontinuierlich der Zugang zu allen anderen Berufen untersagt. Der Aufstieg der Zünfte, die Juden ausschlossen, beendete ihre lange Verbindung mit dem internationalen Handel. Juden waren Bauern gewesen oder Winzer (wie der große Gelehrte Raschi) und hatten jeden qualifizierten Beruf ausgeübt, besonders Medizin; alles war ihnen nun versperrt. Aber die Ausübung des „Wuchers" verstärkte das Bild des bösen Juden; tatsächlich waren die Juden gezwungen, dem christlichen Bild von ihnen zu entsprechen, und der Wucher an sich wurde zur Entschuldigung für die christliche Unterdrückung durch Massaker, Enteignungen und Vertreibungen. Schließlich jedoch legitimierten die Christen selbst den „Wucher" (da das Bankwesen für die wachsende Wirtschaft so offensichtlich notwendig geworden war), und im 13. Jahrhundert begannen die lombardischen Christen, die Juden aus dem großen Bankgeschäft zu verdrängen. Die Juden, denen die gehobenen Berufe verschlossen blieben, sanken zu Pfandleihern und Hausierern herab, was ihr Ansehen weiter minderte. Doch durch die anhaltende Ausübung ihrer Religion und Bildung waren sie nie so demoralisiert, wie sie von außen erschienen.

Durch diese Verbindung von Paranoia mit absichtlicher Erniedrigung dämonisierten Christen die Juden zunehmend. Diese Dämonisierung führte vor allem zum Aufkommen der entsetzlichen „Blutbeschuldigung", nach der den Juden vorgeworfen wurde, christliche Kinder zu töten, um ihr Blut zu trinken oder es für ungesäuertes Brot zu verwenden. Der erste Fall war jener des William von Norwich (1144) und der berühmteste jener des Hugh von Lincoln (1255), der Chaucers „Die Geschichte der Äbtissin" anregte. Die Entstehung der Ritualmordlegende fiel mit dem Aufstieg des Marienkults und der Darstellung Jesu als Kind an Marias Brust zusammen.

Die Juden erschienen so als die Mörder des Jesuskinds, nicht des erwachsenen Jesus, was erheblich zu ihrer Dämonisierung beitrug. Während sie zuvor schon als böse Menschen gegolten hatten, nahmen sie jetzt das Bild von Vampiren und Teufeln an. Viele Tausend Juden starben als Folge der Ritualmordlegende, was auch ein bequemes Mittel für alle war, die sich Schulden bei Juden entziehen wollten. Überdies wurde den Juden die Schuld an sämtlichen Katastrophen zugeschoben. So kam es zur Zeit des Schwarzen Todes zu Massakern an Juden. Die relative Unempfänglichkeit von Juden für die Seuche aufgrund ihrer reinlicheren Gepflogenheiten brachte sie in den Verdacht, sie verursacht zu haben.

Das Mittelalter dauerte für die meisten europäischen Juden bis ins 18. Jahrhundert, als zum ersten Mal Christen in merklichen Zahlen begannen, sie wieder als menschliche Wesen zu sehen, die aus ihrer Erniedrigung zurückgeholt werden sollten. Die Reformation war für die Juden mit geringen Erleichterungen verbunden, da sie weiterhin von Protestanten verteufelt wurden, möglicherweise mit Ausnahme von Calvin. Luther hatte während einer kurzen Zeitspanne die Juden verteidigt, als er noch hoffte, sie zu bekehren, verfiel dann aber in einen fanatischen Antisemitismus, der die Strategien des Nazismus vorausahnen ließ. In England waren Juden durch das Gesetz bis ins 17. Jahrhundert ausgegrenzt, als hebraistische und chiliastische Standpunkte bei den Puritanern für ein Klima sorgten, in dem ihnen zögerlich erlaubt werden konnte, in geringer Zahl ins Land zu kommen.

Eine wichtige jüdische Reaktion auf die anhaltende christliche Kampagne des Antisemitismus im Mittelalter war schlichtweg Flucht. Viele Juden flohen in östliche Länder, wo sie unter dem Islam viel besser behandelt wurden. Viele flohen vor der bitteren deutschen Verfolgung im 15. und 16. Jahrhundert nach Polen, wo Juden geschätzt wurden, weil sie Unternehmungsgeist und Energie für den Aufbau einer Nation aus der Barbarei brachten (obwohl die Juden auch in Polen, sobald sie ihren Beitrag geleistet hatten, wieder als Opfer des mittelalterlichen Hasses aufwachten). Nach der katastrophalen Vertreibung der Juden aus Spanien (1492) fanden einige Zuflucht in Holland, dem Vorkämpfer toleranter Gesinnung.

Eine andere verbreitete Reaktion war der Übertritt zum Christentum. Etwa 100.000 Juden in Spanien zum Beispiel unterwarfen sich dem Druck der anhaltenden Schikane und drohenden Vertreibung und konvertierten. Dann folgte ein neues Phänomen – der rassische Antisemitismus. Die jüdischen Konvertiten oder Neuen Christen, wie man sie nannte, wurden eine verachtete niedere Kaste im spanischen Leben, und der Zwang, seine „Reinheit des Blutes“, d.h. seine nichtjüdische Herkunft, nachzuweisen, wurde zu einer spanischen Manie.

Eine weitere Reaktion war das Märtyrertum. Tausende Juden zogen den Tod einem Übertritt vor. In York zum Beispiel erlitten die Juden 1190 ein Massaker anstelle der Konversion zu einem Glauben, der ihnen durch sein Verhalten ihnen gegenüber seine Unwahrheit bewies.

Die verbreitetste Antwort war allerdings das Erdulden. Die Juden fanden in ihrer eigenen Tradition die Mittel, um den Sturm zu überstehen. Sie setzten ihre Studien fort, ehrten ihre Rabbis, suchten Frieden am Sabbat und an Festen, wann immer diese ohne Störungen begangen werden konnten, und entwickelten einen Kodex zum Leben in jüdischen Vierteln, der auf talmudischen Prinzipien der Gleichheit und Gerechtigkeit beruhte. Also betrachteten sich die Juden, denen nichts ferner lag als sich christlichen Vorstellungen von jüdischer Minderwertigkeit zu beugen, typischerweise als ein zivilisiertes Volk, das verurteilt war, in einem barbarischen Umfeld und inmitten primitiver Ignoranz auszuharren.

Es war der Niedergang des christlichen Glaubens, der dazu führte, dass die Juden aus ihrer mittelalterlichen Unterdrückung befreit wurden. Die erste Person, die die Emanzipation der Juden vorschlug, war 1714 der Freidenker John Toland. Ihm folgten andere Freidenker und Deisten, namentlich Montesquieu, Lessing und Rousseau. Die erste tatsächliche Emanzipation war jene der Juden Frankreichs 1791 unter dem Einfluss antireligiöser emanzipatorischer Ideen, heftig bekämpft von den christlichen Kirchen überall, die weiter die mittelalterliche Ansicht von den Juden als einem verfluchten Volk vertraten, dem man politische und soziale Rechte und Status vorenthalten sollte. Die Emanzipation erfolgte schrittweise in anderen europäischen Ländern, wenngleich das Russische Reich bis zur Revolution von 1917 gegenüber den Juden einen mittelalterlichen Standpunkt beibehielt.

Selbst die Fürsprecher einer jüdischen Emanzipation jedoch waren nicht ohne antisemitische Gesinnung. Manche unter ihnen, namentlich Voltaire, müssen als unverhohlene Antisemiten betrachtet werden. Während Montesquieu und Lessing Respekt gegenüber der jüdischen Kultur und Religion zeigten, die nach ihren Worten zu Unrecht verleumdet worden waren, hatten die meisten Denker der Aufklärung nichts als Verachtung für das Judentum und die jüdische Geschichte und Kultur übrig. Sie betrachteten die Juden als rückständiges, abergläubisches Volk, das dennoch (mit gewissen Schwierigkeiten) als menschlich anerkannt und möglicherweise sogar zivilisiert werden konnte, wenn der Prozess auch lang und schwierig sein würde. Diese gönnerhafte Haltung, die Dohm, Mirabeau und andere einnahmen, machte die Emanzipation der Juden von der Aufgabe ihrer eigenen Identität abhängig. Es war ein großer Schock für solche Leute, dass sie feststellen mussten, wie schnell die Juden, als sie endlich ein gewisses Maß der Emanzipation erreichten, die verheerenden Auswirkungen der Verfolgung abschüttelten und innerhalb weniger Jahre an die Spitze aller gehobenen Berufe kletterten. Eine tolerante Haltung, gegründet auf gönnerhafte Mutmaßungen, schlug leicht in Missgunst um, wenn die Juden alle Voraussagen durch ihren schnellen Erfolg widerlegten, für den tatsächlich jahrhundertelanges strenges Studium in einer subtilen, rationalen und menschenfreundlichen talmudischen Tradition stabile Grundlagen geschaffen hatte. Herausragenden Persönlichkeiten wie Moses Mendelssohn und Solomon Maimon, die von einem talmudischen Hintergrund in die erste Reihe der fortschrittlichen europäischen Philosophie aufrückten, entsprach auf einer niedrigeren Ebene eine Masse gebildeter Juden.

So hatte die Toleranz der Aufklärung ihre eigene intolerante Seite, die jüdische Werte geringschätzte und verlangte, dass sie als Preis für die Emanzipation abgestreift werden sollten. Diese Geringschätzung war oft so bitter, dass sie nur als Fortdauer, in einer neuen Form, der mittelalterlichen Verachtung und Abscheu betrachtet werden konnte. Hier begegnen wir zum ersten Mal dem Phänomen eines postchristlichen Antisemitismus, der eine so verhängnisvolle Geschichte haben sollte.

Die Frage der jüdischen Emanzipation, durch die die Juden Vollbürger christlicher Länder werden sollten, wurde Thema einer scharfen Auseinandersetzung, nachdem Frankreich und die Vereinigten Staaten von Amerika vorangegangen waren. Die Debatte drehte sich nun um die Frage der Assimilierbarkeit und Loyalität: Waren die Juden zu wesensfremd, um jemals gute Staatsbürger zu werden? Der Aspekt der verschiedenen Religionen erhielt einen politischen Blickwinkel. Als ein „auserwähltes Volk", so das Argument, könnten die Juden nie wirklich loyal zu irgendeinem politischen Gebilde außer ihrem eigenen stehen. In England argumentierte Lord Macaulay beredt, dass jüdische messianische Hoffnungen kein Hindernis für den Erwerb der englischen Staatsangehörigkeit seien, genauso wenig wie Christen durch ihren Glauben an die Wiederkunft Christi ausgeschlossen waren. Aber der Anfang war gemacht: Die Frage hatte sich von Juden als Leugner Christi zu Juden als wesensmäßige Ausländer und Fremdlinge bewegt, deren andere Religion nun hauptsächlich als Symptom ihrer Fremdheit betrachtet wurde. Diese Verschiebung der Grundlage jedoch erlaubte das Wiederaufleben von Haltungen wie Hass und Verachtung, die bloß Fortsetzungen der mittelalterlichen Verteufelung in rationalisiertem Gewand waren. Die Analyse jüdischer Fremdheit wurde zur Hauptbeschäftigung postchristlicher Antisemiten, und die unterschiedlichen Analysen erzeugten die Varianten des modernen Antisemitismus.

In Wirklichkeit war das Judentum gut gerüstet, sich an eine Situation politischer Emanzipation anzupassen. Dies verdankte es der seit langem vertretenen Doktrin der Loyalität gegenüber staatlichen Autoritäten, wie sie Samuel, der babylonische Amora, in seinem altbekannten Ausspruch formuliert hatte: „Das Gesetz des Königtums ist Gesetz" (wiederum gestützt auf viele biblische Beispiele, darunter Jeremia 29, 7). Tatsächlich tendierten Juden immer dazu, begeistert loyal gegenüber jedem Staat zu sein, der ihnen Freundlichkeit erwies; aber ebendiese Begeisterung weckte Unmut bei Antisemiten, die darin eine weitere dreiste Verstellung der wesensmäßig fremden Juden sahen.

In den politischen und ideologischen Spaltungen, die im 19. Jahrhundert auftauchten, nahm die angebliche Fremdartigkeit der Juden eine linke und eine rechte Form an. Von Linken wurden die Juden wegen ihrer Geschichte des Wuchers und Handels und der aktuellen Bekanntheit der Rothschilds oft mit dem Kapitalismus identifiziert. Diese antisemitische Identifikation tritt in aggressiver Form in den Schriften von Karl Marx auf, selbst ein entwurzelter Jude, und erscheint auch im Denken von Proudhon, Werner Sombart und anderen. Rechte Antisemiten dagegen sahen die Juden als die Speerspitze der Veränderung und Revolution und als Verschwörer zur Übernahme der Welt, indem sie revolutionäre Bewegungen anfachten. Diese Phantasie begann mit der Französischen Revolution und dem Werk des Abbé Barruel, das als Vorbild für die späteren *Protokolle der Weisen von Zion* diente. Andere, die weniger ideologisch extrem waren, sahen die Juden bloß als Gefährder der bestehenden Ordnung durch ihren gesellschaftlichen und beruflichen Ehrgeiz an. Dass man die Juden in so gegensätzlichen Richtungen zu Schurken und Sündenböcken machte, zeigt eine vorhandene Neigung, ihnen die Schuld an allen Missständen zu geben, und dies wiederum leitet sich aus der theologischen Vergangenheit ab.

Die grundlegende Idee der Aufklärung war die Einheit des Menschen, gründend auf der gemeinsamen Vernunft, und der Vorwurf gegen die Juden bestand nicht darin, dass sie wesensmäßig anders, sondern dass sie rückständig waren. Die romantische Reaktion gegen die Aufklärung stellte jedoch diese grundlegende Einheit und Vernunft in Frage und verstand die Menschheit als gespalten in undurchlässige Überlieferungen, die auf emotionalen und rassischen Bindungen beruhten und sich dem Eindringen von Fremden widersetzten. Juden konnten nie „echte" Deutsche oder Franzosen oder Engländer sein. Diese romantische Reaktion gegen die

Vernunft war es, die die gefährlichste Bedrohung in der jüdischen Geschichte hervorbrachte, den rassistischen Antisemitismus.

Es gab Anfänge eines rassistischen Antisemitismus im 16. Jahrhundert in Spanien, als die Neuen Christen als rassisch unrein betrachtet wurden. Die früheste Äußerung allerdings muss in das 13. Jahrhundert und das Aufkommen der „Blutschuld" oder Ritualmordlegende zurückverfolgt werden. Davor hielt das Christentum im Allgemeinen an dem Grundsatz fest, dass die Juden vollwertige Menschen waren und dass deshalb ein Jude, der zum Christentum übertrat, ein gleichwertiger Christ wurde. Jetzt jedoch setzte die Dämonisierung der Juden sie auf einen Status von Untermenschen herab. Legenden entstanden über den *foetor judaicus* oder charakteristischen jüdischen Geruch und über die Menstruation jüdischer Männer, die das Aufsaugen von Blut erforderte, und sogar, dass die Juden Schwänze und Bocksfüße hatten. Obwohl man immer noch glaubte, dass eine Bekehrung diese Merkmale auf wunderbare Weise beseitige, war der Weg frei für die Ansicht, dass Juden eine andere Spezies waren. Beschuldigungen, dass Juden Brunnen vergifteten und die Hostie entweihten, entwürdigten und entmenschlichten ebenfalls das Bild von den Juden. Der Boden war somit vollauf bereitet für neuzeitliche Theorien, in denen die Juden zu Untermenschen oder zumindest rassisch Fremden erklärt wurden. Das Bild, das sich eingeprägt hatte, musste, in einem nicht-theologischen Zeitalter, nur noch in der Philosophie oder „Wissenschaft" begründet werden.

Hegels Philosophie mit ihrem Begriff vom Volk als Verkörperung einer „Idee" wurde zur Inspiration des deutschen Nationalgefühls, als die Deutschen nach den Demütigungen der Napoleonischen Ära Einheit und Selbstvertrauen erstrebten. Die Schriften Herders und seiner Schule regten einen deutschen Mystizismus an. Diese Entwicklungen fanden Widerhall in Frankreich, besonders nach der Niederlage von 1870. Nationalismus gedieh auf dem Boden von Niederlagen, und die Juden waren die Idealbesetzung für die Rolle der hinterhältigen Verschwörer und Verräter, die so dringend gebraucht wurden, um Niederlagen zu erklären. Statt des Verfalls des Nationalismus, den die Aufklärung sich vorgestellt hatte, erlebte das 19. Jahrhundert eine neue Intensität des Nationalismus, der die Juden als Fremde ausschloss.

Das Werk von Gobineau über die angebliche rassische Ungleichheit war mit Gedanken kombiniert, die Darwins Theorie von der natürlichen Auslese entnommen waren, um eine pseudowissenschaftliche Theorie des Antisemitismus zu entwickeln. Nach dieser Theorie stehen die Menschenrassen im Wettbewerb miteinander ums Überleben. Nur die arische Rasse verdiente den Sieg, weil sie allein über die edlen Eigenschaften der

Kreativität und des Altruismus verfügte. Andere Rassen waren entweder dem Untergang geweiht oder zur Knechtschaft unter der arischen Rasse verurteilt. Die Juden als Semiten konnten niemals wahre Staatsbürger in einer arischen Nation werden. Der Begriff „Antisemitismus“ war somit geprägt[28] als Ausdruck der biologischen Theorie von der Minderwertigkeit der Juden. Theoretisch müsste sich diese Minderwertigkeit auch auf die Araber beziehen, aber Juden waren die einzigen Semiten, die in nennenswerter Zahl in Europa lebten, und erst mit dem Entstehen eines Bewusstseins von der arabischen Welt im 20. Jahrhundert wurden die Sinnlosigkeit und Heuchelei des Begriffs „Antisemit“ richtig deutlich, insofern als er nie als auch für die Araber gültig betrachtet wurde. Im Kern ist die rassistische Theorie eine Fortdauer des mittelalterlichen Hasses auf die Juden in modernem Gewand.

Die rassistische Theorie wurde zuerst in Deutschland entwickelt, und selbst die großen Persönlichkeiten der deutschen Kultur Nietzsche, Wagner und Treitschke leisteten ihren Beitrag. In Deutschland inspirierte die Theorie eine antiliberale politische Bewegung, die durch die Unterstützung Bismarcks Seriosität gewann. Sein zynischer Opportunismus deutete an, wie spätere Politiker Antisemitismus als Ausbeutung eines stets in der Bevölkerung vorhandenen Bodensatzes an Hass gebrauchten. Die Christlich-Soziale Arbeiterpartei Adolf Stoeckers zog sowohl religiöse als auch rassistische Antisemiten an, und obwohl sie in Verruf geriet, lieferte sie die Grundlage für den deutschen politischen Antisemitismus im 20. Jahrhundert.[29] Von Deutschland breitete sich der rassistische Antisemitismus über Mitteleuropa und Frankreich aus. In Österreich-Ungarn entwickelte sich ein nationalistischer und rassistischer Antisemitismus unter dem Einfluss Deutschlands wie Russlands. Die religiösen Antisemiten mit ihrem Organ *Vaterland* schlossen sich den Rassisten in der Christlich-Sozialen Arbeiterpartei an, die bei den Wahlen von 1896 große Gewinne erzielte. Damals überwog noch liberales Denken, aber die Grundlage für den österreichischen politischen Antisemitismus des 20. Jahrhunderts, der Hitler hervorbrachte, war gelegt worden.

In Frankreich machte sich der Einfluss des deutschen rassistischen Antisemitismus etwas später bemerkbar, nämlich mit der Veröffentlichung des einflussreichen Buches *La France juive* von Édouard Drumont (1886), das die angebliche Korruption des öffentlichen Lebens in Frankreich durch die Juden angriff. Die Boulangistische Bewegung, angeführt von General Georges Boulanger, entsprach den rassistischen politischen Bewegungen in Deutschland und Österreich. Französische Armeekreise waren besonders antisemitisch.

In den Jahren 1894–1906 wurde das Ausmaß des französischen Antisemitismus durch die Dreyfus-Affäre für die Welt offenbar. Dreyfus, ein jüdischer Artillerie-Offizier, wurde wegen eines angeblich von seiner Hand geschriebenen Briefes an den deutschen Militärattaché des Landesverrats beschuldigt. Später wurde von Oberst Picquart entdeckt, dass der Brief von einem Offizier namens Major Esterhazy geschrieben worden war und dass Dreyfus völlig unschuldig war; aber er war verurteilt worden, und das Militär und die politischen Institutionen kämpften mit allen Mitteln, einschließlich der Verbannung von Picquart und der Fälschung weiterer Beweisstücke, um zu verhindern, dass der Fall wieder aufgerollt wurde. Auch als eine Wiederaufnahme erzwungen wurde, sprach man Dreyfus wieder schuldig. Inzwischen war das Land gespalten in für Dreyfus eintretende Liberale und Anti-Dreyfusards, die die Sache des Traditionalismus mit Antisemitismus gleichsetzten. Nach zwölf Jahren ständiger Aufregung (einschließlich der Intervention zugunsten von Dreyfus durch Georges Clemenceau und Émile Zola, der zu einem Jahr Haft verurteilt wurde) wurde Dreyfus freigesprochen. Wie in anderen Ländern war der Antisemitismus vorübergehend diskreditiert, aber der Kurs des 20. Jahrhunderts war abgesteckt worden.

In Russland, wo die Juden meist unter mittelalterlichen Bedingungen lebten, wurde der traditionelle christliche Antisemitismus durch einen romantischen, mystischen Nationalismus, abgeleitet von deutschen Ideen wie im Werk Dostojewskijs, verstärkt. Massaker („Pogrome") begannen 1881 und Blutbeschuldigungen nahmen stark zu. Weitere antisemitische Gesetze wurden im Mai 1882 erlassen („Maigesetze"), durch die jüdischer Besitz beschlagnahmt wurde, und neue jüdische Ghettos wurden eingerichtet, um die „jüdische Ausbeutung" zu bekämpfen. Die Juden wurden somit für die Pogrome verantwortlich gemacht und bestraft.

Ein großer Exodus von Juden aus Russland begann, meist in die Vereinigten Staaten von Amerika. Einige Juden, die zurückblieben, wurden zu einer starken Kraft in der antizaristischen revolutionären Bewegung.

1905 erschien die erste Auflage der *Protokolle der Weisen von Zion*, die in der Geschichte des Antisemitismus eine verhängnisvolle Rolle spielen sollten. Es handelte sich um den Anhang zu einem religiösen Traktat, verfasst von Sergej Nilus, einem zaristischen Beamten.[30] Es erweckte den Anschein, ein jüdisches Dokument zu sein, das eine Verschwörung zur Versklavung der christlichen Welt umriss. Geschehen sollte dies durch die Manipulation liberaler und sozialistischer Bewegungen. Alle Hauptstädte Europas würden dann dem Erdboden gleichgemacht. Die *Protokolle* wurden in zaristischen Kreisen mit größtem Ernst aufgenommen und unter der Schirmherrschaft von Zar Nikolaus II. von der Geheimpolizei veröffentlicht. In der antisemitischen Propaganda spielen sie bis auf den heutigen Tag überall eine wichtige Rolle.

Die antisemitische Organisation der Schwarzen Hundert zettelte mit der direkten Ermutigung des Zaren zwischen 1903 und 1905 Pogrome an. Die Regierung unterstützte auch die Blutbeschuldigung gegen Mendel Beilis 1911 in Kiew. Er wurde schließlich 1913 freigesprochen, und sein Prozess erzeugte wie das Verfahren gegen Dreyfus in Frankreich eine Koordinierung der Kräfte des Liberalismus in Russland, was historische Bedeutung erlangen sollte.

Das Bild von den Juden als Verschwörer gegen die Welt mittels liberaler und revolutionärer Bewegungen hatte seit der Französischen Revolution an Kraft gewonnen. Die Juden, die durch liberale Reformen deutlich profitierten, wurden als Strippenzieher hinter Ereignissen, die diese Reformen bewirkten, und somit als Zerstörer aller traditionellen Werte begriffen. Tatsächlich standen in Deutschland und anderswo jüdische Intellektuelle an der Spitze des Liberalismus. Dies war eine merkwürdige Umkehrung: Denn Antisemiten der Aufklärung wie Voltaire hatten ihre Antipathie auf die angebliche Unmöglichkeit gegründet, die Juden zu liberalen Werten zu erziehen.

Der Ausbruch der bolschewistischen Revolution lenkte die Aufmerksamkeit auf all die Ängste hinsichtlich der Juden als Zerstörer der bestehenden Gesellschaft. In der historischen Realität unterstützte nur eine winzige Minderheit die Bolschewiken. Der *Bund*, die am besten organisierte jüdische politische Bewegung, unterstützte Kerenskijs liberales Programm, das ihre sozialistischen und nationalen Ziele vorangebracht hätte, und fand Lenins Extremismus und engstirnigen Widerstand gegen jüdisches Nationalgefühl abstoßend. Jene wenigen Juden, die dennoch die Bolschewiken unterstützten, etwa Trotzki, Sinowjew, Litwinow und Kaganowitsch, hatten allen jüdischen Verbindungen abgeschworen. Die Masse des jüdischen Volks steckte zu tief in Elend und Unterdrückung, um überhaupt politisch aktiv zu sein.

Dennoch wurde die bolschewistische Revolution in der ganzen Welt als ein jüdisches Phänomen verstanden. Selbst Winston Churchill war fest davon überzeugt. Antisemitische Bewegungen in Deutschland, Polen und Frankreich richteten ihr Augenmerk nun auf die angebliche Verantwortung der Juden für die bolschewistische Revolution. Doch die Erfahrungen der russischen Juden während der russischen Bürgerkriege von 1918–21 waren entsetzlich. Die ukrainischen Patrioten unter Symon Petljura, die gegen die sowjetische Annexion der Ukraine kämpften, begingen Massaker an Juden, die sie sowohl mit dem Antichrist als auch mit der Revolution gleichsetzten. Mehr als 70.000 Juden starben in diesen Massakern. Als dann die russischen „Weißen“ unter Denikin in die Ukraine einrückten, wurden durch diese Truppen weitere 50.000 Juden umgebracht. Etwa 30.000 Juden wurden auch von der einmarschierenden polnischen Armee 1921 unter Piłsudski umgebracht. Die Aufhebung des Antisemitismus durch die Sowjetregierung genügte, dass diese von Denikins Männern als jüdisch identifiziert wurde. Der endgültige Schlag war die gnadenlose Enteignung der jüdischen Mittelschicht durch Lenin, die das gesamte russische Judentum in Armut stürzte. Auf der Rechten wie auf der Linken repräsentierten die Juden die Kräfte Satans.

Die wichtigste jüdische Reaktion auf das Anwachsen des rassistischen und nationalistischen Antisemitismus war es, in der Form des Zionismus einen eigenen Nationalismus zu entwickeln. Es waren die Dreyfus-Affäre und noch mehr die polnischen Blutschuld-Anklagen des 19. Jahrhunderts, die Herzl überzeugten, dass die aufklärerischen Hoffnungen auf die Lösung der Judenfrage allein durch Emanzipation illusorisch waren. Die Juden konnten, aus welchem Grund auch immer, nicht in christliche Länder assimiliert werden, wo sie als unverbesserlich wesensfremd betrachtet wurden. Die zionistische Hoffnung, wie sie Leon Pinsker ausdrückte, war, dass die Juden durch den Erwerb eines eigenen Landes „normalisiert“ würden. Auch diese Hoffnung erwies sich jedoch als illusorisch. Die Fremdartigkeit der Juden war nicht nur, wie zionistische Denker theoretisierten, der jüdischen Situation des Exils geschuldet, die sie zu unbequemen „Gespenstern“ machte. Sie erwuchs auch aus der Rolle, die den Juden im christlichen Mythos gegeben worden war, eine Rolle, die auch in der postchristlichen Ära fortbestand und wirksam blieb, selbst nachdem die Juden ihr Land gewonnen hatten.

Es war ein entscheidendes historisches Problem, dass der pathologische Antisemitismus des halbgebildeten und offenbar jämmerlichen Adolf Hitler, anstatt als bloße Verrücktheit abgetan zu werden, zur treibenden Kraft eines weltumfassenden Aufruhrs wurde. Deutschland, ein Land, das stolz auf seine Kultur war, brachte es fertig, seine wissenschaftlichen und akademischen Einrichtungen zur Ausarbeitung von Rassentheorien infantiler Art umzupolen. Die Antwort liegt in der ganzen früher dargestellten vergangenen Geschichte des Antisemitismus, der das deutsche Volk zu einem besonderen Zeitpunkt in seiner Geschichte prädisponierte, dem Wahnsinn zu erliegen.

Alle Stränge in der Entstehung des Antisemitismus liefen in Deutschland in einer wirkstarken Mischung zusammen. Die Rassentheorien des

19. Jahrhunderts waren aus der deutschen Philosophie hervorgegangen, besonders dem Denken Hegels und Nietzsches. Mystischer Nationalismus war das Produkt Herders, eine Reaktion auf die Aufklärung, und das fremde Blut der Juden schien die Reinheit des germanischen Organismus zu bedrohen. Der bourgeoise kapitalistische Erfolg, von der unteren Mittelschicht übelgenommen, kristallisierte sich in der internationalistischen Figur der Rothschilds, während die Furcht vor bolschewistischer Anarchie und vor Kosmopolitismus sich an den jüdischen Personen festmachte, die die russische Revolution zu dominieren schienen. Überall schienen die Juden die Integrität des mystischen Organismus, der das Heil brachte, zu gefährden.

Diese ganze Masse der Irrationalität konnte nur in einer Zeit ernster nationaler Schwäche zur moralischen Katastrophe führen. Deutschlands Niederlage im Ersten Weltkrieg und die folgende Inflation erzeugten einen Zusammenbruch der Moral, und die Entwicklung zur Demokratie in den zwanziger Jahren heilte das Trauma nicht ausreichend. Deutschland war anfällig für einen Irren, der den richtigen psychotischen Nerv zu treffen wusste.

Im Hass auf die Juden, tief eingebettet im westlichen Denken, lag der Schlüssel. Der wichtigste historische Faktor, der den Holocaust möglich machte, war die jahrhundertelange Vorbereitung der Juden für die Opferrolle durch christliche Verteufelung. Die Nazibewegung war nicht christlich, sondern heidnisch. Aber ihr Heidentum war nachchristlich, nicht vorchristlich. Es war ein Heidentum, das jedes Dogma des Christentums abgeworfen, aber unbewusst seinen Mythos beibehalten hatte.

Anmerkungen

1 Siehe Hyam Maccoby, „Holiness and Purity: The Holy People in Leviticus and Ezra-Nehemiah" in *Reading Leviticus: A Conversation with Mary Douglas*, hg. von John F. A. Sawyer, Sheffield 1996.
2 Siehe eine ähnliche Verwendung des Ausdrucks „ausländische Frauen" in Bezug auf Salomo, 1 Kön 11.
3 Neh 13, 23–27.
4 Est 3, 8.
5 Diodorus, *Bibliotheca*, 34, 1.
6 Siehe Hyam Maccoby, *König Jesus. Geschichte eines jüdischen Rebellen*, Tübingen 1982.
7 Gal 1, 11.
8 Siehe Hyam Maccoby, *Der Mythenschmied. Paulus und die Erfindung des Christentums*, Freiburg 2007.

9 1 Thess 2, 14–16.
10 Röm 11, 28.
11 Siehe Hyam Maccoby, *Judas Iscariot and the Myth of Jewish Evil*, London 1992.
12 2 Thess 2.
13 Siehe Hyam Maccoby, *Paul and Hellenism*, London 1991.
14 Epiphanios, *Panarion*, 30, 16.6–9.
15 Mt 23, 31–35, Apg 7, 52–53.
16 Apg 5.
17 1 Thess 2, 15–16.
18 Mt 27, 25.
19 Siehe Hyam Maccoby, *Jesus the Pharisee*, London 2003.
20 Apg 22, 12.
21 Apg 9, 2.
22 Z. B. Eusebios, D.E.,I, 6, 17; Aphrahat, *Dem.*, 11, 1; 15.4; Chrysostomos, *Or. C. Jud.*, VI, 2: Tertullian, *Adv. Jud.*, 1; Irenaeus, *Haer.*, IV.14; Justin, *Dial.* 34; Ephrem, *Rhy. C. Jud.*, 15.
23 Z.B. Origines, *C. Cel.*, II, 75; Isidor, *C. Jud.*, I., 18; Augustinus, *Adv. Jud.*, 5 du 7.
24 James Parkes, *The Conflict of the Church and the Synagogue*, London 1934, S. 121–151.
25 Z.B. Maximinus, *C. Jud.*, I; Tertullian, *Adv. Jud.*, 5; Augustinus, *C. D. XV*, 7; Chysostomos, *Or. C. Jud.*, I, 7.
26 Röm 9, 13, Gal 4, 21–31.
27 Siehe Plinius der Jüngere, *Epistulae* X, 97–98.
28 Von Wilhelm Marr 1879.
29 Die einflussreichsten Werke, die die deutsche antisemitische Bewegung inspirierten, sind *Die Grundlagen des neunzehnten Jahrhunderts*, München (1899) von Houston Stewart Chamberlain (Wagners Schwiegersohn) und *Die Judenfrage als Racen-, Sitten- und Culturfrage*, Leipzig (1881) von Eugen Dühring.
30 Es wurde später nachgewiesen (in der Londoner *Times* von 1921), dass dieses angebliche Dokument tatsächlich ein Plagiat eines 1864 geschriebenen satirischen Romans war.

Kapitel 2

Reines Blut
Die Anfänge des rassischen Antisemitismus im Spanien des 15. Jahrhunderts

In der Theorie ist das Christentum eine nicht-rassistische oder sogar antirassistische Lehre. Paulus' berühmte Erklärung streicht das heraus: „Es gibt nicht mehr Juden und Griechen, nicht Sklaven und Freie, nicht Mann und Frau; denn ihr alle seid ‚einer' in Christus Jesus."[1] Diese Erklärung beinhaltet, dass jeder Jude, der zum Christentum bekehrt wird, seine jüdische Identität gänzlich verliert, die durch seine neue christliche Identität völlig ausgelöscht wird.

Wie wurde dieses Ideal im öffentlichen Leben umgesetzt? Es gab viele einzelne jüdische Konvertiten zum Christentum, die tatsächlich vollkommen als echte Christen akzeptiert wurden und deren Nachkommen bis zur Unsichtbarkeit in der Masse der Christenheit aufgingen. Aber die Fälle, in denen die Echtheit der Bekehrung von Juden angezweifelt wurde, waren zahlreicher. Sie lebten mit einem Stigma im Christentum, und ihre Nachkommen, auch wenn sie aus Verbindungen mit Nichtjuden hervorgegangen waren, wurden behandelt, als gehörten sie einer Unterklasse von Parias an. Der Besitz von „jüdischem Blut" bedeutet in diesen Fällen die Herabstufung in den Rang von Bürgern zweiter Klasse, die keine völlige Rechtsgleichheit haben und gesellschaftlich verachtet sind. Die gesellschaftliche Zurückweisung geht mit einer Verweigerung der Heiratsfähigkeit einher, sodass in den christlichen Gemeinden, zu denen sie gehören, häufig isolierte Gruppen auftreten, die aus den Nachkommen jüdischer Konvertiten bestehen. Diese isolierten Gruppen werden, obwohl sie in jeder Hinsicht das Christentum praktizieren, mit Verachtung und Misstrauen betrachtet. Aber auch wenn es in hohem Maß zu Mischehen gekommen ist, hat der Makel des jüdischen Blutes die gesellschaftlichen Beziehungen belastet.

Das augenfälligste Beispiel des christlichen Rassismus, das auf unheimliche Weise den rassistischen Antisemitismus Deutschlands in der Neuzeit vorausahnen ließ, war das Spanien des 15. Jahrhunderts. Dort wurde eine Lehre von der „Reinheit des Blutes" (*limpieza de sangre*) formuliert, die all jene von öffentlichen Ämtern und Ehrenämtern aller Art ausschloss, von denen man wusste, dass sie eine Beimischung von jüdischem Blut hatten, so streng sie auch in der Ausübung des Christentums und in ihrem Glauben waren. Dieses Phänomen widerspricht der Ansicht jener (etwa Hannah Arendt in *Elemente und Ursprünge totaler Herrschaft*), die jeglichen Zusammenhang zwischen vormodernem und modernem Antisemitismus abstreiten. Selbst eine Erscheinungsform, die typisch modern erscheinen könnte (da sie sich vordergründig auf rassische Theorie und Neodarwinismus stützt), lässt sich auf ihre vormodernen Vorstufen zurückführen.

In Spanien stammt die Lehre der *limpieza de sangre* von der Massenkonversion von Juden zum Christentum 1391, als ein Massaker an Juden stattfand. Bekräftigt wurde die Lehre von der Blutreinheit durch die starke zahlenmäßige Zunahme der Konvertiten zur Zeit der Vertreibung von 1492, als man die Juden vor die Wahl zwischen Vertreibung oder Konversion stellte. Zu diesem späteren Zeitpunkt schätzte man, dass um die 100.000 Juden der Religion ihrer Vorfahren treu blieben und sich für das Exil entschieden. Etwa weitere 100.000 Juden beugten sich dem christlichen Ultimatum und akzeptierten die Konversion. Hier gibt es einen wichtigen Unterschied zwischen Juden und Muslimen. Die Muslime konnten nicht zwischen Vertreibung oder Konversion entscheiden, sondern wurde alle zwangsweise bekehrt. Sie vergaßen nie, dass es sich um eine Zwangsbekehrung gehandelt hatte, und sie bemühten sich nicht, ihre Kinder im christlichen Glauben oder Brauchtum zu erziehen. Die Christen erkannten dies und vertrieben schließlich 1609 alle muslimischen „Konvertiten" (oder „Morisken") aus Spanien. Dies war eine grundsätzlich andere Art der Vertreibung als jene der Juden 1492, als nur die nichtkonvertierten Juden vertrieben worden waren. Die konvertierten Juden dagegen nahmen ihre Konversion ernst und wurden praktizierende Christen, wenn auch (in vielen Fällen) nur als eine Form der Emanzipation und des Zutritts zu den gehobenen Berufen. Doch die Atmosphäre des Misstrauens konnten sie nicht vertreiben. Viele wurden vor die Inquisition gezerrt und angeklagt, insgeheim weiterhin das Judentum zu praktizieren oder zumindest unbedeutendere jüdische Bräuche zu befolgen. Denunziationen durch christliche Nachbarn mit dieser Begründung waren häufig, sodass jüdische Konvertiten zu den Hauptopfern der Grausamkeit der Inquisition wurden.

Es bestehen somit gewisse Zweifel, ob der ursprüngliche Anstoß, die jüdischen Konvertiten zu stigmatisieren, wirklich mit der „Rasse" begründet war. Erst im Lauf einer Verfolgung von Juden, die der unaufrichtigen Konversion verdächtigt wurden, kam der rassische Bezug auf. Diese Verfolgung wurde allmählich auf alle Personen jüdischer Herkunft und ihre Nachkommen ausgedehnt, und sie wurde somit de facto eine rassistische Verfolgung mit einem rassistischen Vokabular. Schließlich entwickelte sich daraus ein Dogma, dass Juden aufgrund ihres „Blutes" geradezu unfähig zu aufrichtiger Konversion waren. Dieses Dogma unterscheidet sich von dem nazistischen Rassismus, da es die Juden von der Sünde des Judas durchdrungen sieht, der sie niemals entkommen können, weil sie in ihrem Blut ist, aber es betrachtet sie nicht als untermenschliche Kreaturen. Doch das Ergebnis ist das Gleiche: ein Glaube an die Unverbesserlichkeit der Juden und die Unmöglichkeit, sie jemals in ein wahres Menschentum einzubeziehen. Man könnte die Frage stellen, ob der Argwohn der Christen Spaniens gegenüber den jüdischen Konvertiten von ihrem Wissen herrührte, dass so viele Konversionen gewaltsam herbeigeführt worden waren. Das christliche Kirchenrecht verbot Bekehrung durch Gewalt, obgleich es anscheinend auch die Rückkehr der so bekehrten Juden zum Judentum verbot, als die Androhung von Gewalt entfallen war (dennoch gibt es Belege, dass bestimmte aufgeklärtere Herrscher die Rückkehr in einem solchen Fall erlaubten). Die Christen wussten, dass die Wahl, vor die die Juden gestellt worden waren, Konversion oder Exil, in Wahrheit einer Todesdrohung für jeden Juden gleichkam, der versuchte, in Spanien zu bleiben und gleichzeitig zu seiner eigenen Religion zu stehen. Tatsächlich wurden in der Zeit vor den Massakern von 1391 einige Juden, die eindeutig aus aufrichtigen Gründen konvertiert waren, respektvoll behandelt und sogar auf hohe Posten in der Kirche befördert. Falls dieses Verhalten seinen Grund in dem Bewusstsein hatte, dass zwangsweise Konversion ein Fehler war, dann war die Behauptung der Verderbtheit jüdischen „Blutes" an sich falsch. Wenn man dies bedachte, dann war die Ähnlichkeit zwischen der Theorie der *limpieza de sangre* und der nazistischen rassistischen Doktrin von der Reinheit des Blutes, die ich unterstellt habe, vielleicht doch nicht so groß. Dennoch behaupte ich, dass die meisten Christen Spaniens weit davon entfernt waren, ihrem eigenen Verstoß gegen das Kirchenrecht, das Zwangsbekehrungen verbot, die Schuld an der angeblichen Unzuverlässigkeit der *conversos* zuzuschieben. Dieser Erwägung war nie so viel Raum gegeben, dass sich daraus die Anerkennung einer gewissen christlichen Schuld ergeben hätte. Das vorherrschende Gefühl blieb, dass die Juden wesensmäßig böse waren und dass dieses Böse in ihr Blut eingeprägt war. Da dieses Gefühl immer stärker wurde, belegten die *conversos* schließlich im spanischen christlichen Denken einen Platz, der kaum unterscheidbar war von der Stellung der Juden im nazistischen Rassismus. Ein Wendepunkt war eine Rebellion gegen die Steuereintreiber 1449 in Toledo, die in ein Massaker an *conversos* ausartete, da man diese beschuldigte, auf der Seite der Steuereintreiber zu stehen. Danach wurde ein Erlass verkündet, der alle *conversos* ausschloss als „ungeeignet, unfähig und unwürdig, ein Amt und öffentlichen oder privaten Nutzen in besagter Stadt Toledo und ihren Ländereien zu genießen... Zeugnis abzulegen und Vertrauen als Notare oder als Zeugen zu genießen... Verfügungsgewalt über Alte Christen zu haben." Dieser Erlass (der den Nürnberger Gesetzen der Nazis so ähnlich war) wurde in vielen anderen Städten nachgeahmt und ins bürgerliche Recht übernommen.

Natürlich kann man argumentieren, dass es eine einfachere Erklärung für das Ganze gibt. Diese wäre, dass es für eine erfolgreiche Assimilation einfach zu viele konvertierte Juden gab. Die christliche Gesellschaft, obwohl theoretisch willens, sehr große Zahlen von konvertierten Juden aufzunehmen (und sogar bestrebt, die ganze jüdische Gemeinschaft zu bekehren, da deren Konversion als wesentliche Vorbedingung für die Wiederkunft Christi galt), konnte in Wirklichkeit nur eine begrenzte Anzahl verdauen. Darüber hinaus wird „das Andere" unverdaulich. Dies ist ein Phänomen, das in allen Gesellschaften auftritt, die versuchen, Immigranten in großer Zahl zu integrieren. Im Fall der Muslime war das Problem unlösbar und der Versuch wurde mit der Vertreibung der Morisken fallengelassen. Im Fall der Juden zeigte sich das Problem in Form von Feindseligkeit und Herabstufung zu Menschen zweiter Klasse.

Diese Erklärung allerdings bleibt an der Oberfläche, obwohl sie durchaus in das Gesamtbild passt. Die Juden waren ein Sonderfall, weil sich auf sie Fantasien des Bösen konzentrierten, die viele Jahrhunderte vor dem Beginn des Versuchs, sie zu assimilieren, entstanden waren. Besonders wirksam war die Fantasie von der jüdischen Macht. Die Juden in Spanien, durch die Konversion befreit von ihren Benachteiligungen, hatten begonnen, ihre angeborenen Talente zu nutzen, um wichtige Positionen in der spanischen Gesellschaft zu besetzen, waren hoch in den akademischen Berufen aufgestiegen und hatten sogar führende Rollen in der Kirche übernommen. Dies löste Alarm aus: Die Juden kamen ans Ruder, wie man immer befürchtet hatte. Hier zeigt das Spanien des 16. Jahrhunderts eine bemerkenswerte Ähnlichkeit mit der Situation, die durch die Emanzipation der Juden in der Ära der Aufklärung geschaffen wurde, als die Juden scheinbar befreit worden waren, aber in Wirklichkeit weiterhin mit Angst und Misstrauen betrachtet wurden. Tatsächlich wurde in Spanien ein Prolog aufgeführt, der den ganzen Gang der Entwicklung des Antisemitismus in der Neuzeit ahnen ließ: mit der Ausnahme, dass in einem Zeitalter des Glaubens keine neuen Theorien (die von jüdischer Schuld am Tod Jesu abwichen) erforderlich waren, um den Ursprung des jüdischen Übels zu erklären.

Es war im 15. Jahrhundert, lange vor der Vertreibung der Juden, die ihrem Glauben treu blieben, dass die Doktrin von der *limpieza de sangre*[2] zum ersten Mal formuliert wurde. Die Doktrin trat in mehr als einer Form auf. In einer weniger extremen Form begann der angebliche jüdische Verlust der Reinheit des Blutes mit der Kreuzigung. In einer extremeren Form bestand die jüdische rassische Unreinheit bereits lange vor diesem Zeitpunkt; die Juden waren durch ihre ganze Geschichte hindurch böse gewesen. Eine Theorie besagte sogar, der Grund, warum Jesus entschied, unter Juden geboren zu werden, sei genau der gewesen, dass sie so böse waren: Er hoffte, durch seine Anwesenheit selbst das böseste Volk auf der Erde zu erlösen. Gewissermaßen war dies eine Anerkennung der Tatsache, dass Jesus als Jude geboren war, während diese Tatsache gleichzeitig abgetan wurde. Dennoch enthielt die Doktrin einige erstaunliche Widersprüche: Eine bestimmte spanische Familie wurde als frei von dem Makel der jüdischen Abstammung erklärt, weil man annahm, dass sie von der Familie der Jungfrau Maria abstammte.

Die Doktrin von der Blutreinheit konnte sich besonders in Spanien festsetzen, weil es ein Land war, das von der Idee der Aristokratie besessen war. Das gemeine Volk hatte sich lange von einem Bewusstsein der Minderwertigkeit gegenüber dem alten Adel unterdrückt gefühlt, der nach seinem Selbstverständnis einen angeborenen gottähnlichen Status hatte, was ihn von jeder Mühe oder Notwendigkeit befreite, seinen Lebensunterhalt zu verdienen. Dagegen konnte das gemeine Volk nun eine neue Form des Adels stellen: der Adel aller, die frei vom Makel des jüdischen Blutes waren. In Wirklichkeit konnten sich nur sehr wenige aus dem alten Adel auf *limpieza* berufen, weil sie in großer Zahl Mischehen mit den sogenannten Neuen Christen oder *conversos* eingegangen waren, in Zeiten, als diesen Quereinsteigern noch ein hoher Rang in den gehobenen Berufen und im Handel gewährt worden war (hier fühlt man sich an die zahlreichen Mischehen der englischen Aristokratie mit den jüdischen Neureichen im 19. Jahrhundert erinnert). Der alte Adel führte genaue Aufzeichnungen über Herkunft und Verbindungen der Familie, sodass es unmöglich war, einen gewissen Anteil jüdischen Blutes zu verbergen. Die unteren Klassen dagegen führten solche Akten nicht, sodass sie leicht *limpieza* ohne Widerspruch geltend machen konnten.

Daraus ergab sich nun eine eigentümliche Situation: ein Land, das zwei Aristokratien besaß, von denen die eine aus den alten stolzen Familien bestand, während die andere aus jenen bestand, die ihre Freiheit von jüdischem Blut geltend machten. Genauso wie die alte Aristokratie ihre Befreiung von der Erniedrigung durch schwere Arbeit behauptete, so erhob die neue Aristokratie den gleichen Anspruch, was dazu führte, dass notwendige Arbeit vernachlässigt wurde und sich die wirtschaftliche Lage kontinuierlich verschlechterte. Der Erwerb von gewaltigen Mengen Gold aus der Neuen Welt verhinderte mitnichten den wirtschaftlichen Niedergang, sondern verschärfte ihn eher, denn das Gold wurde nicht für Entwicklungszwecke verwendet, sondern als Bestätigung der Überflüssigkeit von Arbeit und Stärkung des allgemeinen Müßiggangs eines Volks, das sich nun als fast ausschließlich aus Aristokraten bestehend empfand. Die Stigmatisierung der Juden und der Gräuel der Mischehe mit den „Neuen Christen" hatten ungeahnte Folgen für Spanien als Ganzes.

In Wirklichkeit waren Mischehen in früheren Zeiten in so großer Zahl geschlossen worden, dass es in Spanien kaum eine Familie gab, ob in der Ober- oder der Unterschicht, die frei war vom „Makel" jüdischen Blutes. Dies war in der gesamten Christenheit sehr wohl bekannt, sodass in anderen christlichen Ländern Spanier oft als „Juden" bezeichnet wurden. Die extreme Empfindlichkeit Spaniens gegenüber „Unreinheit" und sein strenges Kastensystem erwuchsen teilweise aus seiner Reaktion auf diesen Hohn.

Somit widerlegte Spanien die Behauptungen der Christen, ihre Religion achte nicht auf rassische Unterschiede. Die Religion, die tatsächlich gleichgültig gegenüber anderen Unterscheidungen nach Hautfarbe, Stammeszugehörigkeit oder früherer Geschichte war und gern Menschen der schwarzen, gelben oder roten „Rasse" bekehrte, versagte kläglich, ihre jüdischen Konvertiten zu assimilieren, ungeachtet der Tatsache, dass ihre wichtigste missionarische Anstrengung auf die Juden zielte.

Es ist interessant, hier die spanische Einstellung zu Mischehen mit muslimischen Konvertiten zur Kenntnis zu nehmen, die in nicht unerheblichem Maß stattgefunden hatten. Diese wurde keineswegs mit dem gleichen Grausen betrachtet. Die Muslime galten als bloße Heiden, auf einer Ebene mit Anbetern Wotans, und Konvertiten mit diesem Hintergrund hatten kein beflecktes „Blut". Die Juden wurden dagegen als mystisch verfluchte Rasse betrachtet, die jeden beschmutzte, mit dem sie in Kontakt kam, auch nach einer Konversion. Dieser Gegensatz verdeutlicht die früher gemachte Aussage, dass das Phänomen der *limpieza de sangre* nicht mit bloßer Fremdenfurcht oder Feindseligkeit gegen das Andere erklärt werden kann.

Doch es gab einige Christen, denen die Widersprüche zwischen christlichen Grundprinzipien und der Verweigerung des vollen christlichen Status gegenüber konvertierten Juden auffallen musste. Ignatius von Loyola, der Gründer des Jesuitenordens, widersprach der Idee der *limpieza de sangre* entschieden, da er sie für unchristlich hielt. Er ließ Neue Christen zu seinem Orden zu und räumte ihnen sogar herausragende Stellungen ein. Er sagte sogar einmal, er wünschte, selbst jüdisches Blut zu haben, damit er ein Verwandter Jesu sein könnte. Die Jesuiten behielten diese Richtung für mehr als 30 Jahre nach de Loyolas Tod bei, passten sich aber schließlich an, wandten sich vom Standpunkt ihres Gründers ab und wurden entschlossene Vertreter der Lehre jüdischer Befleckung, die *conversos* gänzlich von ihrem Orden ausschlossen.

Es gab auch einige andere bewundernswerte Christen, die bemüht waren, sich gegen den Rassismus der *limpieza* zu stemmen, obwohl sie sich damit bei den Gegnern des Gesetzes einreihten. Denn die Unterscheidung im Status zwischen Alten und Neuen Christen wurde schnell in das bürgerliche Recht aufgenommen (zuerst auf örtlicher Ebene und 1536 schließlich national). Das Gesetz untersagte die Berufung von Neuen Christen auf amtliche Stellen oder sogar deren Mitgliedschaft in den Zünften, die den gesamten regulären Handel regelten (dieses Dekret wurde erst 1876 aufgehoben). Der Dominikaner Domingo de Baltanás, der eine Flugschrift verfasste, die das Dekret gegen die Neuen Christen anprangerte, wurde wegen Ketzerei 1563 zu lebenslanger Isolation verurteilt.

In welchen Stufen wurden jüdische Konvertiten zum Christentum in Spanien in den Augen von Christen zu einer verachteten und gehassten Unterklasse? Zunächst gab es eine Zeit, in der sie willkommen geheißen und sogar umworben wurden. Im 13. Jahrhundert bemühte sich der Dominikanerorden unter seinem großen Leiter Raimund von Peñafort um die Bekehrung der Juden im Glauben, dass dies eine heilige und gesegnete Tätigkeit sei.[3] Sie vertraten damals nicht die Ansicht, dass die Juden, sobald sie erst bekehrt wären, verachtet und verfolgt werden müssten. In dieser Zeit war Bekehrung ein Prozess der Überzeugung, nicht des Zwangs. Die Dominikaner verwandten viel Zeit auf das Studium rabbinischer Schriften, des Talmuds und der Midrasch, um im Judentum Material zu finden, das ihr Anliegen unterstützte. Diese Tätigkeit erfuhr ihren Höhepunkt im Werk des Raymundus Martini, dessen umfangreiches Buch *Pugio Fidei* ein Kompendium der dominikanischen missionarischen Erforschung rabbinischer Quellen war. Das Buch enthielt Auszüge aus midraschartigen Büchern, die seinen jüdischen Gesprächspartnern unbekannt waren (und deshalb für nicht echt gehalten wurden), aber moderne Wissenschaftler, besonders Saul Liebermann,[4] haben ihre Echtheit verteidigt.

Die Disputationen oder öffentlichen Debatten, die zwischen Christen und Juden stattfanden, wurden auf christlicher Seite von konvertierten Juden geleitet, die von ihren christlichen Pendants sicherlich nicht als Parias behandelt, sondern als Wegbereiter der erhofften Massenkonversion der Juden betrachtet wurden. Es ist allerdings wahr, dass die Disputationen sich in ihrer Qualität sehr unterschieden. Nur die Disputation von Barcelona 1263 verlief in einer Atmosphäre des Respekts für die jüdische Seite. Die anderen (Paris 1240 und Tortosa 1413–14) wurden in einem schikanösen Geist geführt, der eher in die Richtung ging, die die missionarische Bewegung schließlich einschlug und auch die Verachtung und den Hass gegenüber den Juden spiegelt, der neben den aufgeklärteren Haltungen existierte und sie am Ende überflutete.

Im Allgemeinen versuchte man im 13. und frühen 14. Jahrhundert eifrig, Juden zu bekehren, und wenn dies gelang, hegte und pflegte man sie. Die Juden, die konvertierten, wurden mit Respekt als aufrichtige Bekehrte betrachtet, sie bekamen Gelegenheit, in der Gesellschaft aufzusteigen, und galten als begehrte Ehepartner. In dieser Periode wurden vom spanischen Adel besonders viele Mischehen mit Juden geschlossen. Außerdem waren solche Mischehen auch in den unteren Schichten häufig.

Der Wendepunkt war das späte 14. Jahrhundert, als eine Welle des Antisemitismus in dem entsetzlichen Massaker von 1391 gipfelte, das gegen praktizierende Juden gerichtet war, nicht gegen Konvertiten, das aber auch den Status konvertierter Juden nachhaltig beeinträchtigte, vor allem da die Zahl konvertierter Juden jetzt stark anstieg, weil jene dazukamen, die sich für Konversion statt Tod durch das Massaker entschieden. Die Ursachen für die Verschärfung antisemitischer Gefühle waren vielfältig. Die Versuche, die Juden mit friedlichen Mitteln wie den Disputationen zu bekehren, waren enttäuschend gewesen und die Geduld der christlichen Missionare war erschöpft. Gleichzeitig nahmen die endzeitlichen Erwartungen zu, und man glaubte, die Juden hielten unbelehrbar die bevorstehende Wiederkunft Christi durch ihr uneinsichtiges Festklammern am Judentum auf. Die einzige verbleibende Lösung war, die Juden gewaltsam zu bekehren; aber auch diese Lösung galt als unbefriedigend, da man unfreiwilligen Christen (abgesehen vom kirchenrechtlichen Verbot von Zwangskonversionen) nicht vertrauen konnte, das Christentum aufrichtig auszuüben. Die schließlich erreichte Lösung war, so viele Juden wie möglich gewaltsam zu bekehren und die Neuen Christen dann einer ständigen Aufsicht zu unterstellen, um dafür zu sorgen, dass sie nicht ins Judentum zurückfielen. Dies war der Hintergrund der spanischen Inquisition (offiziell 1481 eingerichtet, aber inoffiziell bereits seit 1391 bestehend), ein bürokratischer Apparat der Überwachung, Denunziation durch Informanten, Folter und Hinrichtung durch Verbrennen auf dem Scheiterhaufen, der fast ausschließlich (zumindest in den ersten 50 Jahren) gegen die Neuen Christen oder *conversos* gerichtet war. In der Entwicklung dieser Methoden bürokratischer Kontrolle deutete Spanien auch hier auf das 20. Jahrhundert voraus, mit seinen nazistischen und stalinistischen Folterkammern und Netzwerken von Informanten über mutmaßliche Dissidenten.

Selbst die große Vertreibung der Juden 1492 wurde von den Problemen der Neuen Christen diktiert, denn als Hauptgrund dafür wurde genannt, dass die praktizierenden Juden Einfluss auf die Neuen Christen ausübten und sie zurück in die jüdische Gemeinschaft zu locken suchten – und die Vertreibung war in sich natürlich eine Wiederbelebung der Strategie der Zwangsbekehrung und führte zu einer beträchtlichen zahlenmäßigen Zunahme der Neuen Christen.

Spanien war das Land, das auf die drastischste Art und Weise das christliche Prinzip verletzte, das die gewaltsame Bekehrung der Juden verbot, und diese Verletzung führte zu der Erschütterung und Stagnation des ganzen Landes und seinen Absturz in eine Barbarei, die nur von den Nazis übertroffen wurde. Das gemeine Volk in Spanien wurde in den Geist dieser Barbarei hineingezogen, indem es das Verbrennen von „Ketzern“ als heiliges Schauspiel betrachtete, das zu genießen eine religiöse Pflicht war, und indem es, was noch schlimmer war, es als seine Pflicht betrachtete, neuchristlichen Nachbarn wegen so schockierender Verstöße zu denunzieren, wie dass sie ihr Fleisch in Öl anstatt in Schmalz brieten oder kein Schweinefleisch aßen oder an Freitagen Kerzen anzündeten. Die Verfahren der Inquisition sind in ausführlichen Protokollen erhalten, und sie zeigen eine erschreckende Gleichgültigkeit gegenüber allen Prinzipien der Gerechtigkeit und Menschlichkeit, da alle angezeigten Personen als schuldig galten und Beteuerungen der Unschuld einfach als Fälle von Verstocktheit behandelt wurden, die fortgesetzte Folter notwendig machte, bis ein Geständnis erreicht war.

Doch Spanien war einmal das toleranteste aller christlichen Länder gewesen, das den Juden mehr Freiheiten gewährte als jedes andere Land. So war es in Spanien, dass die Juden im 12. Jahrhundert ihr sogenanntes „Goldenes Zeitalter“ erlebten, als jüdische Gelehrsamkeit blühte, hebräische Dichtkunst von Persönlichkeiten wie Jehuda ha-Levi gepflegt wurde (in Metren, die von der Literatur der früheren arabischen Herrscher abgeleitet waren) und die Naturwissenschaften bemerkenswerte Beiträge erfuhren. Spaniens Juden entfalteten eine große Liebe zu dem Land, die sie selbst nach ihrer Vertreibung und Verbannung im Herzen trugen (überdies neigten Juden spanischer Herkunft dazu, auf sich einen sehr spanischen Sinn von Aristokratie anzuwenden). Auch hier bietet das 20. Jahrhundert eine Parallele in der unauslöschlichen Liebe zur deutschen Kultur (und Geringschätzung anderer Kulturen), die die jüdischen Flüchtlinge aus Nazideutschland bewiesen.

Wie in Deutschland erwies sich der Traum von einer jüdisch-spanischen Symbiose als illusorisch. Die Juden wurden so lange toleriert, wie sie als nützlich erachtet wurden, um als Mittelklasse zu fungieren oder den Christen bei der Reconquista des Landes von den Muslimen zu helfen, aber sie wurden nicht mehr gebraucht, als sich ein christliches Bürgertum entwickelt hatte und als die Reconquista vollendet war und der unterschwellige Hass auf die Juden als Christusmörder an die Oberfläche kam. Dann war Spanien (das an den Massakern an den Juden im Zusammenhang mit den Kreuzzügen nicht beteiligt gewesen war) kein Zufluchtsort mehr, sondern wurde zum Hauptpeiniger der Juden. Die Ritualmordlegende (die Juden beschuldigte, das Blut christlicher Kinder im Ritual zu verwenden), die zuvor in Spanien tabu gewesen war, war nun in aller Munde.

In manchen Büchern wurde argumentiert, der schlimme Ruf der Inquisition basiere auf Vorurteilen und sei Erfindung. Eine der Behauptungen der Verteidiger lautet, dass die spanische Inquisition (die immer von der relativ milden päpstlichen Inquisition unterschieden werden sollte: Das Papsttum missbilligte sogar die spanische Inquisition) nie Juden verfolgte. In gewissem Sinn ist das wahr; aber dieses Argument ist eine Frage der Definition. Die Opfer der spanischen Inquisition waren formal keine Juden, sondern Christen, aber die Verfolgung von Christen, nur weil sie einen jüdischen Hintergrund hatten, kann kaum dem Vorwurf des Antisemitismus ausweichen. Es war die Aufgabe der Inquisition, christliche Ketzer aufzuspüren, und praktizierende Juden wurden ihr nie zugeführt (wenn ihnen nicht Beleidigung des Christentums vorgeworfen wurde). Die päpstliche Inquisition verfolgte in einer bestimmten Hinsicht praktizierende Juden durch ihre Angriffe auf die Zulässigkeit von Talmudstudien; Juden durften das Judentum des Alten Testaments praktizieren und studieren, aber es wurde (seit dem 13. Jahrhundert) bezweifelt, ob diese Erlaubnis sich auch auf nachbiblische maßgebende Schriften bezog. Als Folge dieser Form der Verfolgung wurde der Talmud zunächst ganz verboten, aber schließlich nur der Zensur und der Tilgung beleidigender Passagen unterworfen. Doch diese Art von literarischer und geistiger Verfolgung war nicht mit Folter verbunden, dem Hauptmerkmal der spanischen Inquisition, die sie zur Perfektion brachte, oder mit dem öffentlichen Verbrennen der angeblichen Schuldigen wie in dem spanischen *Autodafé*. Trotz der größten Bemühungen der Verteidiger bleibt die spanische Inquisition eine der scheußlichsten Institutionen in der Geschichte und die große Schande der spanischen Nation.

Welche mitwirkenden Ursachen auch immer angeführt werden mögen (Anwendung gewaltsamer Konversion, zu große Zahlen von Juden in dem Assimilationsversuch usw.), bleibt als eigentliche Ursache der gnadenlosen und ständig zunehmenden Verfolgung der Juden, sowohl konvertierter als auch nichtkonvertierter, in einem einst ungewöhnlich toleranten Land der tiefe Abscheu gegen die Juden, der von ihrer mythischen Rolle als Christusmörder herrührte. In gewisser Weise trug die relative Toleranz des Christentums gegenüber den Juden nur dazu bei, diesen Abscheu mit der Zeit immer heftiger werden zu lassen. Denn Juden waren die einzigen Ketzer, die man überhaupt am Leben ließ. Die Albigenser, obwohl gläubige Christen und weitaus weniger ketzerisch als die Juden, wurden als Ketzer bis auf den letzten Mann, die letzte Frau und das letzte Kind vernichtet. Aber die Juden konnten nicht ausgelöscht werden. Sie mussten gemäß der berühmten Formel des Augustinus erhalten werden, um durch ihr Leiden und als die „Bibliothekare der Kirche" (d. h. als Übermittler der Prophezeiungen des Alten Testaments, auf die das Christentum seine Ansprüche stützte) als Zeugen für die Wahrheit des Christentums zu wirken. Wenn eine ähnliche Formel die Albigenser vor der Vernichtung geschützt hätte, hätten sie in der Christenheit unter einem Stigma gelebt und Generation auf Generation eine wachsende Last abschreckender Folklore auf sich gezogen. Genau das ist den Juden widerfahren; ihre andauernde Existenz unter einem Stigma erzeugte mit der Zeit ein dämonisches Bild in den Köpfen gewöhnlicher Leute (die anfangs geneigt waren, sie als normale Menschen zu betrachten). Zu den Mythen über die Juden, die wuchsen und allgemein geglaubt wurden, zählten die Blutbeschuldigung (die verheerendste von allen), der Glaube an den *foetor judaicus* (einen besonderen jüdischen Gestank), der Glaube, dass Juden Brunnen vergifteten, der Glaube, dass Juden für den Schwarzen Tod verantwortlich waren, und viele andere. Diese Mythen wurden durch christliche Kunst und christliches Drama, besonders die Passionsspiele, verstärkt. Es ist also nicht überraschend, dass diese jahrhundertelange Dämonisierung nicht über Nacht verschwand, als unter dem Einfluss aufklärerischer Ideen die Zeit kam, die Juden von ihren sozialen und politischen Benachteiligungen zu emanzipieren. Sie ließ vielmehr neue Rechtfertigungen entstehen, die das Stigma selbst unter jenen fortbestehen ließen, die die ursprüngliche religiöse Grundlage dafür verworfen hatten. Spanien war der Probedurchlauf für diese spätere Entwicklung des Antisemitismus in der Aufklärung: der Beweis, dass er sein ursprüngliches Umfeld überleben konnte.

Ein verblüffendes Beispiel für die Hartnäckigkeit des Stigmas bei jüdischen Konvertiten zum Christentum ist der Fall der Xuetas von Mallorca, deren Leiden als verachtete Personen bis auf den heutigen Tag angehalten hat. Die Xuetas sind gläubige praktizierende Katholiken, aber ihre Abstammung von Juden bedeutet, dass sie gesellschaftliche Außenseiter sind. Heirat mit einem von ihnen kommt nicht infrage, und sie werden immer benachteiligt, wenn sie sich um eine Stelle bewerben. Ihre Kinder werden in den Schulen verspottet und gemobbt. Die Inquisition besteht seit langem nicht mehr, und das letzte *Autodafé* auf Mallorca fand im 17. Jahrhundert statt. Aber der Abscheu und die Verachtung für „jüdisches" Blut bleibt so stark wie eh und je, obwohl das spanische Recht die Diskriminierung von Menschen jüdischer Abstammung heute als Straftat verurteilt. Im übrigen Spanien scheinen die neuen Gesetze eine heilsame Wirkung gehabt zu haben, da sie das Zustandekommen von ghettoartigen Inseln von *conversos*, isoliert vom Rest des Staates, verhinderten. Heute trifft man sogar auf Spanier, die bekennen, stolz auf ihre Beimischung von jüdischem Blut zu sein. Die Xuetas bleiben jedoch eine lebhafte Erinnerung an Spaniens Vergangenheit.

Spanischer Rassismus war nicht genau Rassismus im modernen Sinn des Begriffs, aber er lieferte einen Präzedenzfall für die pauschale Ablehnung der Idee der Konversion als Heilmittel gegen das Judentum. Die Nazis glaubten nicht an Konversion. Ein Jude konnte nie in einen Arier umgewandelt werden und blieb Jude, gleich welche Glaubenswechsel er vollzog. Judentum war kein Glaube, sondern eine unabänderliche Lebensform. Das klassische Christentum verwirft eine solche Lehre und beteuert die Möglichkeit und Erwünschtheit der Konversion der Juden. Doch das klassische Christentum gibt auch die Bedingungen für die Untergrabung dieser antirassistischen Lehre vor, indem es den Juden in seinem zentralen Mythos eine dämonische Rolle zuweist.

Anmerkungen

1 Gal 3, 28.
2 Siehe Poliakov; *The History of Antisemitism*, Bd. 2, Philadelphia, PA, S. 222–232. Die Forschungen von Leon Poliakov bleiben der beste Leitfaden durch die Stadien, durch die die Doktrin der *limpieza de sangre* sich bei den Menschen in Spanien festsetzte und sogar eine nachhaltige Auswirkung auf das gesellschaftliche und wirtschaftliche Leben des Landes hatte.
3 Siehe Hyam Maccoby, *Judaism on Trial*, London 1982, 1993.
4 Siehe Saul Liebermann, *Shki'in*, Jerusalem 1939.

Teil II

Von der Theologie zur Philosophie

Kapitel 3

Die Reformation
Luther (1483–1546)

Die Neuzeit hat die Juden mit einer großen Hoffnung erfüllt und hat ihnen auch eine große Enttäuschung beschert. In mehrfacher Hinsicht ist Luther, der große Initiator der Reformation, eine symbolische Gestalt, die darauf hindeutete, was viel später eintreten sollte. Er steht an der Grenze, die das Ende des Mittelalters und den Beginn der Neuzeit markiert. Während er zweifellos ein großer Neuerer war, bewahrte und übermittelte er auch vieles, was böse war in der Welt, die er überwinden wollte. Den Juden sollte dieses Muster vertraut werden in den folgenden Epochen: in der Renaissance, in der Aufklärung und in der Moderne. Wir müssen uns fragen, warum unter solchen gewaltigen Umwälzungen eines konstant blieb, der Hass auf die Juden, auch wenn er als Reaktion auf neue Arten des Denkens in so vielen verschiedenen Formen auftrat. Im Licht des Gesamtmusters können wir vielleicht ansatzweise verstehen, wie ein hoch zivilisiertes Land im 20. Jahrhundert ein Programm von äußerster Barbarei durchführen konnte, den Holocaust, in dem mehr als 6 Millionen Juden grausam und verächtlich ermordet wurden.

Die Juden traten mit einem Erbe von Hass und Verachtung, das aus dem Mittelalter herrührte, in die Neuzeit ein. Dieser Hass hatte während des Mittelalters sogar zugenommen und sich erheblich erweitert, sodass zu der Zeit, als sich das Zeitalter seinem Ende zuneigte (und das geschah in manchen Ländern später als in anderen), die Juden mit einem Stigma belastet waren, das sie in den Augen des gemeinen Volks kaum menschlich erscheinen ließ. Zusätzlich zu dem grundlegenden theologischen Stigma, das sie als Gottesmörder und unbelehrbare Leugner der Göttlichkeit Jesu brandmarkte, waren die Juden Gegenstand folkloristischer Fantasien unterschiedlicher Art geworden, unter denen die wichtigste die Blutschuld war, der zufolge die Juden Kindesmörder waren, die das Blut ihrer Opfer für rituelle Zwecke gebrauchten. Es war kaum zu erwarten, dass ein Volk, das solche paranoischen Ängste auf sich zog, Normalität in einer rationaleren (oder sich selbst rational sehenden) Gesellschaft ohne heftige Kämpfe und Rückschläge erreichen könnte. Außerdem war den Juden während des Mittelalters schrittweise der Zugang zu allen ehrbaren Berufen versperrt worden, sodass sie ihren Lebensunterhalt nur noch mit Geldverleih verdienen konnten, wofür sie jedoch verachtet wurden. Geldverleih wurde Bestandteil ihres Bildes in christlichen Augen, sodass es unmöglich erschien, dass sie etwas anderes tun könnten. Dass Juden normale ehrbare Berufe ergreifen könnten, etwa Medizin, Jura, Handwerk, Lehre an der Universität, Landwirtschaft, erschien als unerträgliche Frechheit. Somit verstärkte in gewisser Hinsicht die allmähliche Normalisierung der Juden in einer offeneren Gesellschaft den Hass auf sie. Ein ähnliches Phänomen kann man in Indien beobachten, wo die Beseitigung der rechtlichen Benachteiligungen der Unberührbaren zu Gewalt gegen sie geführt hat, wenn sie versucht haben, ihre neuen Rechte wahrzunehmen.

Die widersprüchlichen Belastungen, die die europäische Gesellschaft angesichts der Aussicht auf eine Normalisierung des jüdischen Status empfand, sind sehr gut im Leben und Werk Luthers veranschaulicht. Zunächst suchte er eine neue, wohlwollende Haltung gegenüber den Juden, indem er ihre Dämonisierung verwarf und darauf verwies, dass ihnen ihre Tätigkeiten als Geldverleiher von der christlichen Gesellschaft aufgezwungen worden war, nachdem sie ihnen den Zugang zu allen anderen Berufen versperrt hatte. Doch später kehrte er zu einem Antisemitismus zurück, der in seiner Heftigkeit sein mittelalterliches Vorbild sogar in den Schatten stellte. Luthers spätere Tiraden gegen die Juden gehörten zu Hitlers Lieblingslektüre, wie wir aus seinen Tischgesprächen wissen. Eine Untersuchung von Luthers Rückfall vom Philosemitismus zum Antisemitismus wirft viel Licht auf die außergewöhnliche Beständigkeit antijüdischer Haltungen selbst in Bewegungen der Erneuerung und Reform, einschließlich Aufklärung und Sozialismus.

Luthers Angriff auf die Verderbtheit der katholischen Kirche schloss eine energische Verteidigung der Juden ein. Er schrieb:

> Denn unsere Narren, die Päpste, Bischöfe, Sophisten und Mönche, die groben Eselsköpfe, sind bisher also mit den Juden verfahren, dass wer ein guter Christ wäre gewesen, hätte wohl mögen ein Jude werden. Und wenn ich ein Jude gewesen wäre und hätte solche Tölpel und Grobiane gesehen den Christenglauben regieren und lehren, so wäre ich eher eine Sau geworden als ein Christ. Denn sie haben mit den Juden gehandelt, als wären es Hunde und nicht Menschen… Will man ihnen helfen, so muss man nicht des Papstes, sondern christlicher Liebe Gesetz an ihnen üben und sie freundlich annehmen, mit lassen erwerben und arbeiten, damit sie Gelegenheit und Raum gewinnen, bei und um uns zu sein, unsere christliche Lehre und Leben zu hören und zu sehen. Ob etliche halsstarrig sind, was liegt dran? Sind wir doch auch nicht alle gute Christen.[1]

Man beachte, dass der zugrunde liegende Gedanke hier trotz des menschenfreundlichen Denkansatzes dennoch besagt, dass die Juden zum Christentum bekehrt werden müssen. Luther sagt faktisch, dass die Versuche, die Juden zu bekehren, gescheitert sind, weil Christen Hass vorgelebt haben, nicht Liebe. Wären Christen wahrhafte Christen, würden sich Juden zum Christentum hingezogen fühlen und übertreten. Wie die Dinge liegen, haben die Juden nur recht, das Christentum zu verachten. Als Luther jedoch feststellte, dass sein reformiertes Christentum die Juden immer noch nicht anzog, die in ihrer Anhänglichkeit an ihre eigene Religion verharrten, fiel seine Toleranz in sich zusammen, und er kehrte zum traditionellen Bild von den Juden als einem von Natur aus bösen Volk zurück. Tatsächlich nährte seine frühere Toleranz sogar seinen neuen Hass, denn die Juden konnten nicht mehr damit entschuldigt werden, dass sie eine Religion ablehnten, die verdorben geworden war. Wie böse mussten sie sein, wenn sie sogar die reine unbefleckte Lehre des Luthertums ablehnten!

Hier ist ein Beispiel für Luthers Wüten gegen die Juden, nachdem sich seine Hoffnungen, sie zu bekehren, zerschlagen hatten:

> Erstens, dass man ihre Synagoge oder Schule mit Feuer anstecke und, was nicht verbrennen will, mit Erde überhäufe und zuschütte, damit keine Mensch mehr davon in Ewigkeit einen Stein oder Schlacke sehen kann. Und das soll man unserem Herrn und der Christenheit zu Ehren tun, damit Gott sehen kann, dass wir Christen sind und solche öffentlichen Lügen, solches Fluchen und Lästern seines Sohnes und seiner Christen wissentlich nicht geduldet oder darin eingewilligt haben…
>
> Zweitens, dass man auch ihre Häuser zerbreche und zerstöre. Denn in ihnen treiben sie eben dasselbe, was sie in ihren Schulen treiben. Dafür mag man sie etwa unter ein Dach oder in den Stall tun wie die Zigeuner, damit sie wissen, dass sie nicht Herren in unserem Land sind, wie sie

sich rühmen, sondern dass sie im Exil und in der Gefangenschaft sind, wie sie ohne Unterlass vor Gott über uns Zeter schreien und klagen.
Drittens, dass man ihnen alle ihre Betbüchlein und Talmudisten wegnehme, in denen diese Abgötterei, die Lügen, der Fluch und die Lästerung gelehrt werden.
Viertens, dass man ihren Rabbinen [unter Androhung der Strafe des Verlusts] von Leib und Leben verbiete, weiterhin zu lehren...
Fünftens, dass man den Juden das [freie] Geleit und [das Recht zur Benutzung der] Straße ganz und gar aufhebe. Denn sie haben auf dem Lande nichts zu schaffen, weil sie weder Herren noch Amtsleute noch Händler oder dergleichen sind...
Sechstens, dass man ihnen den Wucher verbiete und ihnen alle Barschaft und Kleinodien an Silber und Gold wegnehme und es beiseitelege, um es zu verwahren. Und dies ist die Begründung dafür: Alles, was sie haben, wie oben gesagt, haben sie uns gestohlen und durch ihren Wucher geraubt, weil sie sonst keinen anderen Lebensunterhalt haben... Denn solch ein böse gewonnenes Gut ist verflucht, wenn man es nicht mit Gottes Segen zu einem guten nötigen Brauch wendet...
Siebtens, dass man den jungen, starken Juden und Jüdinnen Dreschflegel, Axt, Hacke, Spaten, Spinnrocken, Spindel in die Hand gebe und lasse sie im Schweiße ihres Angesichts ihr Brot verdienen, wie Adams Kindern aufgelegt ist. Denn es taugt nicht, dass sie uns verfluchte Gojim im Schweiße unsers Angesichts arbeiten lassen wollen, und sie, die heiligen Leute, wollen es hinter dem Ofen mit faulen Tagen, Festen und Furzen verzehren, und dazu lästerlich rühmen, sie wären von unserm Schweiß Herren der Christen. Man müsste ihnen vielmehr das faule Schelmenbein aus dem Rücken vertreiben.
Befürchten wir aber, dass sie uns an Leib, Wein, Kind, Gesind, Vieh usw. Schaden tun könnten, ... so lasst uns bei der gemeinsamen Klugheit der anderen Nationen wie Frankreich, Spanien, Böhmen usw. bleiben und mit ihnen abrechnen, was sie uns abgewuchert, und danach gütlich teilen, sie aber jedenfalls zum Lande hinaustreiben. Denn wie gehört, Gottes Zorn ist so groß über sie, dass sie durch sanfte Barmherzigkeit nur schlimmer und schlimmer, durch scharfe aber wenig besser werden. Darum jedenfalls weg mit ihnen![2]

Diese Vorschläge Martin Luthers tauchten in den Feiern anlässlich seines 500. Geburtstags nicht auf, als er als der größte geistige Führer der Reformation gepriesen wurde. In Deutschland, wo natürlich die größten Feiern stattfanden, besonders in der evangelischen Kirche, die den Mittelpunkt des lutherischen Christentums bildet, wurde wenig über Luthers Einstellung gegenüber den Juden gesagt.

Doch Luthers Vorschläge für die Juden deuteten in fast jeder Einzelheit auf die Maßnahmen voraus, die von den Nazis ergriffen wurden. Luthers Vorschlag, die Juden aus Deutschland zu vertreiben, war die Strategie, die von den Nazis zunächst angewendet wurde. Die Mehrheit der Juden Deutschlands wurde tatsächlich vertrieben oder flüchtete, bevor die Schließung der Grenzen (sowohl durch andere Länder als auch durch Bedingungen des Krieges) dies unmöglich machte und die Nazis mit der „Endlösung" begannen. Das Niederbrennen der Synagogen, befürwortet von Luther, wurde von den Nazis ausgeführt. Die Beschlagnahmung von jüdischem Silber und Gold, befürwortet von Luther, wurde in vollem Umfang von den Nazis durchgeführt, die nicht einmal die Goldfüllungen in jüdischen Zähnen ausließen. Das Zusammenpferchen der Juden in Ghettos und Konzentrationslagern (euphemistisch als Arbeitslager bezeichnet) durch die Nazis ist in Luthers Vorschlägen angedeutet.

In seinen früheren Schriften hatte Luther anerkannt, dass die Geldverleihgeschäfte der Juden aus ihrem Ausschluss von gehobenen Berufen erwuchsen. Er sprach sich dafür aus, dass wir die Juden „mit lassen erwerben und arbeiten", worunter er vermutlich verstand, dass Juden zu den gehobenen Berufen zugelassen werden sollten. Jetzt jedoch empfahl er eine strikte Beschränkung der Juden auf die körperlich mühsamsten Aufgaben: Juden sollen Bauern und Bergleute sein. Sie sollten keine Parasiten sein dürfen, indem sie die sitzenden Berufe ergreifen, zu denen zum Beispiel Luther selbst gehörte. Auch dies war Teil der Nazitheorie. Alle Juden, die ihren Lebensunterhalt durch Forschung oder Lehre oder geistige Arbeit verdienten, Einstein zum Beispiel, waren Parasiten. Selbst in seiner früheren Formulierung sah Luther den Zugang von Juden zu den gehobenen Berufen als Konkurrenz, nicht als jüdischen Beitrag zum Fortschritt und Wohl der deutschen Gesellschaft. Christen sollten fromm genug sein, um Juden Konkurrenz beispielsweise im Beruf des Arztes zu erlauben. Dass diese Anwendung einer alten jüdischen Kompetenz von Nutzen für die Gesundheit des deutschen Volkes sein könnte, wird nicht erwogen. In einer späteren Epoche, als die Juden der Reaktion auf ihre Versuche der Normalisierung überdrüssig waren, sollten sie selbst eine Rückkehr zur Kultivierung des Landes wertschätzen (als die zionistischen Chaluzim freiwillig das Leben von Bauern übernahmen); aber das war eine ganz andere Sache als Luthers verächtliche Forderung, dass die Juden auf das Leben vom „Schweiße ihres Angesichts" begrenzt sein sollten.

Luther war in den Punkten, wo er die Erlasse der Nazis vorausahnen ließ, tatsächlich härter gegenüber den Juden als die katholische Kirche, die er als reaktionär verachtete. So plädierte er für das Niederbrennen der Synagogen und die Abschaffung des jüdischen Religionsunterrichts zu Hause wie in der Schule. Er befürwortete auch das Verbrennen jüdischer Gebetsbücher und des Talmuds. Dies läuft auf ein völliges Verbot der Ausübung der jüdischen Religion hinaus. Die katholische Kirche dagegen hatte die jüdische Religion nicht verboten, sondern hatte ihr den Status einer erlaubten Religion verliehen, wenngleich innerhalb gewisser Grenzen. Synagogen durften weiterbestehen, wenn ihre Zahl und Größe auch beschränkt wurde. Diese Toleranz rührte von den Erklärungen von Augustinus her, der (in seinem Gottesstaat) die Bedingungen aufgestellt hatte, unter denen Juden in christlichen Ländern leben durften. Es sollte ihnen erlaubt sein, ihre Religion unter der Voraussetzung zu praktizieren, dass sie nicht öffentlich das Christentum bekämpften. Sie waren nützlich für die Christen, weil sie die „Bibliothekare" der Kirche waren; das heißt, dass sie das sogenannte Alte Testament bewahrt hatten, das durch seine Prophezeiungen die Wahrhaftigkeit des christlichen Anspruchs bezeugte, das wahre Israel zu sein, Erbe der Abraham gegebenen Versprechen. Außerdem waren die Juden, indem sie als Strafe für die Ablehnung Christi als Verbannte und Sklaven lebten, der Beweis für die Wahrheit des Christentums. Deshalb sollten sie geschützt werden, wenngleich in angemessenem Elend. Diese augustinische Duldung trug manchmal dazu bei, die Juden vor der Vernichtung zu retten, etwa in der Zeit des Zweiten Kreuzzugs, als Bernhard von Clairvaux sich auf die von Augustinus artikulierten Prinzipien berief, um die Juden vor einem weiteren Massaker zu retten. Anders als unverhohlene Ketzer wie etwa die Albigenser wurden die Juden vor der Vernichtung bewahrt, und Augustinus' Formulierung wurde von Konzilen und Päpsten wiederholt. Dies war nicht nur dem Einfluss des Kirchenvaters geschuldet, sondern auch den historischen Beziehungen zwischen der mittelalterlichen Kirche und dem Römischen Reich, das dem Judentum den Status einer *religio licita* verliehen hatte und trotz seiner politischen Konflikte mit dem jüdischen Volk in zwei großen Kriegen das Judentum weiterhin tolerierte und ihm sogar gewisse Privilegien gab, zum Beispiel die Erlaubnis, sich nicht an der Verehrung des Kaisers als Gott zu beteiligen. Luthers Bruch mit der römischen Kirche war auch ein bedeutsamer Bruch mit den Traditionen des Römischen Reiches.

Ein weiterer Schutz der Juden war der Glaube (gestützt auf Paulus' Brief an die Römer, Kap. 11), dass die Juden unerlässlich für das Szenarium der Endzeit waren. Der Wiederkunft Christi würde die Bekehrung der Juden zum Christentum vorausgehen; die Juden durften deshalb nicht vernichtet werden, sonst würde die Wiederkunft niemals stattfinden. Luther schloss sich diesem Glauben offensichtlich nicht an, da er dem Schutz der Juden vor der Vernichtung keinerlei Gewicht gab. Man muss ihm zumindest anrechnen, dass er die Vernichtung der Juden nicht wirklich befürwortete, sondern nur ihre Versklavung und Vertreibung. Hier war er nicht ganz ein Vorläufer der Nazis, obwohl seine völlig negative Haltung gegenüber den Juden einen großen Schritt zur Vernichtung hin tat. Ein anderes in Luthers Zeit gängiges Szenarium der Endzeit sah allerdings die Vernichtung der Juden vor. Dies war das Szenarium vom Antichrist, das sich auf eine andere von Paulus' Ankündigungen stützte (2 Thess 2, 5). Danach würden die Juden ihr Land wiedergewinnen und den Tempel wiedererrichten und diesen dem Antichrist oder jüdischen Messias weihen. Jesus Christus selbst würde zurückkehren und ein christliches Heer gegen den Antichristen und sein Volk, die Juden, anführen. In dieser letzten Schlacht würden die Juden bis auf den letzten Mann vernichtet und Christus würde dann für tausend Jahre über die Gläubigen herrschen (diese Lehre wurde deshalb als „Millenarismus" bezeichnet, ein Ausdruck, der in Hitlers Begriff „das Tausendjährige Reich" nachhallt). Luther war jedoch ein Gegner des Millenarismus, weil dieser dazu neigte, in Bewegungen diesseitiger Rebellion gegen bestehende politische Autoritäten umzuschlagen, zum Beispiel im Fall von Thomas Müntzer, Luthers Zeitgenossen, dem Wiedertäuferführer des Bauernkrieges (1525), und später im Fall von Johann Bockholdt, dessen Aufstand 1536 niedergeschlagen wurde. Dieser Strang christlichen Denkens, der zu Gedanken einer „Endlösung der jüdischen Frage" im Zusammenhang einer utopischen Ordnung der Gesellschaft tendierte, war Luthers Denken demnach fremd, denn er war politisch quietistisch und weltlicher Autorität ergeben. Luther genügte es, die Vertreibung der Juden aus Deutschland zu empfehlen oder aber ihre Haft in Arbeitslagern, ohne ein Programm der Auslöschung zu befürworten. Somit bezieht sich Hitler in seiner Apokalyptik und seiner Empfehlung einer „Endlösung" eher auf Luthers millenaristische Zeitgenossen der Reformation als auf Luther selbst. Doch diese Millenaristen weisen das gleich Paradoxon auf wie Luther: Sie waren Kräfte für Reform und Fortschritt, insofern als sie die ersten vergeblichen Anstrengungen unternahmen, die feudale Unterdrückung durch den Adel zu beseitigen; doch diese fortschrittlichen Tendenzen gingen einher mit einem grimmigen Programm des Antisemitismus gemäß dem Szenarium des Antichrists, nach dem die Endzeit nur durch das Verschwinden der Juden stattfinden konnte.

Während Luthers Programm der Unterdrückung der Juden über die frühere katholische Strategie hinausging, hatte seine Empfehlung des Talmudverbots einen gewichtigen Präzedenzfall im Katholizismus. Vom 13. Jahrhundert an hatte die katholische Kirche versucht, den Talmud zu unterdrücken. Vorher war Christen die Existenz des Talmuds kaum bewusst gewesen. Sie stellten sich die Juden ausschließlich als Volk des Alten Testaments vor und wussten nicht, dass die rabbinischen Schriften, besonders der Babylonische Talmud, die lebendige Realität des Judentums bildeten. Als den christlichen Autoritäten dies klar wurde, verurteilten sie den Talmud als ketzerisch und suchten ihn zu unterdrücken. Das Judentum war zur erlaubten Religion (*religio licita*) erklärt worden, aber nur unter der Voraussetzung, dass es eine Art Fossil war, das im Stadium des Alten Testaments stecken geblieben war. Dass das Judentum eine eigene Entwicklung über das Alte Testament hinaus in der Form des Talmuds genommen hatte, wirkte wie ein Schock. Die katholische Kirche, die dem Judentum zwar Duldung gewährte, behielt sich das Recht vor, es als eine Form des Christentums zu regulieren. Dies war die Aufgabe der Inquisition, die zu beweisen versprach, dass das talmudische Judentum, anders als das Judentum des Alten Testaments, ketzerisch war. 1240, nach der Pariser Disputation, wurden 40 Karrenladungen des Talmuds verbrannt. Später jedoch ging man zu einer weniger drastischen Methode im Umgang mit dem Talmud über, zur Zensur. Große Abschnitte des Talmuds wurden von den christlichen Zensoren herausgeschnitten und sind erst in unserer Zeit wieder in den gedruckten Talmud aufgenommen worden.

Luther kehrte nun zu der älteren und strengeren Form des Umgangs mit dem Talmud zurück, denn er befürwortete seine völlige Unterdrückung, zusammen mit der Beschlagnahmung jüdischer Gebetsbücher und einem Verbot jüdischer Erziehung. In gewisser Weise war dies erstaunlich, weil Luther in mancherlei Hinsicht im 16. Jahrhundert zu der christlichen Richtung gehörte, die sich für ein Studium jüdischer Texte in der Originalsprache einsetzte. Diese Strömung ist als Neohebraismus bezeichnet worden, und man hat sogar von Philosemitismus gesprochen. Dazu gehörten Persönlichkeiten wie Arias Montano und Pietro Galatino sowie der geniale christliche Kabbalist Pico della Mirandola. Auch einige überzeugte Philosemiten zählten dazu, zum Beispiel Jean Bodin (1530–96), der wegen seiner wohlwollenden Darstellung der jüdischen Religion der Konversion zum Judentum verdächtigt wurde. Christlicher Hebraismus ist eher ein Phänomen der Renaissance als der Reformation, aber Luther war in mancher Hinsicht ein Renaissancemensch, der an der Wiederbelebung der Kultur und der Rückbesinnung auf die Sprachen und die Literatur der antiken Welt teilnahm. So war er ein Bewunderer Reuchlins gewesen, der den Talmud gegen diejenigen, die ihn zu unterdrücken wünschten, verteidigt hatte. Luther selbst lernte Hebräisch und war, obwohl selbst kein bedeutender hebräischer Gelehrter, mit der Hilfe anderer verantwortlich für die deutsche Übersetzung der hebräischen Bibel, die heute noch in Gebrauch ist und als Klassiker gilt. In dieser Übersetzung nahm er mittelalterliche jüdische Kommentatoren zu Hilfe, besonders Raschi, David Kimchi und Ibn Esra, die wiederum sich weitgehend auf frühere Erläuterungen des Talmuds gestützt hatten. Wie also konnte Luther, der sich an dieser Wiederbelebung hebräischer Gelehrsamkeit beteiligte, die Unterdrückung des Talmuds verlangen und sich so unter die illiberalen Gegner Reuchlins einreihen?

Auch diese Frage lässt sich freilich mit dem Hinweis auf den Gegensatz zwischen dem frühen und dem späteren Luther beantworten. Luther war in seiner Jugend ein Renaissancemensch, aber nicht in seinen späteren Jahren. Seine Kenntnis des Griechischen war gut, aber sein Interesse an griechischer Literatur außer dem Neuen Testament wurde immer geringer. Vielmehr ging er vollständig in theologischen Fragen auf. Er hatte somit ein völlig anderes Naturell als Gelehrte wie etwa Erasmus, dessen Studium antiker Autoren ihm zu einer breiten literarischen Perspektive und sogar zu skeptischem Schliff und Gleichmut verhalf. Luther dagegen neigte zu theologischer Polemik und war ständig in einem Zustand der Angst um sein eigenes Seelenheil. Manche christliche Gelehrte, etwa Sebastian Münster, erwarben ausreichende Kenntnisse des Hebräischen, um die groben Stereotypen, die im Christentum über den Talmud und die rabbinische Tradition der Gelehrsamkeit gängig waren, fallenzulassen. Dieses Stadium erreichte Luther nie. Obwohl er tatsächlich rabbinische Exegese in seiner Übersetzung der hebräischen Bibel verwendete, tat er dies weitgehend unwissentlich, da er sein Material von Nikolaus von Lyra bezog, nicht direkt aus jüdischen Quellen. Deshalb konnte er die rabbinischen Quellen schmähen, während er sie gleichzeitig unbewusst nutzte.

Die andere bedeutende Persönlichkeit der Reformation war Calvin, und man mag fragen, wie sehr sich Calvin in seiner Haltung gegenüber den Juden von Luther unterschied. Calvin selbst war keineswegs freundlich gegenüber den Juden, die er als „gottlose Hunde“ verhöhnte. Seine Kenntnis des Hebräischen war viel größer als die Luthers, aber er prangerte den Talmud an, mit dem er sehr wenig vertraut war. Dennoch schuf er die Grundlage für späteres Wohlwollen zwischen Calvinisten und Juden durch seinen humanistischen, realistischen Zugang zum Alten Testament. Während Luther keinen Wert im Alten Testament sah, wenn man davon absah, dass es allegorische christliche Wahrheiten enthielt, sah Calvin einen Wert des Alten Testaments für sich genommen, nämlich als einen fesselnden Bericht historischer Ereignisse und Ausdruck literarischer Kraft. Calvins Methode der Interpretation unterschied sich somit wesentlich von der früheren Interpretation und befreite die Juden aus der Rolle als blinde Träger allegorischer Wahrheiten, die sie nicht verstanden. Die realistische jüdische Interpretationsweise, die sich bei Raschi, Kimchi, Ibn Esra, Raschbam und anderen findet, wurde allmählich als wirkliche Antwort auf den Text gewürdigt, anstatt als grober Literalismus verachtet zu werden. Somit trat im 17. Jahrhundert eine Generation von Calvinisten auf, die zu einer echten Diskussion mit jüdischen Gelehrten fähig war und Sympathien für jüdische Bestrebungen zeigte. Der neuenglische Puritaner Cotton Mather zum Beispiel entwickelte eine projüdische Version des Christentums, die bis heute bei manchen amerikanischen evangelikalen Gruppen, die den Zionismus unterstützen, weiterbesteht. Obgleich auch diese Gelehrten Vorurteile gegen die Juden beibehielten, waren sie frei von den abstoßenderen Formen des Hasses, die durch Luthers Einfluss in den lutherischen Kirchen überhandnahmen.

Im Calvinismus, wenn nicht bei Calvin persönlich, wurde das Potenzial der Reformation zur Verbesserung des Loses der Juden bis zu einem gewissen Grad verwirklicht, bedeutete die Reformation doch schließlich einen großen Fortschritt der Zivilisation. Ihre führenden Persönlichkeiten hatten starke Verbindungen mit der Renaissance, die auf weltlicher Ebene der Barbarei des mittelalterlichen Christentums entgegenwirkte, indem sie die literarischen und philosophischen Erkenntnisse der alten Griechen erneuerte und im Übrigen die hebräische Zivilisation mit offeneren und wohlwollenderen Augen betrachtete. Die protestantische Revolution machte viele der positiveren Merkmale der Moderne möglich: Demokratie, Naturwissenschaft, kapitalistischen Unternehmungsgeist, neue literarische und künstlerische Formen und vieles andere, ganz zu schweigen von zweischneidigeren Entwicklungen wie etwa Nationalismus.

Aber es gehört zu meiner These hier, dass Fortschritt immer neue Gefahren mit sich bringt. Während der Calvinismus schließlich die Richtung zu einer Verbesserung des Pariastatus der Juden und einer Milderung ihres dämonisierten Erscheinungsbildes wies, überlieferte das Luthertum vom 16. Jahrhundert bis in Hitlers Zeit eine hasserfüllte, mörderische Vorstellung von den Juden, die noch gefährlicher und explosiver war als jene des Mittelalters. Doch auch im Luthertum gab es Einflüsse neben Luther, die projüdische Haltungen ermöglichten. Wir sollten nicht vergessen, dass es Dänemark war, ein lutherisches Land, das das schönste

Beispiel in Europa für die Unterstützung der von den Nazis gejagten Juden gab.

Der Katholizismus des Mittelalters enthielt bestimmte Absicherungen für die Juden. In gewisser Hinsicht waren die Juden notwendige Figuren im religiösen Plan. Sie wurden gebraucht, um die Schuld am Mord an Christus zu tragen, der als schweres Verbrechen verstanden wurde, aber dennoch für die Erlösung der Christen notwendig war. Es ist typisch, dass die Juden in vielen Gegenden gezwungen waren, als Henker bei öffentlichen Hinrichtungen zu agieren. Dies symbolisiert die Rolle der Juden im Allgemeinen: für die Gesellschaft die schmutzige Arbeit zu erledigen. In Indien verrichteten die Parias die körperlich oder rituell schmutzige Arbeit, während in der Christenheit die Juden die moralisch schmutzige Arbeit ausführten. Das wichtigste Beispiel dafür ist die Rolle der Juden als Geldverleiher. Geldverleih gegen Zinsen (oder „Wucher", wie man sagte) war im christlichen Recht verboten, aber die christliche Gesellschaft konnte ohne ihn nicht funktionieren. Also wurde er an die Juden delegiert, waren sie doch ohnehin verdammte Seelen. Im Unterschied zu den indischen Parias allerdings akzeptierten Juden innerlich nicht die Rolle der Ausführenden notwendigen Übels. Ihr eigenes Recht erlaubt den Geldverleih gegen Zinsen (die höchst respektable Rolle, die heute als „Bankwesen" bezeichnet wird), und sie waren froh festzustellen, dass die christliche Gesellschaft, die sie von den gehobenen Berufen ausgeschlossen hatte, ihnen wenigstens diese eine Möglichkeit zum Broterwerb einräumte.[3]

Doch dieser Abstieg der Juden in den Pariastatus gab ihnen einen garantierten Platz in der christlichen Gesellschaft. Luther zerstörte das mittelalterliche System, und unter den Institutionen, die verschwanden, war auch der garantierte, wenngleich verachtete Platz der Juden. Durch seinen Angriff auf das mittelalterliche System machte Luther den Weg frei zu einer Befreiung aller Unterdrückten, auch der Juden. Aber er trug auch dazu bei, eine Situation von tödlicher Gefahr für die Juden zu schaffen, in der die Hemmnisse des mittelalterlichen Systems verschwunden waren.

In diesem Buch befasse ich mich mit den verschiedenen Strömungen der Moderne, die alle auf Freiheit und Toleranz zulaufen. Es besteht kein Zweifel, dass die Juden stark von diesen Strömungen profitierten, zu denen sie mit ihren eigenen Traditionen des Humanismus und erzieherischer Werte beitragen konnten. Die Reformation lockerte den Griff des zentralisierten Dogmatismus. Die Renaissance weckte wohlwollende Neugier hinsichtlich der verschiedenen Kulturen der Menschheit, mochten sie noch so fern sein in Zeit oder Raum. Die Aufklärung begründete ein Muster der Vernunft, in deren Licht sich alte Vorurteile und Ängste auflösten. Doch alle diese Strömungen und auch spätere trugen ihre eigenen besonderen Ausprägungen des Antisemitismus bei. Jede dieser Strömungen brachte in der Tat die Stellung der Juden voran, aber irgendwo in jeder Strömung blieb der alte Hass bewahrt, jeweils in einer besonderen Färbung, die sich aus dem Gedankengut der Strömung selbst ableitete. Ein Beispiel ist die Reformation, die wir gerade untersucht haben.

Sollen wir also der Persönlichkeit Luthers die Schuld am Holocaust geben? Ich meine nicht, genauso wenig wie wir die Schuld auf die Persönlichkeit Hitlers oder den Charakter des deutschen Volkes schieben können. Diese sind Faktoren, aber nicht die Hauptursache. Die eigentliche Ursache des Holocausts war der tiefe Hass auf die Juden, der das Vermächtnis des christlichen Mittelalters an die moderne Welt war. Dies war ursprünglich ein theologischer Hass, aber er wurde durch Volksparanoia vertieft und kompliziert, bis er so verwurzelt war, dass er instinktiv und unabhängig von religiöser Überzeugung erscheint. Ich habe die Hemmnisse erwähnt, die in der mittelalterlichen Christenheit gegen die Vernichtung der Juden bestanden; aber es liegt mir fern, den mörderischen Hass zu bagatellisieren, der diese Hemmnisse notwendig machte, die dennoch periodische Massaker und Vertreibungen nicht verhindern konnten. Moderne Strömungen der Vernunft mögen den Hass mäßigen, aber er überlebte im Hintergrund, und manche Vertreter dieser modernen Strömungen konnten ihm entsprechende rationalisierende Formen geben. In Zeiten des Wohlstands mochten solche Rationalisierungen als exzentrisch betrachtet werden (man denke zum Beispiel an Richard Wagners antisemitisches Wüten). Aber in Zeiten politischer oder wirtschaftlicher Spannungen traten die Exzentriker in den Vordergrund und wurden als Führungspersonen anerkannt. Der wahnwitzige Rand wird zur Mitte – wie in Deutschland in den Dreißigerjahren. Dann folgt ein Ausbruch der Gewalt gegen die Juden, die für alles, was falsch gelaufen ist, verantwortlich gemacht werden. Die Lösung liegt nicht in der Bekämpfung sekundärer Rationalisierungen, zum Beispiel der rassistischen Theorie von den Juden als Untermenschen oder der kommunistischen Theorie von den Juden als archetypische Kapitalisten oder der rechten Theorie von den Juden als archetypische Kommunisten, sondern in der Analyse der wahren Ursache des Hasses, des mittelalterlichen christlichen Dämonisierungsmythos über die Juden und dessen Wurzeln im frühen Christentum.

Anmerkungen

1 Diese Worte stammen aus Luthers Schrift *Dass Jesus Christus ein geborener Jude sei* von 1523.

2 Siehe Martin Luther, *Von den Juden und ihren Lügen*, neu bearb. und komm. von Matthias Morgenstern, Wiesbaden und Berlin 2016, S. 195–202.

3 Juden war jedoch von der Bibel verboten, Geld gegen Zinsen an Mitjuden zu verleihen, denen sie nicht einmal eine Haftung für nicht verzinste Darlehen auferlegen durften, außer für eine sehr begrenzte Zeitspanne. Der Grund waren nicht moralische Einwände gegen Zinsen als solche, sondern einfach eine Verpflichtung, Mitbürgern in finanziellen Schwierigkeiten zu helfen. Nach rabbinischer Entwicklung jedoch wurde das Gesetz der tatsächlichen Streichung der Schuld nach einer bestimmten Anzahl von Jahren nur auf Mitbürger in tiefer finanzieller Not angewandt, für die eine geldliche „Leihgabe" im Kern eine bloße Form des Beistands war. Andere konnten ein Dokument unterzeichnen, das ein Darlehen über sieben Jahre hinaus erlaubte, allerdings immer noch zinsfrei. An einer Stelle erließen die Rabbis sogar eine Vorschrift gegen die Eintreibung von Zinsen aus Darlehen an Nichtjuden als eine Erweiterung des biblischen Rechts. Der Zweck dieses neuen Verbots war nicht moralische Missbilligung der Eintreibung von Zinsen von Nichtjuden, sondern die Furcht, dass eine solche Eintreibung unterschiedliche unwillkommene Auswirkungen auf die jüdische Bevölkerung haben könnte. Auch hier jedoch wurde eine Ausnahme im Fall jüdischer Gelehrter gemacht, die ihre Studien nur durch Einkommen aus dem Geldverleih an Nichtjuden bezahlen konnten (siehe Gemara zu Mischna BM 5, 6). Dies zeigt, dass die Belastung mit Zinsen bei Nichtjuden nicht als an sich unmoralisch betrachtet wurde, und deshalb entschieden sich die Rabbis des Mittelalters, als ihnen andere Einkommensquellen genommen waren, schließlich dafür als verfügbare Einkommensquelle für die meisten.

Kapitel 4

Die Aufklärung und Voltaire (1694–1778)

Voltaire verkörpert die Aufklärung des 18. Jahrhunderts. Er war ein Feind jeder Form von Obskurantismus. Er lehnte insbesondere die katholische Kirche ab, die er als Überbleibsel des dunklen Mittelalters sah; aber er kämpfte auch gegen die politische Reaktion und für die Demokratie. Er war ein großer Bewunderer des politischen Systems Englands, das er bereiste, und er wünschte, dass sein Heimatland Frankreich die Beschränkung der Macht der Monarchie in England und die dortigen repräsentativen Institutionen übernähme. Er gilt als eine der einflussreichsten Persönlichkeiten in der Strömung, die in die Französische Revolution mündete. Sein Einfluss ist in hohem Maß dem glänzenden Esprit seines literarischen Stils geschuldet, mit dem er althergebrachte Ansichten und Institutionen ins Lächerliche zog und bloßstellte.

Voltaire lehnte nicht nur die katholische Kirche ab, sondern das Christentum überhaupt. Er war kein Atheist, sondern ein Deist, d. h. er glaubte an Gott, aber nicht innerhalb einer etablierten Religion. Man hätte meinen können, dass seine Emanzipation vom christlichen Glauben in ihm Gefühle der Sympathie mit den Juden geweckt haben könnte, die so lange Opfer des christlichen Dogmas und Mythos gewesen waren. Doch Voltaire hasste die Juden und das Judentum noch mehr, als er das Christentum hasste.

Der Fall Voltaires und anderer Antisemiten der Aufklärung (wie Baron d'Holbach und sein Kreis) wirft eine sehr schmerzliche Frage auf. Warum überdauerte der Antisemitismus die Aufklärung? Diese große Bewegung des Vernunftglaubens, der Wissenschaft und des Liberalismus blendete die Juden mit der Aussicht auf Duldung und Anerkennung und auf das Ende von Vorurteil und Fanatismus. Viele Juden begrüßten die Aufklärung daher mit Freude und beeilten sich, ihre eigenen intellektuellen Beiträge zu leisten (Solomon Maimon, Moses Mendelssohn zum Beispiel). Doch im Kern der Aufklärung (wenn auch keineswegs alles durchdringend) hielten sich bösartiger Hass und Verteufelung der Juden und ihrer Religion und Kultur. Selbst der bedeutendste Denker der Aufklärung, Immanuel Kant, war von dieser spezifisch aufklärerischen Verachtung für die Juden betroffen.

Dies stellt auch ein Problem für die Ansicht dar, die ich in diesem Buch vorlege, dass Antisemitismus nämlich erklärlich ist als das Produkt der mittelalterlichen Dämonisierung der Juden als die Christusmörder und Bundesgenossen des Teufels. Voltaire hielt sich für emanzipiert vom Mittelalter und seiner christlichen Gesinnung. Beweist dies, dass Antisemitismus seine Wurzeln doch nicht im Christentum hat? Dieselbe Frage erhebt sich in späteren Formen des Antisemitismus, mit denen ich mich befassen werde: dem Antisemitismus von Marx, Nietzsche und von Hitler, die sich alle als christenfeindlich betrachteten. Eine der wesentlichen Fragen in der Untersuchung von Antisemitismus und Moderne ist die Beziehung zwischen modernen Antisemiten (von denen manche christenfeindlich sind) und dem christlichen Antisemitismus des Mittelalters.

Meine Antwort zu diesem Problem im Allgemeinen ist die folgende: Die christenfeindlichen Antisemiten, von denen Voltaire einer der ersten ist, waren nicht so unabhängig von der mittelalterlichen Dämonisierung der Juden, wie sie selbst glaubten. Tatsächlich leitete sich ihr negatives Bild von den Juden fast gänzlich aus dieser Quelle ab. Das Neue freilich war, dass sie dieses mittelalterliche antisemitische Bild gegen das Christentum selbst wandten. Ihr Argument lautete: „Ihr Christen mögt die Juden diffamieren, aber eure eigene Religion ist genauso schlecht wie ihre und in Wirklichkeit bloß eine andere Form des Judentums." Der schlimmste Vorwurf in der Kritik des Christentums war, dass es bloß Judentum in einem anderen Gewand sei. Dieser Vorwurf bezog seine Wucht aus einer vorausgehenden Verurteilung des Judentums als einer primitiven, unzivilisierten und verabscheuenswerten Religion. Das bedeutete, dass der Angriff auf das Judentum durch Voltaire und seine Nachfolger nicht das vorrangige Ziel war. Es war ein Mittel zum Zweck, und der hieß Zerstörung des Christentums. Doch durch ihre Taktik, die Verachtung für die Juden als Waffe gegen das Hauptziel, das Christentum, zu benutzen, verstärkten diese Autoren faktisch das negative Bild von den Juden und trugen zum Hass und zur Verachtung bei, die schließlich den Holocaust hervorbrachte.

Ein weiterer wichtiger Punkt ist, dass Voltaire und andere Antisemiten der Aufklärung den Juden an einem Punkt ihrer Geschichte begegneten, als sie durch Jahrhunderte bewusster Erniedrigung ihrer Würde beraubt waren. Wie wir früher in diesem Buch gesehen haben, verschlechterte sich die wirtschaftliche Situation der Juden vom 13. Jahrhundert an als Folge ihres Ausschlusses von allen angesehenen, ehrbaren Berufen. Die Wirkung der Aufklärung war schließlich, dass Juden wieder zu gehobenen Berufen zugelassen wurden, aber dies geschah natürlich nicht unmittelbar. In manchen Ländern kam die Aufklärung nur sehr langsam an, soweit die Juden betroffen waren. In Russland zum Beispiel dauerte es bis zum späten 19. Jahrhundert, dass Ideen der Aufklärung die Juden allmählich aus mittelalterlichen Bedingungen befreiten. In Deutschland führten die Eroberungen Napoleons zu einer Verbesserung der Lage der Juden im frühen 19. Jahrhundert, aber als Napoleon besiegt worden war, widerriefen die deutschen Staaten die neue Gesetzgebung, und die Juden fielen zurück ins Mittelalter und konnten ihren neu erworbenen beruflichen Status nur durch Übertritt zum Christentum behalten (wie es im Fall von Karl Marx' Vater, der Richter war, geschah).

In den frühen Jahren der Aufklärung lebten die Juden wirtschaftlich in einem prekären Zustand, waren meist Hausierer, kleine Pfandleiher und Altkleiderhändler. Sie wurden auch von denen, die ihre Lage verbessern wollten, als rückständig, ungebildet und sogar primitiv betrachtet. Manche Gestalten der Aufklärung, die sich für die Sache der Juden einsetzten, übertrieben dennoch stark ihre Rückständigkeit, wenn sie kühn sagten, dass selbst die Juden unter aufgeklärten Bedingungen schließlich, vielleicht in zwei- oder dreihundert Jahren, zum Standard der Zivilisation ihrer christlichen Mitbürger aufschließen würden. Zur großen Überraschung holten die Juden tatsächlich in etwa einem Jahrzehnt auf, als sie die Chance bekamen und drängten sogar an die Spitze, und bald hörte man nicht mehr Klagen über die angebliche jüdische Rückständigkeit, sondern äußerte sich bestürzt über die behauptete jüdische Monopolisierung der akademischen Berufe.

Demnach verstanden selbst diejenigen, die den Juden Gutes wünschten, nicht das Ausmaß jüdischer kultureller Ressourcen. Juden mochten Pfandleiher oder Altkleiderhändler sein, aber sie waren dennoch hochgebildet und intellektuell versiert in ihrer eigenen Literatur und Kultur. Ein Jude wie Salomon Maimon, der ein Experte im Talmud und in den

Schriften des Maimonides war, konnte aus einem polnischen Schtetl nach Berlin kommen und in wenigen Jahren einer der führenden Philosophen der Aufklärung werden, der Mann, von dem Immanuel Kant persönlich erklärte, er verstünde ihn am besten (obgleich seltsamerweise dies und selbst das Ansehen von Moses Mendelssohn Kants Verachtung für die Juden im Allgemeinen anscheinend nicht schmälerte).

Meine Bemerkungen zur offenkundigen Herabsetzung der Juden gelten besonders für Deutschland. In Frankreich waren viele Juden, besonders solche sephardischer Herkunft, unter Bedingungen der Aufklärung hervorgetreten, sogar noch bevor diese Bedingungen Gesetzeskraft erlangt hatten. Somit begegnete Voltaire zwei Arten von Juden: solchen, die er als rückständig verachtete, weil sie für ihn ein Bild mittelalterlicher Erniedrigung darstellten, und solchen, die in ein achtbares Berufsleben aufgestiegen waren und die er als Emporkömmlinge noch mehr hasste.

In den ersten Jahren der Aufklärung jedoch boten die meisten Juden einen kläglichen Anblick für diejenigen, die kein Verständnis für ihre Geschichte der Unterdrückung und Erniedrigung hatten. Voltaire ließ dieses Verständnis sicherlich vermissen, und er entschied, die verbreitete Verachtung der Juden für seine eigenen Zwecke zu verwenden. Sein Hauptfeind war das Christentum und besonders die katholische Kirche, gegen die er mit großem Mut kämpfte. Aber er erkannte, wie Hitler in späteren Jahren, wie er den allgemeinen Hass auf die Juden nutzen konnte, um die Massen auf seine Seite gegen die Kirche zu ziehen. Wenn er die Kirche irgendwie mit den Juden identifizieren könnte, würde er seinen Kampf gewinnen. Seine Taktik sah deshalb vor, zu zeigen, wie jüdisch das Christentum war. Es wurzelte im Alten Testament, das einen Teil des christlichen Kanons der Bibel bildete. Wenn er das Alte Testament lächerlich machte, indem er es als barbarisches, primitives Stammeslarifari attackierte, verdammte er zugleich auch das Christentum, das seine ganze Autorität aus diesem Larifari schöpfte. Außerdem war es viel weniger gefährlich, das Alte Testament lächerlich zu machen, als das Neue Testament direkt anzugreifen, was eine Strafverfolgung wegen Blasphemie herausfordern würde.

Daher wäre es falsch zu behaupten, Voltaires Antisemitismus komme nicht vom Christentum her. Denn Voltaires gesamte Sichtweise beruht auf der Verachtung, mit der man die Juden wegen ihrer Dämonisierung im christlichen Mittelalter bedachte. So sehr allerdings Voltaire seine Feindschaft gegenüber dem Christentum auch beteuerte, so leitete er doch eine Sache vom Christentum her, nämlich seine Einschätzung der Juden. Insofern unterschied sich Voltaire nicht von all den Demagogen der modernen Welt, ob von der Rechten oder von der Linken, die den allgemeinen Hass und die Verachtung der Juden als ihre Hauptwaffe in einer Kampagne einsetzten, und all diese Aktivisten haben auf die Tatsache gesetzt, dass Hass und Verachtung gegenüber den Juden als Waffen verfügbar sind, weil sie über mehrere Jahrhunderte christlicher Lehre eingeflößt wurden. Ein starker Grund, warum die Aufklärung den Juden nicht die Vorteile brachte, die man hätte erwarten dürfen, lag darin, dass der vom Mittelalter überkommene Vorrat an Verachtung für die Juden so unerschöpflich war, dass es sich als ständige Versuchung für Aktivisten erwies, selbst wenn sie für eine fortschrittliche Sache kämpften, dieses Reservoir des Stigmas als Quelle für allgemeine Unterstützung zu nutzen.

Aber es wäre auch falsch zu glauben, dass Voltaire den allgemeinen Hass auf die Juden bloß zynisch ausnutzte, um seine eigenen Kampagnen zu fördern. Voltaire hasste die Juden wirklich, wie die sehr gründliche Erforschung der veröffentlichten Schriften und privaten Schriftstücke Voltaires durch Arthur Hertzberg[1] bewiesen hat. Um dies zu erklären, sind viele verschiedene Theorien vorgetragen worden, von psychologischen Gründen (seine Mutter starb jung, sodass er seinem strengen Vater ausgeliefert war) bis zu biografischen (er wurde von manchen Juden betrogen). Eine ähnliche Auswahl von Erklärungen wurde im Fall Adolf Hitlers angeboten. Gewiss, Voltaires Hass auf Juden war eine Obsession wie jener Hitlers, und er war in der Lage, andere zu beeinflussen. Sein Hass hatte zweifellos eine psychologische Komponente, aber er lässt sich am besten als Ergebnis seiner antijüdischen Umgebung und Erziehung erklären. Wie spätere weltliche Antisemiten konnte er dies nicht als seinen Grund nennen, weil er damit den Einfluss der christlichen Lehre, den er abstritt, zugegeben hätte. Der nachchristliche Antisemitismus, für den Voltaire eines der ersten Beispiele ist, muss nichtreligiöse Gründe für einen Hass finden, der eigentlich einen religiösen Ursprung hat. Spätere Antisemiten fanden diese Rechtfertigung in den biologischen Rassetheorien. Voltaire fand seine Rechtfertigung in der Geschichte; er argumentierte, dass die Juden schon immer verachtet gewesen waren, auch vor der christlichen Ära. Er führte ständig heidnische Autoren an, zum Beispiel Tacitus, Juvenal und Cicero, um diesen Standpunkt zu beweisen. Aber seine Motivation war vor seinen Studien heidnischer Schriften vorhanden. Seine Berufung auf nichtchristliche Autoren war bloß seine Methode, sich den christlichen Ursprüngen seiner antijüdischen Obsession zu entziehen.

Voltaires Antisemitismus erkläre ich folglich damit, dass er das Überbleibsel des christlichen Antisemitismus war, von dem er sich distanzierte, an dem er aber doch festhielt, indem er auf eine nichtreligiöse Theorie zurückgriff, die er an die Stelle der üblichen theologischen Gründe für den Abscheu gegen die Juden setzte. Hierin unterscheide ich mich von Arthur Hertzberg, der sich vor dieser unbequemen Schlussfolgerung scheut, trotz der Tatsache, dass er so viele Beweise dafür vorlegt. Hertzberg glaubt lieber, dass Voltaires Antisemitismus nicht christlichen Ursprungs war, sondern sich aus dem Studium antiker heidnischer Schriften ergab. Nach Hertzberg gab es im 18. Jahrhundert zwei unabhängige Arten von Antisemitismus: den religiösen Antisemitismus, der sich in Kirchenkreisen fand und auch unter den Massen und der eine Fortsetzung der mittelalterlichen Dämonisierung war, und einen nichtreligiösen Antisemitismus, der ein neues, nicht auf die mittelalterlichen Quellen zurückgehendes Phänomen war. Ich halte diese Zweiteilung für wenig überzeugend. Trotz seines Anspruchs auf totale Originalität war Voltaire das Produkt seines Milieus, und er konnte nicht die vorangegangenen Jahrhunderte überspringen, um an Menschen 2.000 Jahre vor ihm anzuknüpfen und dabei alle christlichen Jahre als Vakuum auszulassen. Natürlich ist es wahr, dass Antisemitismus keine christliche Erfindung war, sondern vor dem Christentum existierte, entstanden aus der kulturellen Rivalität zwischen Judentum und Hellenismus, wie im 1. Kapitel erläutert. Aber das Christentum war die Leitung, durch die dieser antike hellenistische Antisemitismus in einer verstärkten und mythisierten Form in die mittelalterliche und moderne Welt und somit auch an Voltaire übertragen wurde.

Es ist jetzt an der Zeit, einige Proben von Voltaires Schmähungen gegen die Juden vorzulegen. So schrieb er: „Die Juden sind nichts als ein unwissendes, faules und barbarisches Volk, das seit langer Zeit die schmutzigste Habsucht mit dem verabscheuungswürdigsten Aberglauben und dem unauslöschlichsten Hasse gegen alle Völker verbindet, bei denen sie geduldet werden und an denen sie sich bereichern."

Diese Tirade aus seinem berühmten *Dictionnaire Philosophique* (1751) enthält viele traditionelle Elemente. Die Beschuldigung, die Juden seien faul, erinnert an die Bemerkungen Luthers, zitiert in Kapitel 3, wonach die Juden nie mit den Händen arbeiten, sondern stattdessen die harte Arbeit der Gojim ausbeuten. Luthers Lösung sah vor, die Juden in Arbeitslager zu stecken, eine Lösung, die von den Nazis aufgegriffen wurden, die die Juden auch als Parasiten bezeichneten, die nichtjüdische Arbeitskräfte ausnutzten. Es bereitete den Nazis Vergnügen, den Juden schwere, unproduktive sinnlose Arbeit zu geben (zum Beispiel Backsteinmauern zu bauen, die dann zerstört wurden), nur um Rache für das angebliche Parasitentum der Juden zu üben. Aber hier findet sich auch ein Widerhall des Vorwurfs der Faulheit, den griechisch-römische Antisemiten der Antike gegen die Juden erhoben, wenn sie die jüdische Institution des Sabbats verhöhnten.

Voltaires Beschuldigung, die Juden seien unwissend und barbarisch, ist sein Kommentar zu dem jüdischen Mangel an höherer Bildung, der von ihrem Ausschluss von christlichen Universitäten und christlicher Bildung im Allgemeinen herrührte. Voltaire sieht dies nicht als eine Form der Diskriminierung von Juden durch Christen, und er erkennt erst recht nicht an, dass die Juden ihr eigenes internes Bildungssystem gehabt haben, das während gewisser Abschnitte der dunklen Jahrhunderte die Christen vergleichsweise barbarisch erscheinen ließ. Aber diese Beschuldigung knüpft auch an Voltaires fortwährenden Feldzug gegen das Alte Testament an, das er in seinem *Dictionnaire Philosophique* angreift. Vor allem hebt er hervor, was er die Barbarei des Alten Testaments nennt (ein Vorwurf, der in liberalen und linken Kreisen heute noch verbreitet ist). Er konzentriert sich auf alle Passagen, die eine primitive Geisteshaltung zu beweisen scheinen, und ignoriert alle Passagen, die eine erhabene Moral und Spiritualität zeigen. Für Voltaire zeigt sich der Geist des Alten Testaments besonders im Massaker an den Kanaanitern und im Umgang des Propheten Samuel mit Agag, dem gefangenen König der Amalekiter, den er in Stücke schlug (darüber schrieb Voltaire sogar ein Stück mit dem Titel „Saul“). Voltaire beschrieb lustvoll die Missetaten der jüdischen Könige des Alten Testaments, einschließlich Davids und Salomons, wobei der die Tatsache außer Acht lässt, dass das Alte Testament selbst diese Missetaten verurteilt und in Wirklichkeit ein einmaliges Beispiel für eine nationale Geschichtsschreibung bietet, die ihre Führer nicht schönfärbt oder verherrlicht.

Ein Beispiel für Voltaires Umgang mit dem Alten Testament ist sein Vorwurf, dass die alten Israeliten Kannibalismus praktizierten. Dieser Vorwurf beruht auf einer Passage, die Strafe für die Missachtung der Gebote Gottes androht: Eine dieser Strafen ist, dass fremde Feinde die Stadt belagern werden, deren Bewohner solchen Hunger leiden werden, dass sie sich gezwungen sehen werden, ihre eigenen Kinder zu essen. Es ist bemerkenswert, dass der gleiche Vorwurf mit der gleichen Begründung von dem frühen Kirchenvater Johannes Chrysostomos erhoben wurde. Eine schlimme Androhung schrecklichen Leids wird zu einer israelitischen Gewohnheit verdreht. Ein anderes Argument Voltaires, das seine Quelle in den Schriften der Kirchenväter hat, ist, dass die Israeliten Verkehr mit Tieren (Sodomie) geübt haben müssen. Der angebliche Beweis dafür ist, dass Leviticus diese Praxis verbietet, ein solches Verbot aber unnötig gewesen wäre, wenn die Isareliten nicht die Gewohnheit gehabt hätten. Das gleiche Argument wird von Tertullian im Zusammenhang mit seinem umfassenden Argument verwendet, dass das für Christen überflüssige Gesetz der Thora für die Juden wegen ihrer eingefleischten sündigen Natur notwendig war. Voltaire erhob auch die Anklage, dass die alten Hebräer Menschenopfer dargebracht hätten; diesen Vorwurf machten auch einige Kirchenväter, besonders Johannes Chrysostomos, aber bedeutsamer ist hier, dass Voltaire hier den infamen mittelalterlichen Vorwurf der Blutschuld wiederholt. Unter weltlichen Antisemiten nach Voltaire wurde diese schreckliche Anklage geläufig, und die angeblichen Praktiken des Menschenopfers bei den Hebräern bekamen den besonderen Namen „Molochismus", obwohl diese Antisemiten den Namen Moloch nur kannten, weil die hebräische Bibel den phönizischen Gott Moloch anprangerte.

Wir wissen, dass Voltaire ein fleißiger Leser der Schriften der Kirchenväter war. Vermutlich war der einzige Grund dafür, dass er dort Munition gegen die Kirche zu finden wünschte, indem er die Ideen ihrer verehrten Väter mit Spott übergoss. Aber wir sehen, dass Voltaires Lektüre auch einem anderen Zweck diente, nämlich Munition gegen die Juden zu finden. Dabei bog er sich die Geschichte folgendermaßen zurecht: Nachdem er bei den Kirchenvätern brauchbare Schmähreden gegen die Juden gefunden hatte, wendete er diese antisemitischen christlichen Schriften dann gegen die Kirche, wenn er erklärte: „Eure Religion leitet ihre Autorität von genau diesen barbarischen Juden und ihren primitiven Schriften ab."

Kommen wir auf die Bemerkungen Voltaires zurück, die ich früher zitiert habe. Er sagt nicht nur, die Juden seien barbarisch und unwissend und faul, er führt zwei weitere Punkte an: die Juden seien geizig in „würdeloser Weise" und sie hassten diejenigen, die „sie dulden und reich machen", mit „tiefem Abscheu". Dies sind Beschuldigungen, die in der Geschichte des christlichen Antisemitismus sehr weit zurückreichen.

Der Vorwurf des Geizes ist mit dem Bild vom Juden als einem habgierigen Pfennigfuchser wie Shylock verwandt. Verstärkt wurde dieses Bild durch die mittelalterliche wirtschaftliche Vereinbarung, durch welche die Juden in die Rolle von Wucherern gezwungen wurden. Niemand mag jemanden, dem er Geld schuldet, und die Aufforderung zur Rückzahlung des geliehenen Geldes wird mit größtem Unmut betrachtet. Neuere Forschungen haben ergeben, dass die von jüdischen Geldverleihern berechneten Zinsen im Mittelalter sehr vernünftig waren (in der Regel 10 Prozent), wenn man das hohe Risiko berücksichtigt, unter dem dieses Geld verliehen wurde. Christliche Wucherer (die zunächst gegen das gültige Recht tätig waren und später, als das Kirchenrecht angepasst worden war, rechtmäßig) verlangten gewöhnlich höhere Zinsen als jüdische Geldverleiher. Christliche Regierungspraxis war es, die Juden viel stärker zu besteuern als die übrige Bevölkerung. Auch wurde beim Tod eines jüdischen Geldverleihers das ganze Geld, das er durch „Wucher" angehäuft hatte, konfisziert und fiel an den König, der auch alles Geld einzog, das dem jüdischen Geldverleiher an seinem Todestag geschuldet wurde. Faktisch verliehen die Juden also Geld im Namen des Königs, der der größte Wucherer von allen war, sich aber der Kritik entzog und den allgemeinen Hass auf Wucherer auf die Juden lenkte.

Das Shylock-Bild vom Juden wurde in der christlichen Kunst bekräftigt, nicht nur in der Darstellung zeitgenössischer Juden, sondern auch in dem mythischen Bild von Judas Ischariot, der niemals ohne seine Geldtasche abgebildet wurde. Diese Vorstellung stammt aus dem Johannesevangelium, das Judas zum unehrlichen Kassenwart der Apostelschar Jesu machte. Judas Ischariot war der einzige Apostel, der in der Kunst mit jüdischen Gesichtszügen und jüdischer Kleidung dargestellt wurde; die anderen Apostel erhielten ein nichtjüdisches Äußeres. Dass man die mittelalterlichen Juden in den Wucher dirigierte, war eine Strategie, die sie dem Bild von Judas Ischariot anpasste. Entgegen der Ansicht vieler Antisemiten hatten die Juden in der vorchristlichen Welt nicht den Ruf von Geldverleihern. Dies ist ein Vorwurf, der bezeichnend für die christliche Welt und nicht vom griechisch-römischen Antisemitismus abgeleitet ist. Wie wir aus Josephus' Verteidigung der Juden gegen die Angriffe der hellenistischen Antisemiten von Alexandria, zum Beispiel von Apion, ersehen, besagte der Vorwurf, den man den Juden machte, gerade das Gegenteil, dass sie nämlich als ein derart bäurisches ackerbautreibendes Volk zu barbarisch und primitiv für jede Art von Handel seien.

Es liegt eine gewisse Ironie darin, dass Voltaire den Juden würdelosen Geiz vorwirft, weil man genau diesen Vorwurf Voltaire selbst hätte machen können. Er ließ sich oft auf zwielichtige Geschäfte ein, um sein Vermögen zu vermehren, und wäre 1751 um ein Haar vom Hof Friedrichs des Großen gejagt worden, weil er ein Dokument fälschte, mit dem er einen unstatthaften Gewinn machen wollte. Das Opfer dieses unehrlichen Tricks war tatsächlich ein jüdischer Geschäftsmann namens Hirschel. Später investierte Voltaire in eine Firma, die im Sklavenhandel tätig war, und wurde dadurch einer der reichsten Männer in Frankreich.

Andererseits ist Voltaires Vorwurf, dass die Juden die Menschheit hassten, viel älter als das Christentum. Es war eine Binsenwahrheit des vorchristlichen Antisemitismus, den Juden Hass auf die Menschheit vorzuwerfen, eine Anklage, die auf dem jüdischen Widerstand gegen eine völlige Hellenisierung und auf ihrer Weigerung, irgendeinen Gott außer ihrem eigenen zu ehren, beruhte. Auch dieser Vorwurf wurde in das Christentum übernommen, denn er findet sich im Neuen Testament in einem Paulusbrief, 1 Thess 2, 15, der die Juden als „Feinde aller Menschen" charakterisiert. Dieser Abschnitt ist viel diskutiert worden, da er einen Grad von Antisemitismus erreicht, der weit über das Normalmaß in Paulus' Schriften hinausgeht. Ich vertrete die Ansicht, dass dieser Abschnitt nicht von Paulus selbst geschrieben wurde, sondern von einem seiner Schüler, der ihn in den Text des Briefes einfügte. Aber der Abschnitt zeigt, dass die Klischees des hellenistischen Antisemitismus nur eine Generation nach Paulus Platz im Diskurs der paulinischen christlichen Kirche gefunden hatten.

Wenn Voltaire jedoch sagt, dass die Juden diejenigen hassen, die sie reich machen, dann steht er wieder fest in der christlichen Tradition, die Juden als reiche Ausbeuter zu sehen. Antike vorchristliche Antisemiten hätten, wie wir gesehen haben, die Juden eher als verarmte bäuerliche Arbeiter oder Handwerker verspottet. Wir sahen in Luthers antisemitischen Ausfällen die Wahrnehmung von den Juden als Müßiggänger und Nutznießer des Reichtums, den sie durch Ausbeutung der Gojim erworben haben. Manche Juden im Mittelalter erwarben tatsächlich Reichtum, der aber höchst unsicher war; sie besaßen diesen Reichtum in Wirklichkeit im Namen von Räubern, den König eingeschlossen, die auf die Gelegenheit warteten, ihn an sich zu reißen. Sie besaßen Reichtum in genau der gleichen Weise, wie eine gemästete Gans Fett besitzt. In Voltaires Zeit war die große Mehrheit der Juden verarmt, aber einige jüdische Familien kamen allmählich zu Wohlstand, namentlich die Rothschilds, und diese Familien sahen sich schon dem Vorwurf ausgesetzt, dass die Juden die Macht ergriffen. Diese Vorwürfe sollten später den linken Antisemitismus von Proudhon und Marx schüren, mit dem ich mich im folgenden Kapitel beschäftigen werde. Voltaire, der die Juden als Ausbeuter sieht, setzt eine mittelalterliche antisemitische Tradition fort, kündigt aber auch eine neue Form des Antisemitismus an, in der die Juden als archetypische Kapitalisten dargestellt werden.

Wie reagierten die Juden auf Voltaires Angriffe gegen Juden und Judentum? Ein jüdischer Autor, Isaac de Pinto, versuchte, Voltaire in einem Pamphlet zu bekämpfen, allerdings nicht sehr erfolgreich, denn er verteidigte nur emanzipierte Juden oder vielmehr die Fähigkeit von Juden, sich durch die Übernahme von Ideen der Aufklärung zu emanzipieren. Ein anderer jüdischer Autor, Zalkind Hourwitz, schrieb kurz nach Voltaires Tod 1778:

> Die Juden verzeihen ihm alles Böse, das er ihnen antat, wegen all des Guten, das er ihnen, vielleicht unabsichtlich, brachte; denn sie haben sich über einige Jahre jetzt einer kleinen Atempause erfreut und verdanken dies dem Fortschritt der Aufklärung, zu dem Voltaire durch seine zahlreichen Werke gegen Fanatismus sicherlich mehr beitrug als jeder andere Schriftsteller.

Der Mann, der dieses nachsichtige Urteil schrieb, Zalkind Hourwitz, war ein ungewöhnlicher Charakter. Er war in Polen geboren, ging nach Berlin, wo er ein Freund Moses Mendelssohns war (wie jener andere Schtetl-Jude, Solomon Maimon), und später nach Frankreich, wo er eine herausragende Persönlichkeit in der Französischen Revolution wurde. Für einen auf eine Lösung des jüdischen Problems ausgeschriebenen Preis reichte er einen Essay ein und teilte sich den ersten Preis mit Abbé Grégoire. Hourwitz' Urteil war vielleicht zu nachsichtig. Voltaires antijüdische Äußerungen wurden von so vielen einflussreichen Personen und Strömungen auf der Linken wie auf der Rechten aufgegriffen, dass er zu den stärksten Kräften in der Entwicklung des neuzeitlichen Antisemitismus gezählt werden muss. Es ist ein ironischer Umstand, dass der Spitzname Voltaires in seinem eigenen Freundeskreis „Goebbels" war, wobei allerdings rätselhaft bleibt, wie er zu diesem Spitznamen kam.

Voltaire war jedoch keineswegs die einzige Persönlichkeit der Aufklärung, die die verbreitete Verachtung der Juden als Waffe gegen die Kirche verwendete. Noch extremer in seinem Antisemitismus war Baron d'Holbach, den Voltaire als zu offen, direkt und grob in seinen Angriffen auf Religion ablehnte. Die Holbachianer bildeten eine ansehnliche atheistische Bewegung, die besonders das Judentum angriff als Mittel, seinen Ableger, das Christentum, zu verleumden. Ein Beispiel holbachianischer Schmähungen ist das Folgende:

> Verblendet von ihrem Gesetzgeber hatten die Juden nie vernünftige Vorstellungen von Göttlichkeit. Moses ersann ein Bild für sie mit den Merkmalen eines eifersüchtigen Tyrannen, unstet und hinterhältig, der nie von den Gesetzen der Gerechtigkeit gebändigt wurde und der den Menschen nichts schuldet, der nach seiner Laune auswählt und verwirft, der Kinder für die Verbrechen oder eher Missgeschicke ihrer Väter straft...Was brauchte es mehr, um das hebräische Volk zu einer Schar von Sklaven zu machen, stolz auf die Gunst ihres himmlischen Sultans, bereit, alles ohne Prüfung auszuführen, um seinen Leidenschaften und ungerechten Beschlüssen zu genügen? Dieses unwissende, unzivilisierte Volk, erfüllt von dem Gedanken, dass sein Gott empfänglich für Gaben war, glaubte, dass es genüge, um ihn zu erfreuen, ihm

viele Gaben darzubringen, ihn mit Opfern zu besänftigen, seine Geistlichen zu bereichern, zu arbeiten, um sie in Prunk zu halten, gewissenhaft die Riten zu erfüllen, die ihre Habgier ersonnen hat ... Dies sind die abscheulichen Merkmale, mit denen der Gesetzgeber der Hebräer den Gott gemalt hat, den die Christen inzwischen übernommen haben.[2]

Die Holbachianer schoben selbst die Inquisition auf die Juden. In einer Bemerkung zur Verbrennung von Ketzern durch die Inquisition schrieb ein holbachianischer Autor: „Die ganze Grausamkeit der judaischen Priesterschaft scheint in das Herz der christlichen Priesterschaft übergegangen zu sein, die, seit sie sich auf der Erde eingerichtet hat, Barbareien verursacht hat, die Menschen zuvor unbekannt gewesen sind."[3] Ein ähnliches Argument gebrauchten später katholische Autoren, die damit die Inquisition entschuldigten, indem sie behaupteten, die Kirche sei von jüdischen Konvertiten beeinflusst worden, zur jüdischen Grausamkeit zurückzukehren.

Eine interessante Entwicklung war, dass einige katholische Autoren als Reaktion auf die Angriffe auf Judentum und das Alte Testament durch Voltaire und d'Holbach und seine Anhänger eine Phase der Verteidigung des Judentums einleiteten, das sie nun als wesentliche Stütze ihrer eigenen Autorität erkannten. Während die traditionellen Angriffe auf Juden und Judentum im katholischen Italien und Spanien anhielten, geschah das Gegenteil in Frankreich, wo Katholiken durch die Schriften Voltaires und anderer so verstört waren, dass sie sich zur Verteidigung des Judentums gezwungen sahen. Drei Geistliche insbesondere traten als Verteidiger des Judentums gegen Voltaire auf: die Abbés Guénée, Bergier und Grégoire. Der Letztere, Abbé Grégoire, war derselbe, der sich später mit Hourwitz den Preis für den Essay über das Judenproblem teilte, und Grégoire hatte durchaus Einfluss darauf, die Französische Revolution in eine projüdische Richtung zu wenden, sodass sie sich auf ein Gesetzgebungsprogramm zur Befreiung der Juden von ihren bürgerlichen Benachteiligungen festlegte (obwohl die katholischen Autoritäten wenig später die Freundlichkeit Grégoires fallen ließen und dieser Gesetzgebung widersprachen). Man kann sagen, dass Voltaires Antisemitismus, der sich gegen die Kirche richtete, eine gute Auswirkung hatte: Er gewann, für eine kurze, aber entscheidende Zeitspanne, die Unterstützung der katholischen Kirche auf der Seite der jüdischen Emanzipation.

Die vielleicht wirksamste katholische Verteidigung des Judentums gegen Voltaire kam zu dieser Zeit aus der Feder des Abbé Guénée. Er deckte alle Fehler und unlogischen Aussagen Voltaires in seinen Angriffen auf das Alte Testament auf. Guénée schrieb:

> Es gibt in der mosaischen Gesetzgebung viele Gesetze zugunsten der Armen und beharrliche Ermahnungen, allen Notleidenden Hilfe zu leisten. Andere Systeme bieten nichts Vergleichbares an. Wenn man all diese Ermahnungen und diese Gesetze bedenkt, wo die Menschlichkeit des Gesetzgebers sehr stark zu spüren ist, kann man dann ohne Kummer zusehen, wie diesem großen Mann Moses und seiner ganzen Gesetzgebung Grausamkeit und Barbarei vorgeworfen werden, von einem berühmten Schriftsteller, der sich unparteiisch nennt?[4]

Guénée behauptet sogar, alle humanen Tugenden der Aufklärung seien in den jüdischen Schriften vorweggenommen.

Eine solche Verteidigung ist sehr ermutigend und gerecht. Aber es gab einige, die den jüdischen Leumund nicht wegen der Auswirkungen auf die Autorität des Christentums verteidigten, sondern aus dem wahren Geist der Aufklärung heraus, den Voltaire im Fall der Juden verriet. Gotthold Ephraim Lessing zum Beispiel, die große Persönlichkeit der Aufklärung, der ein enger Freund von Moses Mendelssohn war, schrieb sein Stück *Nathan der Weise*, um für gleichberechtigten Status für Christen, Juden und Muslime zu plädieren. Montesquieu, der berühmte Autor von *L'esprit des loi* (Vom Geist der Gesetze), behandelte Juden und Judentum mit Objektivität und Anstand. Jean Jacques Rousseau, der Autor von *Vom Gesellschaftsvertrag oder Prinzipien des Staatsrechts*, mit dem Voltaire stritt, war ein Bewunderer des Judentums. Hier sind seine Bemerkungen zur historischen Bilanz des Judentums:

> Was für ein wunderbarer und wahrhaft einzigartiger Anblick ist es, ein ausgebürgertes Volk zu sehen, das seit fast zweitausend Jahren kein eigens Land besitzt, ein Volk, verändert, unterjocht, vermischt mit Fremden über einen noch längeren Zeitraum, vielleicht ohne einen einzigen Nachkommen der ursprünglichen Rasse. Ein Volk, verbreitet, über die Erde verstreut, versklavt, verfolgt, von allen Völkern verachtet, das dennoch seine Bräuche bewahrt, seine Gesetze, seine Sitten, seine Liebe zum Land und seine erste gesellschaftliche Bindung, wenn alle Bande zerbrochen erscheinen – das zerstörte Zion hat seine Kinder nicht verloren. Sie erhalten sich, sie mehren sich, sie sind über die Welt verstreut und dennoch erkennen sie einander noch. Sie mischen sich unter alle Völker, aber sie verschmelzen nie mit ihnen. Sie haben keine Führer mehr und sind dennoch ein Volk. Sie haben kein Vaterland mehr und bleiben doch seine Bürger.
>
> Wie groß muss die Kraft eines Gesetzgebers sein, der fähig ist, solche Wunder zu wirken, fähig, den Eroberungen, den Zerstreuungen, den Revolutionen, den Jahrhunderten zu trotzen, fähig, die Bräuche,

> Gesetze und die Herrschaft aller Völker zu überdauern – eine Gesetzgebung, die, wegen aller Prüfungen, die sie bestanden hat, verspricht, alles zu bestehen, die Wechselfälle des Menschenloses zu überwinden und so lange wie die Welt zu währen. Der Jude und der Christ sind sich einig, hierin den Finger Gottes zu erkennen, der dem einen zufolge sein Volk erhält und dem anderen zufolge es bestraft. Aber jeder, wer es auch sei, muss hierin ein einzigartiges Wunder erkennen, dessen Ursachen, göttliche oder menschliche, das Studium und Erstaunen der Weisen mehr als alles verdienen, was uns Griechenland und Rom Bewundernswertes an politischen Institutionen und menschlichen Einrichtungen zu bieten haben.[5]

Dies ist eine wunderbare Aussage, weil Rousseau hier nicht nur seine Unabhängigkeit vom Antisemitismus der Aufklärung im Sinne Voltaires zeigt, sondern auch von der allgemeinen Richtung des liberalen Denkens der Aufklärung, das für die Emanzipation der Juden war, aber nur unter der Bedingung, dass sie ihre Bindung an ihre angeblich fehlerhafte und altmodische Tradition aufgäben. Rousseau bemerkt, dass die Juden eine eigene Gemeinschaft haben, die auf einer unverwechselbaren Einstellung zum Leben beruht, verkörpert in einem Rechtskodex, und dass jede Emanzipation, die den Namen verdient, diese Gemeinschaft und ihren Kodex anerkennen und respektieren muss. Rousseau gibt die christliche antinomistische Tradition auf, die das Gesetz als wesenhaft restriktiv und grausam betrachtet (die Haltung, die Porzias Rede in *Der Kaufmann von Venedig* durchdringt), und er rückt in seiner Idee von Gesellschaft Gesetz und Verfassung in den Mittelpunkt seiner Theorie von der zivilisierten Gemeinschaft: Dies veranlasst ihn, das Volk zu bewundern, das seine Ideen am besten veranschaulicht, die Juden. Er bemerkt sogar, dass dieses Gemeinschaftsgefühl nichts mit Rasse zu tun hat (weil er zu Recht die Juden als „vielleicht ohne einen einzigen Nachkommen der ursprünglichen Rasse“ beschreibt), aber sehr viel mit dem Gesellschaftsvertrag oder Bund, der auf dem Berg Sinai geschlossen wurde, zu tun hat. Rousseau widerlegt somit prophetisch die rassistischen Theorien, die später im 19. Jahrhundert aufkommen würden und die Leiden der Juden verlängerten und steigerten und ihre mittelalterliche Stigmatisierung als Verkörperung des Bösen fortsetzten. Sogar ein Aspekt des Zionismus findet sich in Rousseaus Bemerkungen, denn er bezieht sich auf die Liebe der Juden zu ihrem Land, wenn er sagt: „Sie haben kein Vaterland mehr und bleiben dennoch seine Bürger.“ Dies war, bevor der politische Zionismus überhaupt begonnen hatte, und überspringt die gesamte Richtung aufgeklärten Denkens, das alle Formen von Nationalismus als veraltet verurteilte.

Rousseaus Denken verknüpft sich dagegen mit der romantischen Bewegung des späteren 18. und frühen 19. Jahrhunderts mit Denkern wie Herder und Goethe, für die Nationalgefühl oder Patriotismus oder Volksidentität eine wiederbelebende Kraft war, obgleich auch diese Richtung ihre Tücken hatte, denn sie konnte leicht in Rassismus umschlagen.

Rousseaus Haltung jedoch fasst alles zusammen, was gut an der Aufklärung war, während Voltaires Hass und Verachtung alle Enttäuschungen ahnen lässt, die die moderne Welt mit all ihren Verheißungen von Vernunft und Universalität den Juden bringen würde. Voltaire symbolisiert das Versagen der modernen Welt, die mörderischen antisemitischen Fantasien des Mittelalters zu überwinden. Schlimmer noch, er deutet die Art und Weise an, wie ehrgeizige und besessene Individuen aus dem Reservoir an Hass schöpfen konnten, um sich die Unterstützung der Massen zu sichern.

Voltaire sprach sich nie für Gewalt gegen die Juden aus wie Luther vor ihm und Hitler nach ihm. Aber seine bittere Verachtung für die Juden und ihre Rolle in der Geschichte hatte Auswirkungen weit über intellektuelle Kreise hinaus und muss als einer der vielen Faktoren in der langen Vorbereitung des Holocausts betrachtet werden.

Anmerkungen

1 Arthur Hertzberg, *The French Enlightenment and the Jews*, New York und London 1968, Kap. IX.

2 d'Holbach, *L'esprit du Judaïsme, ou examen raisonné de la loi de Moyse, et de son influence sur la religion chretienne*, London, S. 171–173. Dieses Werk ist manchmal Anthony Collins zugeschrieben worden, dem englischen Deisten. Tatsächlich ist es ein Elaborat, in dem die Ausdrucksweise von Holbach und möglicherweise von Diderot erkennbar ist.

3 Ebd., S. 69.

4 Antoine Guénée, *Lettres de quelques juifs portugais et allemands*, 2. Aufl., II, 44, N. 1, Paris 1769.

5 Jean-Jacques Rousseau, „Des Juifs", *Œuvres Complètes*, III, Paris, S. 499.

Kapitel 5

Karl Marx (1818–1883)

Bei Karl Marx kommen wir zum Thema des jüdischen Selbsthasses. Dies ist ein Phänomen, das besonders zum Zeitalter der Aufklärung gehört. Vor dieser Epoche sahen die Juden sich im Licht ihrer eigenen Tradition. Sie definierten sich als Volk und religiöse Gemeinschaft, die aus dem eigenen Land vertrieben worden waren und in den Ländern, in denen sie als Fremde und Gäste lebten, Unterdrückung erlitten. Nach der Aufklärung jedoch begannen die Juden, sich als Bürger der Welt zu sehen, die ihre Treuepflicht nur auf die Nation bezogen, in der sie sich zufällig befanden.

Unter diesen Umständen wurden die überkommenen Züge nationaler und religiöser Identität von einer spezifisch jüdischen Art zu einer Belastung und Nebensächlichkeit. Solche Relikte wurden tatsächlich hassenswert, und im Bemühen, sie abzuschütteln, wurden sie in einer Weise beschrieben, die in christlichen Kreisen üblich geworden war. Das heißt, Juden, die nicht wünschten, Juden zu sein, legten sich Haltungen gegenüber dem Judentum und anderen Juden zu, die antisemitisch in der Gesellschaft waren, in der sie so sehnsüchtig aufgehen wollten. Um sich in der breiteren Gesellschaft als wahre aufgeklärte Bürger zu qualifizieren, wurde es notwendig, die Juden zu verleumden, und die Materialien für die Verleumdung waren zur Hand in Gestalt der traditionellen christlichen Dämonisierung der Juden als Wucherer und Materialisten. Ein Jude konnte seine Eignung für den aufgeklärten Status nachweisen, indem er die Juden noch schlimmer schmähte, als es seine christlichen Mitbürger zu tun gewohnt waren. Der Antisemitismus jüdischer Selbsthasser erreichte oft eine hysterische Stimmlage, die aus dem Versuch entstand, alle verbleibenden Spuren jüdischer Identität abzuleugnen. Somit ist der jüdische Selbsthass ein weiterer Ausdruck des negativen Erscheinungsbilds der Juden, das im Mittelalter aus dem Mythos von den Juden als Christusmörder entstanden war. Jüdischer Selbsthass stellt einen Teil der Geschichte des christlichen Antisemitismus dar. Man muss damit rechnen, dass eine Gruppe inmitten einer Gesellschaft, die ihnen eine verachtete Rolle zuweist, dieses negative Bild bis zu einem gewissen Grad durch einen Prozess der Introjektion übernehmen wird. Bemerkenswert allerdings ist, dass die Juden des Mittelalters so wenig unter Selbsthass und Selbstverachtung litten. Wir finden Selbsthass bei Juden (wie etwa bei den vom Glauben abgefallenen Juden, die die Führung in den Disputationen übernahmen, indem sie das Judentum angriffen), aber im Allgemeinen war die jüdische Kultur so stark, dass die Juden ihre Selbstachtung auch unter den menschenunwürdigsten Umständen wahrten. Aber später, als die jüdische Kultur selbst als rückständig und primitiv im Vergleich mit den Idealen einer aufgeklärten fortschrittlichen Gesellschaft dargestellt wurde, war es leicht für einen Juden, der unbedingt in die Moderne eintreten wollte, die Abwertung des Judentums und der jüdischen Rolle in der Geschichte als Fortschritt zu betrachten. Nicht so leicht war es, zu erkennen, dass dies alles andere als ein Ausdruck von Modernismus war; vielmehr war es ein Sieg der Stereotypen vom Juden und Judentum, die sie selbst vom Mittelalter übernommen hatten. Der jüdische Selbsthasser war stolz auf seinen Modernismus, dabei war seine Bewertung der Jüdischkeit ein Rückfall in den Geist des Mittelalters.

Für diesen Prozess ist der Antisemitismus von Karl Marx ein gutes Beispiel. Er stammte aus einer Familie, die fest entschlossen war, die den Juden durch die Aufklärung gebotenen neuen Möglichkeiten umfassend zu nutzen, selbst auf Kosten der Aufgabe ihrer jüdischen Identität. Seine Eltern (beide aus rabbinischen Familien) traten 1816 zum protestantischen Christentum über, um den antijüdischen Gesetzen zu entgehen, die nach der Niederlage Napoleons wieder eingeführt wurden. Karl Marx' Vater Heinrich Marx aus Trier hieß ursprünglich Hirschel Halevi, Nachkomme einer langen Reihe von Rabbinern. Er war ein erfolgreicher Jurist, der während der napoleonischen Reformen Richter wurde, dessen Stellung aber mit dem Anbruch der Reaktion gefährdet war. Er trat deshalb zum protestantischen Christentum über, obwohl die Region überwiegend katholisch war (dies, so könnte man argumentieren, war ein letzter kläglicher Versuch, seinen Minderheitenstatus zu wahren). Karl wurde mit sechs Jahren 1824 getauft und christlich erzogen; tatsächlich war er in seinen frühen Jugendjahren ein frommer Christ. Seine christliche Erziehung verhinderte jedoch nicht, dass er sein Leben lang als Jude betrachtet wurde, besonders von seinen Feinden, einschließlich seiner Gegner innerhalb der revolutionären Bewegung. Seine Gegner vom rechten Flügel schoben in der Tat alle Mängel des Marxismus auf das Judentum, wogegen sich Marx verwahrte. Karl Marx selbst war sich seines Judentums nur insofern bewusst, als er sich bemühte, sich davon zu distanzieren. Er gab sich nicht die geringste Mühe, sich mit der jüdischen Geschichte oder Kultur vertraut zu machen. Er war vielseitig gebildet und mit der ganzen Breite der Philosophie, Geschichte und Naturwissenschaft vertraut; die eine totale Lücke in seinem Wissen war das Judentum. Selbst diese Unwissenheit, bei einer so wissbegierigen Person, war Beweis für seinen Selbsthass.

Marx' früher Antisemitismus kommt in seinem Artikel „Zur Judenfrage" (1844) zum Ausdruck, den er als Kritik eines Buchs seines Freundes Bruno Bauer *Die Judenfrage* (1843) schrieb. Marx war bereits bekannt geworden im Kreis der Junghegelianer, die anders als Hegel selbst linke Gegner von Kirche und Staat in Preußen waren, nämlich Atheisten und Radikale. Marx wurde Redakteur, später Chefredakteur, der *Rheinischen Zeitung*,[1] einer liberalen Zeitung, wo er liberale Maßnahmen unterstützte, darunter die Emanzipation der Juden.

Bruno Bauer dagegen sprach sich in seinem Buch über die Judenfrage gegen den liberalen Standpunkt aus, der die Emanzipation der Juden vorsah. Sein Argument war, dass die jüdische Emanzipation nichts bedeuten würde, solange der preußische Staat christlich bliebe. Was gebraucht würde, sei eine Emanzipation vom Christentum, dann würden die Juden samt ihren Mitbürgern emanzipiert. Zuerst jedoch befürwortete er die Konversion der Juden zum Christentum, da dies eine notwendige Etappe auf dem Weg zu Atheismus und Freiheit sei. Das Judentum, behauptete er, sei so primitiv, dass Juden nicht unmittelbar Freiheit erlangen könnten, ohne dieses Zwischenstadium zu durchlaufen. Diese Vorstellung von notwendigen Etappen auf dem Weg zur Freiheit war natürlich von Hegel abgeleitet und spielte später eine wichtige Rolle in Karl Marx' eigener Theorie. Die Schlussfolgerung aus Bauers Argument war, dass Juden, wenn sie endlich die Emanzipation erreicht hätten, aufhören würden, Juden zu sein, und folglich keine andere Form von Emanzipation mehr brauchten. Marx' Kritik von Bauer gründete ganz und gar nicht auf einer kritischen Haltung zu Bauers Bewertung des Judentums. Vielmehr argumentierte Marx, dass Bauer sich geirrt habe, als er dem Judentum überhaupt einen Platz auf der Leiter der Spiritualität zugewiesen habe. Er verwarf Bauers hegelianisches Schema, wonach das Judentum vom Christentum übertroffen wird, das wiederum vom Atheismus übertroffen wird. Dagegen behauptet Marx, das Christentum selbst sei eine Form des Judentums und beide seien bar jedes spirituellen Gehalts. Das Christentum mochte einst eine Verbesserung gegenüber dem Judentum gewesen sein, aber in der Neuzeit sei es in den Zustand des Judentums zurückgesunken, der bloß eine Verehrung des Geldes sei. Marx sieht in der vom Handelsgeist beherrschten modernen Welt den Triumph des Judentums, das er als Pseudoreligion bezeichnet, deren Gott das Geld sei. Hier sehen wir das Erbe von Voltaire, dessen Angriff auf das Christentum auf seine Verbindung zum Judentum zielte. Genauso wie Voltaire eine lange Geschichte der Verachtung für das Judentum übernehmen und diese Geschichte in seinem Angriff auf das Christentum verwenden konnte, so konnte Marx, der die im traditionellen Christentum gängige Beurteilung des Judentums übernahm, die christliche Gesellschaft seiner Zeit anklagen, indem er die schlimmste Beleidigung auf sie anwandte, die er sich denken konnte – dass sie rettungslos jüdisch sei.

Mit seiner Kritik glaubte Marx, die Diskussion wieder auf den Boden der Tatsachen zurückzubringen. Während Bauer dem Judentum einen Platz auf der Leiter der Spiritualität zugewiesen hatte, wenngleich einen niedrigen, lenkte Marx die Aufmerksamkeit auf die raue Realität des Handelsgeistes seiner Zeit. Hier ist ein Vorgeschmack auf Marx' spätere Umkehrung des Hegelianismus, womit er die Kategorien des Geistes verwarf, die sich im Konflikt der Ideen entwickeln, und an deren Stelle den Konflikt der ökonomischen Kräfte setzte. Aber in seinem Gedankengang wird die brutale Kraft des Kommerzialismus mit einem Volk identifiziert, den Juden, die er als marktbeherrschend sah und losgelöst von jeglichem Konzept menschlicher Befreiung von ökonomischer Notwendigkeit. Er schreibt:

> Welches ist der weltliche Grund des Judentums? Das praktische Bedürfnis, der Eigennutz. Welches ist der weltliche Kultus der Juden? Der Schacher. Welches ist sein weltlicher Gott? Das Geld. Nun wohl! Die Emanzipation vom Schacher und vom Geld, also vom praktischen, realen Judentum wäre die Selbstemanzipation unserer Zeit.[2]

Wie andere antisemitische Denker seiner Zeit war Marx fasziniert von der Existenz einiger reicher Juden, wie zum Beispiel der Rothschilds, und blind gegenüber der Existenz der jüdischen Massen, die unter Unterdrückung und Armut litten. Später gelang es ihm, die Tatsache zu ignorieren, dass sich jüdische Arbeiter aufgrund seiner eigenen Theorien der sozialistischen Bewegung anschlossen und sie sogar anführten. Dies widersprach allem, was er über die Juden gelehrt hatte. Die Juden, denen er als sozialistischen Führungsfiguren nicht aus dem Weg gehen konnte, Ferdinand Lassalle und Moses Hess, überschüttete er mit lächerlichen und antisemitischen Sticheleien; die Tatsache, dass sie Juden waren, wurde nur als peinliche Besonderheit betrachtet. Seine eigene Jüdischkeit war zu peinlich, um auch nur erwähnt zu werden. Den Gedanken, dass sein eigener Idealismus, seine Sorge um soziale Gerechtigkeit und seine messianische Vision von einer besseren Welt möglicherweise seiner jüdischen Herkunft zu verdanken waren, hätte er höhnisch von sich gewiesen, zumindest in dieser Phase seines Lebens.

Einige Verteidiger haben argumentiert, Marx' Verleumdung der Juden in seinem Artikel sei eher abstrakt. Er verurteile die Juden nicht als solche, sondern die Prinzipien des eigennützigen Materialismus, für den die Juden das Symbol seien. Selbst Nichtjuden, die diese Prinzipien teilen, würden von Marx als Juden ehrenhalber charakterisiert. „Aus ihren eignen Eingeweiden erzeugt die bürgerliche Gesellschaft fortwährend den Juden." Tatsächlich werde die ganze christliche Gesellschaft als jüdisch verurteilt und somit die Juden nicht als einzige Vertreter eines eigennützigen Materialismus und der Verehrung des Geldes herausgegriffen.

Diese Verteidigung von Marx (die in anderen Zusammenhängen Parallelen hat) hilft nicht weiter. Jeder, der die Juden als Maßstab des Bösen nimmt, ist antisemitisch. Die Aussage, dass Marx den bürgerlichen Materialismus insgesamt verurteilt, entschärft seinen Angriff auf die Juden nicht; denn er sagt nichts anderes, als dass viele Christen genauso schlecht sind wie Juden und deshalb die höchste Beleidigung verdienen, nämlich als Juden bezeichnet zu werden. Marx arbeitet mit dem Begriff „Juden" als einem Symbol für alles Böse; er verwendet das aus dem Mittelalter hergeleitete Stereotyp vom Juden als Wucherer und unbarmherzigen Materialisten, ein Bild, das vom Ausschluss der Juden von allen ehrbaren Berufen durch die Christen herrührte. Da Marx von der jüdischen Geschichte nichts wusste, akzeptierte er fraglos, dass die Juden sich im Mittelalter tatsächlich für die Tätigkeit als Wucherer entschieden hatten und dass dies seit Menschengedenken ihr Beruf gewesen war.

Es mag überraschen, dass Marx in dieser Phase seiner Laufbahn die Juden als Erzmaterialisten stigmatisierte; doch in einer späteren Phase übernahm er selbst den Materialismus als seine Philosophie, die er als „dialektischen Materialismus" bezeichnete. Dieser Widerspruch ist wichtig, um zu verstehen, wie Marx' Haltung gegenüber den Juden Veränderungen erfuhr.

Es lassen sich Argumente dafür liefern, dass Karl Marx' Antisemitismus nur für die frühe Phase seiner Laufbahn charakteristisch war. Sicherlich drückte er nur in seinen frühen Jahren, bevor er die für den Marxismus bezeichnenden Ansichten ausarbeitete, seine verallgemeinerte Feindseligkeit gegenüber Juden und dem Judentum in seinen Werken aus. Später beschränkte er seine Antipathie auf private Briefe und Gespräche. Es fand durchaus eine Veränderung statt, aber von welcher Art diese Veränderung war, bleibt zu erforschen. Es hat in jüngerer Zeit eine intellektuelle Mode gegeben, den jüngeren Marx zu rühmen, zum Nachteil des älteren Marx, mit der Begründung, der jüngere Marx sei idealistischer gewesen und habe eine positivere und bestimmtere Ansicht von den Möglichkeiten der menschlichen Natur gehabt, wenn sie erst von den bürgerlichen Werten befreit sei. In diesen Diskussionen wurde nicht erwähnt, dass Marx' früher Idealismus mit einem aggressiven Antisemitismus verbunden war.

Marx sah sich im Konflikt mit bestimmten sozialistischen Gruppen (unter Führern wie Fourier, Toussenel, Proudhon, Bakunin und Pierre Leroux), die Antisemitismus als ihre zentrale Doktrin angenommen hatten. Diese Gruppen wurden von Marx als „utopisch" bezeichnet, weil sie glaubten, die Abschaffung der Bourgeoisie, identifiziert mit den Juden, werde das Zeitalter menschlicher Emanzipation und Freiheit von Entfremdung herbeiführen. In Marx' Denken, wie es sich nach 1845 entwickelte, war diese Doktrin jedoch oberflächlich. Er sah die kapitalistische Klasse nicht als Übel, sondern als Erfüller einer notwendigen Funktion in der Entstehung des Klassenkampfes. Er hielt Versuche, die Entwicklung des Kapitalismus in einer Gesellschaft zu verhindern, für unvernünftig, weil es ohne Kapitalismus keinen Kommunismus geben könne. Kapitalismus führte zum Wachstum eines Arbeiterproletariats; ein Land ohne Kapitalismus ließ nie ein Proletariat entstehen; und die Zukunft lag bei dieser neuen Klasse, dem Proletariat, das schließlich die Revolution herbeiführen würde. Diese Theorie (gestützt auf das dialektische Schema des Hegelianismus) führte zu einer gewissen Modifizierung in Marx' Haltung gegenüber den Juden. Die utopischen antisemitischen Bewegungen wandelten sich in seinem Denken zum „Sozialismus des dummen Kerls". Doch seine eigenen Ansichten, wie er sie in seinem frühen Essay „Zur Judenfrage" ausdrückte, waren in der Tat ein Ausdruck des „Sozialismus des dummen Kerls".[3]

Die uneingeschränkte Verurteilung des Bürgertums wurde durch eine Lehre ersetzt, in der das Bürgertum eine wesentliche Rolle in der Geschichte spielte, obwohl es das Schicksal dieser Rolle war, durch den Triumph der Arbeiterklasse und die Einführung des Kommunismus ersetzt zu werden. Folglich musste Marx seine Haltung gegenüber den Juden verändern und konnte seine Vorstellung vom Bürgertum nicht mehr mit dem traditionellen dämonisierenden Antisemitismus verquicken. Das heißt, er konnte nicht mehr antisemitische Strömungen in der Gesellschaft als nützliches politisches Werkzeug für seinen Kampf heranziehen. Antisemitismus wurde zu stark mit seinen politischen Feinden identifiziert, nicht nur mit seinen Feinden auf der Linken wie den Utopisten Bakunin und Proudhon, sondern, wichtiger noch, seinen Feinden auf der Rechten, den Anhängern der Aristokratie und der Kirche, für die Antisemitismus eine mächtige Waffe und ein verlässliches Mittel des Werbens um allgemeine Unterstützung war.

Dies bedeutete freilich nicht, dass Marx' Vorstellung von den Juden irgendwelche positiven Züge annahm. Sie standen nun nur viel weniger im Mittelpunkt seiner Kampagne, blieben aber eine höchst unangenehme und rückschrittliche Gruppe, dazu bestimmt, zu ihrem eigenen Wohl und dem der Welt aus der Geschichte zu verschwinden. Marx sah die Juden nicht als Volk oder gar als Religion, sondern als eine ökonomische Unterklasse des Kapitalismus, allein durch ihre schändliche ökonomische Rolle definiert. Seine persönliche Einstellung zu einzelnen Juden erfuhr sogar eine Verschlechterung; sein Antisemitismus wurde zur bloß vulgären Judäophobie, die sich in rassistischen Bemerkungen bekundete, zum Beispiel seine Beschreibung Ferdinand Lassalles, seines begabten und heldenhaften Rivalen in sozialistischen Kreisen, als „jüdischer Nigger“, wobei er mutmaßte, er stamme von den Schwarzen ab, die sich Mose auf seiner Flucht aus Ägypten angeschlossen hätten. Marx' berühmter Freund und Mitarbeiter, Friedrich Engels, folgte ihm in dieser Art scherzhafter Rede, indem er Lassalle „Baron Itzig“ nannte und (in einem Brief an Marx) als „schmierigen Juden“, mit „allerlei Pomade und Schminke“ übertüncht, beschrieb.

Zugunsten von Engels muss allerdings gesagt werden, dass er sich schließlich völlig von seinem Antisemitismus emanzipierte, zumindest auf der persönlichen Ebene. Nach Marx' Tod 1883 engagierte er sich in der jüdischen Arbeiterbewegung in England und bewunderte sie sehr. Er bekämpfte Antisemitismus und äußerte sich sehr anerkennend über linke jüdische Persönlichkeiten, die viel zur Entwicklung der sozialistischen Bewegung beigetragen hatten.

Marx selbst jedoch änderte nie seine Definition der Juden als im Wesentlichen bürgerlich und kapitalistisch. Seine Charakterisierung der Juden als ökonomische Klasse statt als Volk oder Religion hatte unheilvolle Auswirkungen in der späteren kommunistischen Geschichte. In der

Sowjetunion, wo der dogmatische Universalismus Platz machte für die Anerkennung des nationalen und ethischen Status, blieben nur die Juden ausgeschlossen. Die Organisation der jüdischen Arbeiter, der *Bund*, wurde aus der Kommunistischen Internationalen ausgestoßen, vor allem durch Julius Martow, den jüdischen Freund Lenins. Martow war zunächst einer der Gründer und Führer des *Bundes* gewesen. Die Ausstoßung des *Bundes* führte zu Martows eigenem Sturz, als er schließlich 1903 mit Lenin zusammenstieß. Der Triumph des fanatischen Bolschewismus über den gemäßigten demokratischen Menschewismus, den Martow unterstützte, wäre vielleicht nie geschehen, wenn Martow die Unterstützung der Bundisten, die er verriet, beibehalten hätte. Somit spielte die Leugnung einer jüdischen ethnischen Identität eine wichtige Rolle im Triumph des Extremismus. Auch der Zionismus wurde von den kommunistischen Theoretikern nie als eine Bewegung der nationalen Freiheit anerkannt, sondern als eine Facette des internationalen Kapitalismus und Imperialismus stigmatisiert.[4]

Es gibt jedoch einige Hinweise, dass Marx, gegen Ende seines Lebens und zu spät, um spätere kommunistische Einstellungen noch zu beeinflussen, eine gewisse Anerkennung zeigte, dass das Judentum mehr war als eine ökonomische Unterklasse und dass es einen gewissen Beitrag zum geistigen Fortschritt der Welt geleistet hatte. Er empfahl seiner Tochter Eleanor, die hebräischen Propheten zu studieren, die er als Pioniere der Idee der sozialen Gerechtigkeit bezeichnete.[5] Ob er jemals erkannte, dass diese Idee nicht nur die Propheten durchdringt, sondern auch die gesetzlichen Abschnitte der Bibel und des Talmud, muss Spekulation bleiben.

Ein Vorfall in Marx' späterem Leben deutet eine mögliche Veränderung der Einstellung an. Dies war seine Begegnung mit dem bedeutenden jüdischen Historiker Heinrich Graetz, der das klassische Werk *Geschichte der Juden* schrieb. In den 1870er Jahren reiste Marx mehrmals zur Kur nach Karlsbad, eine ziemlich bürgerliche Angelegenheit. Dort lernte er viele jüdische Gelehrte, Ärzte und Geschäftsleute kennen, deren Gesellschaft er anscheinend sehr schätzte. Am bedeutsamsten war, dass er Heinrich Graetz kennenlernte und sich mit ihm anfreundete, der von allen der kompetenteste war, ihn über die Geschichte der Juden als nationaler und kultureller Einheit statt als bloßer ökonomischer Unterklasse zu informieren und zu belehren. Wir wissen nicht, welche Art Konversation zwischen den zwei Männern stattfand, was wir aber wissen, ist, dass sie 1877 miteinander korrespondierten. Marx schickte ein Exemplar seines Werks *Das Kapital* als Geschenk an Graetz. Darauf antwortete ihm Graetz, um sich zu bedanken, und überlegte, welche eigene Schrift er Marx senden sollte.

„Der Inhalt meiner 12 Bände Geschichte der Juden liegt weit, weit außerhalb Ihres Horizonts. Vielleicht wäre mein Werk über den Prediger Salomo mehr nach Ihrem Geschmack.“ Dies ist ein Hinweis auf Graetz' Werk über das biblische Buch Kohelet, ein Text, der manchmal zynisch irdische und weltliche Gefühle auszudrücken scheint, z. B. „Da pries ich die Freude; denn es gibt für den Menschen kein Glück unter der Sonne, es sei denn, er isst und trinkt und freut sich“ (8, 15). Vielleicht glaubte Graetz, irgendein Aspekt jüdischer Studien, der fern von der konventionellen Religion zu sein schien, wäre nach Marx' Geschmack. Dennoch muss es eine Art Schock für Marx gewesen sein, in Karlsbad Juden wie Graetz anzutreffen, die ganz und gar nicht in sein Bild von den Juden als ordinäre Geldraffer passten.

Marx' Dilemma als emanzipierter Jude, der gegen seine eigene Herkunft kämpft, entspricht bis zu einem gewissen Grad dem Fall Heinrich Heine, dem großen deutsch-jüdischen Dichter. Tatsächlich kannte Marx Heine gut und besuchte ihn mehrmals in Paris, wo sie lange Gespräche führten, deren Inhalt leider nicht überliefert ist. Heine war ein Jude, der 1825 freiwillig zum Christentum konvertierte, als Erwachsener im Unterschied zu Marx, der in früher Kindheit getauft wurde und nie etwas über jüdische Religion und jüdisches Gemeindeleben wusste. Heine wahrte nostalgische Gefühle für sein verlorenes Judentum. Er akzeptierte sein Christentum nie als etwas anderes als (wie er es ausdrückte) „das Entre Billet zur Europäischen Kultur“. Sein Übertritt, den er später bitter bereute, war ein zynischer Karriereschritt, der ihm die Promotion zum Doktor der Rechte ermöglichte. Dies führte nicht einmal zum Erfolg, denn er praktizierte nie als Rechtsanwalt.[6]

Heine wurde von der Aufklärung enttäuscht, da er bemerkte, dass sie Juden zwar berufliche Möglichkeiten gewährte, aber nichts tat, um den Antisemitismus zu verringern, ja in mancher Hinsicht sogar verstärkte. Den gleichen Zyklus von Begeisterung und Enttäuschung erlebte in noch heftigerer Form Moses Hess, der ein Freund und Kollege von Karl Marx war. Diese außergewöhnliche Persönlichkeit (von Marx zu Unrecht gelegentlich verspottet) spielte eine große Rolle bei der Gründung sowohl des Kommunismus als auch des Zionismus. In seinen Anfängen wertete er das Judentum fast genauso sehr wie Marx ab, wechselte aber später zu einer rückhaltlosen Unterstützung des Judentums als des Ursprungs aller Ideen von sozialer Gerechtigkeit einschließlich des Kommunismus. Hess kündigte an, das Judentum zukünftig wieder zu praktizieren. Er beteuerte die nationale Identität der Juden, den Wert ihrer nationalen und religiösen Kultur und der Gültigkeit ihres Anspruchs auf das Land Israel, der sich auf ihre anhaltende Loyalität gegenüber ihrer angestammten Heimat durch die Jahrhunderte gründete. Hess, der einer der Gründer des Kommunismus gewesen war, wurde der Gründer des Zionismus. Moses Hess war wie Marx den enormen Belastungen des Konflikts zwischen dem Vernunftglauben der Aufklärung und jüdischen Loyalitäten unterworfen, gelangte aber am Ende zu einer ganz anderen Schlussfolgerung.

Marx, so könnte man sagen, gehörte im Wesentlichen zu der frühesten Schicht der Aufklärung, die einen dogmatischen Universalismus behauptete und alle loyalen Bindungen an individuelle Kultur, Traditionen oder nationale Gruppierungen als unvernünftig verwarf. Hess dagegen gehörte zur romantischen Reaktion auf die Aufklärung, die, wie wir in einem früheren Kapitel gesehen haben, zuerst von Rousseau angekündigt und besonders von Herder entwickelt worden war. Doch Marx entging diesem Trend nicht völlig, denn er sah Geschichte tatsächlich in Form von kommunalen Gruppierungen anstatt in Form von Individuen, die eine weltweite Bürgerschaft bilden. Aber anstatt Völker oder Religionen als eigentlichen Mittelpunkt der Loyalität zu sehen, verstand Marx Geschichte als die Bühne für Klassenkampf. Er wollte nationale oder patriotische Loyalitäten austreiben und durch Loyalität für die Arbeiterklasse ersetzen, den Träger des nächsten und vielleicht letzten Stadiums in der Ausarbeitung der Bestimmung des Menschen. Im Rahmen dieses exorzistischen Programms wurden alle nationalen Loyalitäten als illusorisch angeprangert, als bloße Propagandaübung des aufsteigenden, aber letztlich todgeweihten Bürgertums, das versucht, die Arbeiterklasse durch Tricks gefügig zu machen. Das Hauptopfer in dieser Dekonstruktion des Patriotismus war das Judentum, das ein Paradebeispiel für die Ideologie einer nationalen Gruppierung war – und zwar einer, die so stark und geschlossen war, unterstützt vom ein Zusammenwirken von heiliger Literatur und Ritual, dass sie sogar den Verlust ihrer territorialen Basis überdauert hatte. Die spirituellen Ansprüche der jüdischen Identität zu entzaubern bedeutete, das Wesen nationaler Identität überall zu zerstören. Für Marx lief, wie sein jugendlicher Essay zeigt, die Entzauberung des Judentums auf die Entzauberung aller bürgerlichen Ideologien hinaus.

Keine Voraussage ist so gründlich widerlegt worden wie die aufklärerische Erwartung des Absterbens nationaler Identitäten, selbst in ihrer marxistischen Form der Ablösung durch Klassenloyalitäten. Tatsächlich ist die Geschichte des 19. und 20. Jahrhunderts von der Stärkung der nationalen Identität geprägt. Der Zionismus ist nur eine der Bewegungen, die versucht haben, das Nationalgefühl neu zu beleben. Jede Gruppe mit einer gemeinsamen Geschichte, vom walisischen Nationalismus bis zum palästinensischen Nationalismus, hat versucht, sich als Bezugspunkt für Stolz und Hoffnung Geltung zu verschaffen. Leider hat sich diese Tendenz auch in der falschen Form des Rassismus Geltung zu schaffen versucht. Der Rassismus der Nazis stammt aus der romantischen Reaktion auf den Universalismus der Aufklärung.

Moses Hess war keineswegs Rassist, aber er ließ sich von Marx nicht einhämmern, dass nationale Loyalitäten überholt seien. Ein ganz anderer Jude, Benjamin Disraeli, stand für eine entschieden individuelle Reaktion auf den Konflikt der Moderne mit dem Judentum, in dem er sich auch gegen die Abwertung der jüdischen Geschichte stemmte und die Gültigkeit einer jüdischen Identität beteuerte. Disraeli kann allerdings nicht völlig vom Rassismus freigesprochen werden.

Disraeli war kein so tiefgründiger Denker wie Marx, aber er verdient ein Lob für seine kühne und beherzte Reaktion auf Judenhetze, der Marx erlag und in die er sogar einstimmte. Disraeli hatte seine eigene Art von Klassentheorie, durch die er das anerkannte Bild von den Klassen auf den Kopf stellte. Marx tat dies, indem er die Arbeiterklasse zu Trägern der Zukunft erhöhte. Disraeli dagegen griff die existierende Klassenstruktur nicht im Mindesten an; niemand hatte mehr Verständnis für den Glanz des Adels. Seine einzige Veränderung war, dass er die Juden an die Spitze der Klassenstruktur anstatt auf die unterste Sprosse stellte, um den Juden den Glanz des Adels zu verleihen.

Disraeli war ein konvertierter Jude, der unter Berufung auf sein Christentum damit hätte rechnen können, vom Antisemitismus verschont zu bleiben. Aber als politischem Realisten war ihm durchaus klar, dass dieser Trick nicht funktionieren würde, weil nach verbreiteter Ansicht ein Jude immer ein Jude war. Tatsächlich wurde Disraeli in Zeitungskarikaturen und Artikeln stets als der archetypische Jude dargestellt. Disraelis geniale Idee war, daraus eine Tugend zu machen.

Die englische Aristokratie rühmte sich ihrer Abstammung von den normannischen Lords, die Wilhelm den Eroberer begleitet hatten. Disraeli wies darauf hin, dass diese Abstammungslinie nicht gerade weit zurückreichte, verglich man sie mit dem ehrfurchtgebietenden Stammbaum der Juden. Jeder jüdische Hausierer, betonte er, könne eine Herkunft geltend machen, die die englischen Lords in den Schatten stellte. „Als die Bewohner dieser Inseln“, sagte er in einer Rede im Parlament, „mit Färberwaid bemalte Wilde waren, hatten die Juden ihren König, ihren Hohepriester, ihren Tempel und ihre Giganten der Literatur.“ Leider entwickelte Disraeli diese Erkenntnis jedoch zu einer Doktrin der Rasse. Man könnte in ihm sogar einen Wegbereiter der rassistischen Theorien sehen, die später den Holocaust hervorbrachten. Indem er eine rassische Überlegenheit der Juden behauptete, verriet Disraeli genau genommen seine Unkenntnis vom Judentum, denn Juden haben ihre religiösen und politischen Ansprüche nie auf Rassenstolz gegründet. Im Lauf der jüdischen Geschichte sind unzählige Einzelpersonen und sogar ganze Völker zum Judentum übergetreten, und deshalb ist das „jüdische Blut", das Disraeli rühmte, tatsächlich in hohem Grad eine Mischung. Auch haben die Juden kein aristokratisches Vorrecht aufgrund ihrer alten und edlen Herkunft beansprucht. Vielmehr haben sie ihre Aufsteigerherkunft als eine Gruppe entflohener Sklaven betont, die eine neue und revolutionäre Nation im Gegensatz zu den alten Kulturen Ägyptens und Babyloniens gründeten. Disraelis Versuch, die Juden für seinen aristokratischen rassistischen Konservatismus zu gewinnen, war eine Verzerrung jüdischer Geschichte.

Man muss allerdings den Mut bewundern, mit dem Disraeli die englische Klassenstruktur herausforderte, in der die Juden die unterste Kaste bildeten. Ohne zu versuchen, die Klassenstruktur an sich zu untergraben, nutzte er tatsächlich ihre Mutmaßungen und Vorurteile, um die Juden auf den höchsten Gipfel der Aristokratie zu erheben. Darin mag ein Element der Schadenfreude gesteckt haben; Disraeli hatte Freude an Widersprüchen und machte gern den Wichtigtuern und Selbstzufriedenen das Leben schwer. Aber es war ihm so ernst, dass er seine politische Karriere gefährdete, als er 1847 die Gesetzesvorlage für die Zulassung von Juden zum Parlament entgegen den Wünschen seiner gesamten Partei unterstützte. Am wichtigsten war, dass er nicht in den Chor des Selbsthasses einstimmte. Obwohl er (oder vielmehr sein Vater) mit dem Übertritt zum Christentum die jüdische Bindung aufgegeben hatte, war er entschlossen, nicht zur Verachtung und Dämonisierung der Juden beizutragen, die (wie er selbst wiederholt und mit großer Klarheit betonte) aus dem finstersten Aberglauben des Mittelalters stammten und die immer noch die Juden in Gefahr brachte und sogar im sogenannten Zeitalter der Aufklärung ihre Unsicherheit erhöhte.

Karl Marx hätte sich mit viel größerer Berechtigung auf die Juden und ihre Geschichte als seine Inspiration berufen können. Er war das Ebenbild eines hebräischen Propheten in seinen Anklagen gegen soziale Ungerechtigkeit. Er war das Ebenbild sogar von Moses in seinem Wunsch, eine unterdrückte Klasse aus der Sklaverei in ein neues verheißenes Land klassenloser Freiheit zu führen. Die jüdischen Themen des Exodus und der messianischen Zukunft waren Marx' tägliche Beschäftigung. Doch alles, was er für Juden und das Judentum empfinden konnte, war eine Verachtung, die gerade aus dem System herrührte, das er zu überwinden suchte.

Es gibt kein schmerzlicheres Beispiel für die Macht des antisemitischen Mythos mit seiner Darstellung der Juden als Krebsgeschwür der Gesellschaft und als heimliche Manipulatoren eines Systems, dessen eigentliche Opfer sie in Wirklichkeit waren. Karl Marx glaubte, er sei der Schöpfer der Zukunft durch seinen neuen Mythos vom Sieg des Proletariats; aber in Bezug auf die Juden war er so leichtgläubig wie jeder mittelalterliche Judenhasser und selbst ein unkritischer Anhänger eines boshaften Mythos. Sein Antisemitismus trug Früchte in der Sowjetunion, wo Marx' Schüler Stalin als Judenhasser nur hinter Hitler zurückstand. Aber Marx' eigener Antisemitismus wurde nicht so sehr durch echten Hass als durch Beschämung verursacht, die Sehnsucht des emanzipierten Juden, dem Stigma zu entkommen, aus dem die Emanzipation ihn nicht zu befreien vermocht hatte.

Durch seinen Beitrag (zusammen mit anderen noch extremeren Linken) zum Überleben des extremen mittelalterlichen Antisemitismus verknüpfte Karl Marx den Kommunismus mit einem tief religiösen Element.

Anmerkungen

1 Er trat 1843 von diesem Posten zurück.
2 Marx-Engels-Werke, Bd. 1, Berlin 1976, S. 372.
3 Ein von August Bebel geprägter Ausdruck und sehr passend auf den linken Antisemitismus von heute.
4 Es ist wahr, dass es die Stimme der Sowjetunion zugunsten der Teilung 1947 war, die zur Gründung von Israel führte, aber dies war bloß ein taktischer Schritt gegen den Westen und unterbrach nicht die sowjetische Feindseligkeit gegen den Zionismus.
5 Karl Marx' Tochter Eleanor distanzierte sich vollständig vom Antisemitismus ihres Vaters. Sie identifizierte sich selbst als jüdisch und engagierte sich tatkräftig in jüdischen Arbeiteraktivitäten im East End von London. Sie bemühte sich sogar, Jiddisch zu lernen.
6 In seiner Motivation glich Heine einem anderen aufgeklärten Juden, Salomon Maimon, der sich um 1780 an einen christlichen Geistlichen wandte, um zu konvertieren, indem er diesem erklärte, er wolle dies „aus Vernunftgründen" tun. Um Erläuterung gebeten, sagte er, dass er als Jude Hunger leide und als Christ zu essen bekäme und der Schritt deshalb vernünftig sei. Der Geistliche warf ihn hinaus (Salomon Maimon: *Geschichte des eigenen Lebens*).

Kapitel 6

Friedrich Nietzsche (1844–1900)

Friedrich Nietzsche war ein bahnbrechender Denker, der auch heute noch Einfluss hat, trotz einer Zeit, während der er als Lieblingstheoretiker der Nazis in Misskredit geraten war. Er wurde als Vorgriff auf Freud gefeiert und er wird oft von Anhängern des Poststrukturalismus zitiert, als einer, der Systematisierung und Ansprüche auf intellektuelle Autorität als verborgene Schritte in einem Machtspiel sah. Seine Anhänger blenden die ihm unterstellte Bestätigung des Nazismus als Missverständnis aus, das weitgehend auf seine antisemitische Schwester Elisabeth zurückgehe, die seine Schriften herausgab und gefälschte Passagen einfügte.

Sicherlich lassen sich einige seiner Theorien als Befürwortung von Faschismus und Nazismus und Antisemitismus interpretieren; doch er selbst verachtete die antisemitischen präfaschistischen Strömungen seiner Zeit. Tatsächlich war er ein großer Bewunderer bestimmter Aspekte der jüdischen Kultur und Religion. Sein Denken war so komplex (oder widersprüchlich, würden manche sagen), dass es sehr schwierig ist, eine pauschale Aussage über ihn zu machen. Einige seiner Schriften waren den Nazis geradezu verhasst, und sie waren sehr selektiv, wenn sie ihn zitierten.

Nietzsche war der Sohn frommer protestantischer Eltern, die hofften, er würde in den Dienst der Kirche eintreten. Aber an der Universität gab er unter dem Einfluss der Schriften Schopenhauers seine religiösen Überzeugungen auf. Er war ein hervorragender Student und wurde mit nur 24

Jahren Professor der klassischen Philologie. Seine gründliche Kenntnis der griechischen Klassiker, besonders der vorsokratischen Philosophen, war die Grundlage seines späteren Denkens. Für Nietzsche begann die Fäulnis mit Sokrates, den er als den skeptischen, kleinlichen und moralistischen Zerstörer des Elans sah, mit dem die frühe griechische Philosophie das Universum mit Theorien bombardiert hatte. Er entwickelte ein Verständnis der griechischen Religion als Konflikt zwischen Apollon, dem Gott der Vernunft und Mäßigung, und Dionysos, dem Gott der Inspiration und uneigennützigen Begeisterung, und Nietzsche entschied sich für die Seite von Dionysos – obwohl er auch das Bedürfnis für Apollon nie abstritt. Er stellte den Wahnsinn nicht auf eine höhere Ebene, wie manche Kritiker behauptet haben; seine spätere Geisteskrankheit wurde nicht durch seine Philosophie ausgelöst, sondern durch Syphilis. In seinem ganzen Denken legte Nietzsche bei der Bewertung von Religionen und Philosophien als seinen Maßstab zugrunde, ob sie lebensbejahend sind oder nicht, ob sie die Möglichkeiten des Lebens mehrten oder einschränkten.

Nietzsches Ansatz in der Altphilologie machte ihn bei seinen Kollegen (besonders dem höchst geachteten Ulrich von Wilamowitz) an der Universität Basel nicht beliebt. Nietzsches erstes Buch, *Die Geburt der Tragödie*, erschienen, als er 26 Jahre alt war, wurde von damaligen Wissenschaftlern verurteilt. Doch gewann sein Werk in den Altertumswissenschaften später an Einfluss. Altphilologen wie Sir James Frazer, F. M. Cornford, Jane Harrison und Gilbert Murray folgten ihm, indem sie die ekstatischen, primitiveren Elemente in der griechischen Religion und im Drama hervorhoben.

Isoliert in der akademischen Welt, fand Nietzsche Trost in seiner Freundschaft mit Richard Wagner, dessen Talent und Ehrgeiz er anfangs bewunderte. Die zwei Männer waren sich einig in ihrer Geringschätzung der bürgerlichen Gesellschaft und in ihrer Liebe zum ungezähmten Geist der antiken Welt. Wagner'sche Ideen fallen in Nietzsches frühen Schriften auf, auch antisemitische Vorurteile. In dieser Lebensphase verurteilte Nietzsche zum Beispiel die Schriften Heinrich Heines als unredlich und undeutsch, die Werke eines Juden, der germanischen Stil nur nachäffte. Hier betete Nietzsche den antisemitischen Ansatz Wagners nach, der in seinem Buch *Das Judentum in der Musik* (1850) das Werk der deutsch-jüdischen Komponisten Meyerbeer und Mendelssohn wie auch das literarische Werk Heines und anderer jüdischer Autoren angriff. Wagners Hass auf die Juden ging weit über den kulturellen Bereich hinaus; er betrachtete sie als zersetzenden Einfluss auf die gesamte moderne Gesellschaft und er schloss sich den rassistischen Lehren von Wilhelm Marr an, der tatsächlich den Begriff

„Antisemitismus" prägte. Wagner hatte großen Einfluss auf die Geschichte des Antisemitismus, indem er ihn als intellektuell seriös in Deutschland gesellschaftsfähig machte. Auch Adolf Hitler war einer seiner vielen ergebenen Anhänger.

Aber Nietzsche lehnte sich bald gegen Wagner auf. Er war enttäuscht von dessen Antisemitismus, den er für vulgär und verrückt hielt. Er brach sogar mit seiner eigenen Schwester Elisabeth, als sie den antisemitischen Agitator Bernhard Förster heiratete. Was Heine anging, veränderte sich Nietzsches Haltung völlig. Er wurde ein großer Bewunderer Heines als des besten deutschen Dichters seiner Generation und als eines Beispiels für das herausragende Genie des jüdischen Volkes.

Doch Nietzsches Ansichten von den Juden und vom Judentum blieben widersprüchlich. Bisweilen pries er die Juden als das vitalste und begabteste Volk auf der Erde. Dann wieder schob er alle Probleme der westlichen Zivilisation auf die Juden. Der Widerspruch ist jedoch nur scheinbar, und ich will zu zeigen versuchen, dass Nietzsche eine durchgängige Auffassung von den Juden hatte – eine Auffassung, die es irgendwie schaffte, Philosemitismus und einen tiefgehenden Antisemitismus unter einen Hut zu bringen. In Nietzsches Denken überdauert die mittelalterliche Dämonisierung der Juden, besonders das Bild von Juden als subtile Drahtzieher in einer unschuldigen und naiven nichtjüdischen Welt, in einer eigenartig zwiespältigen Form. Es ist eine intellektuelle Konstruktion, die eine Person von höchstem Intellekt im, letztlich erfolglosen, Bemühen zeigt, dem antijüdischen Mythos zu entkommen, der ihre Gesellschaft durchdringt.

Es ist oft darauf hingewiesen worden, dass Nietzsche die jüdische Geschichte in drei Perioden einteilt. Die erste ist die frühe biblische Periode, die die Geschichte der Richter und der Könige umfasst, eine Periode, die Nietzsche als heroisch betrachtet. Die zweite ist die Periode, die mit der Zerstörung des ersten Tempels und dem Babylonischen Exil beginnt, als die besiegten Juden sich der Führung durch die Priester und Propheten zuwandten. Dies ist die Periode, die Nietzsche zufolge nicht nur das nachexilische Judentum hervorbrachte, sondern auch das Christentum, zwei Religionen, die er als eine betrachtet, das Judeo-Christentum, das er verabscheut. Die dritte Periode ist die der Neuzeit, in der die Juden als Führer einer dynamischen modernen Kultur in Erscheinung traten, die Nietzsche sehr bewundert.

In der ersten heroischen Periode, argumentiert Nietzsche, waren die Juden, die Israeliten, ein unabhängiges Volk mit einer stolzen kriegerischen Geschichte und einer Fähigkeit, willensstarke Führer mit schonungslosem Mut hervorzubringen. Nietzsche las sehr gern die Geschichten des Alten Testaments von Mose, Josua, Samson, Samuel, David, Salomo, Gestalten, die für ihn vergleichbar mit den griechischen Helden Achilles, Odysseus, Agamemnon und anderen waren. Für Nietzsche war das Wichtigste im Leben der Überlebenswille, nicht die Moral, und er sah in diesen Geschichten einen Beleg für diesen unstillbaren Willen. Hier unterschied sich Nietzsche sehr stark von Voltaire, der im Alten Testament nur primitive und barbarische Grausamkeiten sah, die er zitierte, um das Christentum zu verleumden. Es war die Schande des Christentums, argumentierte Voltaire, dass es seine Ansprüche auf den Glauben gründete, diese grausamen Berichte seien von Gott eingegebene Prophezeiungen über das Kommen Jesu Christi. Voltaire verurteilte die alten Israeliten als Primitive, die sich nicht die geringste Mühe gaben, den glänzenden Idealen der Aufklärung zu entsprechen, während Nietzsche sie aus genau dem gleichen Grund verehrte.

Nietzsche dagegen sah das Neue Testament als traurigen Niedergang von der urwüchsigen Energie des Alten Testaments. Er schrieb, es sei eine Schande, das Neue Testament neben dem Alten im selben Band herauszubringen, und zwar weil das Neue Testament eine Sklavenmoral verkörperte, im Gegensatz zum aristokratischen Ideal des Alten. Während das Alte Testament ein Ideal der Menschlichkeit in bester Form enthielt, war das Neue Testament im Interesse der Menschlichkeit in ihrer schwächsten Form geschrieben. Es stand für die Rache der Schwachen an den Starken. Während das Christentum sich als Religion der Liebe darstellte, in der es die Pflicht der Starken ist, den Schwachen zu helfen, sah Nietzsche darin nur ein Hemmnis im Fortschritt des menschlichen Geistes, der seine stärksten und ehrgeizigsten Aspekte bis zum Äußersten entwickeln musste, bis er eine neue und höhere Lebensform erzeugte, den Übermenschen. Weit davon entfernt, die Kranken und Schwachen zu schützen, sollte es also das Ziel der Gesellschaft sein, ihre weniger aussichtsreichen Elemente auszusortieren und ihre gesündesten und stärksten Elemente in einem Zuchtprogramm verwenden, das zu einer vollkommeneren Rasse führen würde. Das Alte Testament, schrieb Nietzsche, entstand aus einer lebensbejahenden, positiven Perspektive, das Neue Testament aus einer das Leben verleugnenden und negativen, und seine wesentlichen Emotionen waren Neid, Groll und Rachegelüste, getarnt als Liebe und Mitleid.

Aber dies traf nur auf einen Teil des Alten Testaments zu, nämlich den erzählenden Teil, der sich mit Kriegen und kriegerischen Führern befasste. Der Teil, der die Reaktion der Priester und Propheten auf die Zerstörung des jüdischen Staates durch die babylonischen Eroberer betraf, wird von Nietzsche nicht befürwortet, sondern ganz im Gegenteil verurteilt als

Grundlage der verhassten Religion der Schwachen, des Judeo-Christentums. Tatsächlich, argumentiert Nietzsche, waren es die Juden, die der Welt die Sklavenreligion unterschoben, die für die Rache der Schwachen an den Starken steht. Sie reagierten auf ihre Niederlage, indem sie eine Religion der Niederlage entwickelten. Nietzsche erkennt keinen Bruch oder Konflikt zwischen Judentum und Christentum; beide sind gleichermaßen von Neid und Rache motiviert, und beide haben die Stärke der westlichen Kultur untergraben, deren positive Aspekte gänzlich vom Vermächtnis Griechenlands und Roms stammen. Was falsch ist am Christentum, ist gerade seine Kontinuität mit dem Judentum. Dies läuft genau genommen auf eine Verurteilung des gesamten priesterlichen und rabbinischen Judentums hinaus, also der Religion, die die Juden durch die Jahrhunderte ihres Exils, zusammen mit den religiösen Klassikern, der Mischna, dem Talmud und den Midraschim, und der auf diesen begründeten Literatur, gestützt hat. Nietzsche war übrigens einer der vielen Gegner des Judentums, die nie versuchten, den Talmud zu lesen, außer in den voreingenommenen Zusammenstellungen wie jene von Johann Andreas Eisenmenger oder August Rohling.

Dennoch behauptete Nietzsche nachdrücklich, dass die Juden der Neuzeit ein bewundernswertes Volk seien, das er in seinen Zuchtplan für die Erzeugung des Übermenschen einzubeziehen wünschte, weil ihre angeborenen Eigenschaften wesentlich für den Aufbau der verbesserten Menschheit seien.

Er drückt diese Ansicht, wenngleich in ziemlich zweifelhafter Weise, die bezeichnend für seinen Stil ist, in den folgenden Worten aus:

> Die Juden sind aber ohne allen Zweifel die stärkste, zäheste und reinste Rasse, die jetzt in Europa lebt; sie verstehen es, selbst noch unter den schlimmsten Bedingungen sich durchzusetzen (besser sogar als unter günstigen), vermöge irgendwelcher Tugenden, die man heute gerne zu Lasten stempeln möchte – dank vor allem einem resoluten Glauben, der sich vor den „modernen Ideen" nicht zu schämen braucht.[1]

Nietzsche hatte sogar den Einfall, die großartigen Eigenschaften der neuzeitlichen Juden seien irgendwie die Folge christlicher Unterdrückung. Das ständige Leiden der Juden durch ihre christlichen Unterdrücker habe dieselbe Wirkung gehabt wie ein Programm der Eugenik: Es habe die Schwachen ausgerottet und die Starken übrig gelassen. Nietzsche war überzeugter Darwinist und sah die Juden als Beispiel für Darwins Lehre vom Überleben des am besten Angepassten.

Nietzsches Idee der Eugenik – der Zucht einer Herrenrasse – unterschied sich allerdings stark von jener der Nazis. Nietzsche betrachtete die Herrenrasse als ein Ziel für die ferne Zukunft. Er widersprach der Vorstellung von Rassisten seiner Zeit, zum Beispiel Eugen Dühring, dass die Arier eine reine Rasse mit überlegenen Eigenschaften seien; vielmehr glaubte er, Reinheit sei etwas, das anzustreben sei durch eine Mischung von Rassen, von denen jede einzelne ihre besten Eigenschaften beisteuern und so eine Rasse hervorbringen könnte, die „rein" sei in dem Sinn, dass sie die weniger wünschenswerten Eigenschaften ihrer ursprünglichen Komponenten ausgesondert oder gereinigt habe. Er glaubte, dass die alten Griechen eine gemischte Rasse dieser Art waren. Dies bedeutete, dass Nietzsche deutsch-jüdische Ehen nicht etwa aufgrund der „Verschmutzung" arischen Blutes verdammte, sondern sie sogar begrüßte, allerdings sprach er auch von einem begrenzten Ausmaß, bis zu dem jüdisches Blut aufgenommen werden konnte. Er betrachtete jüdisches Blut wie eine Art wirkmächtige Arznei, die in kleinen Dosen ausgezeichnete Ergebnisse hervorbringen konnte.

Problematisch wird es allerdings, wenn man nach Nietzsches Vorstellung fragt, wie die hervorragenden Eigenschaften, die er bei den Juden beobachtet hatte, ihr langes Aufgehen in der judeo-christlichen Religion der Sklavenmoral, die er so verachtete, überdauert hatten. Seine Einteilung der jüdischen Geschichte in drei Perioden macht es schwierig zu verstehen, wie gegenwärtige Juden anders als verachtenswert sein könnten. In dem Zeitmodell, das er vorschlug, waren die Juden herausragend in den alten Zeiten, als sie frei und souverän waren, aber nachdem sie ihre Freiheit verloren hatten, entwickelten sie eine verbitterte Religion voller Racheträume. Diese Religion bestand länger als 2.000 Jahre (von der Zerstörung des ersten Tempels 586 v. u. Z. bis zur Aufklärung im 18. Jahrhundert), wie konnte es also sein, dass die Energie und Vitalität moderner Juden so bewundernswert war im Gegensatz zu der allgegenwärtigen, über die Jahrhunderte aufgebauten Sklavenmentalität von Christen, die Nietzsche ständig anprangerte?

Diese Frage führt uns zum Kern von Nietzsches eigentümlicher Auffassung vom Wesen der Juden. Er drückte sie in der folgenden Passage aus:

> Psychologisch nachgerechnet, ist das jüdische Volk ein Volk von der zähesten Lebenskraft, welches, unter unmögliche Bedingungen versetzt, freiwillig, aus der tiefsten Klugheit der Selbsterhaltung, die Partei aller *décadence*-Instinkte nimmt, – nicht als von ihnen beherrscht, sondern weil es in ihnen eine Macht erriet, mit der man sich gegen „die Welt" durchsetzen kann. Die Juden sind das Gegenstück aller *décadents*: sie haben sie *darstellen* müssen bis zur Illusion, sie haben sich, mit einem *non plus ultra* des schauspielerischen Genies, an die Spitze aller *décadence*-Bewegungen zu stellen gewusst (– als Christentum des Paulus –), um aus

ihnen Etwas zu schaffen, das stärker ist als jede *Ja-sagende* Partei des Lebens.[2]

Nietzsche sagt hier etwas sehr Überraschendes. Er sagt nämlich, dass die Juden die Urheber des Christentums sind, aber selbst nicht daran glauben. Sie schufen das Christentum und auch andere Bekenntnisse der Dekadenz, etwa den modernen Liberalismus, als Waffen in ihrem eigenen Überlebenskampf. Sie warteten mit Lehren auf, von denen sie wussten, dass sie ihre Bezwinger schwächen und an ihrer Stärke zehren würden, aber sie selbst blieben weit davon entfernt, auf solche Lehren hereinzufallen. Sie wahrten den Willen zur Macht und das primitive Selbstvertrauen, die so notwendig für das Überleben sind, aber sie verbreiteten hinterlistig eine Philosophie, die darauf angelegt war, den Willen und das Selbstvertrauen ihrer Bezwinger zu zerstören.

Diesen Vorwurf gegen die Juden könnte man als äußersten Antisemitismus betrachten, da er sie nicht nur beschuldigt, ein bösartiges Weltbild entwickelt zu haben, sondern dieses auch wie Giftgas in einer Weise zu verbreiten, dass es nur den Feinden schadet, aber nicht ihnen selbst. Träfe dies zu, wären die Juden die Erzheuchler der Geschichte, mit denen verglichen die Meister der Desinformation vom Schlage Goebbels' totale Anfänger wären. Wie gelangte Nietzsche zu dieser merkwürdigen Fantasie?

Ich meine, die Antwort liegt in einer Mischung aus Theorie und persönlicher Erfahrung. Nietzsche war ein entschiedener Gegner des Christentums, das er als lebensverneinend verstand, weil es Demut betonte, diese Welt geringschätzte, auf das Jenseits gerichtet war und körperliche Kraft und Schönheit als unwichtig abtat. Aber Nietzsche war der Erbe der Voltaire'schen Tradition, die alle Mängel des Christentums auf das Judentum schob und die mit Vergnügen den Christen ihre Nähe zu den Juden vorhielt, die sie unterdrückten und verachteten, und so den Christen anlastete, was für sie die schlimmste Kränkung war. In vielen seiner Schriften folgt Nietzsche dieser Voltaire'schen Richtung, das Christentum anzugreifen, weil es so jüdisch ist, wenngleich er von Voltaire abwich in seiner Auswahl des angeblich anstößigen Materials aus dem Alten Testament, mit dem er auf das Christentum einschlug.

Andererseits machte es Nietzsches persönliche Erfahrung unmöglich für ihn, diese Richtung durchzuhalten. Er fand, dass er Juden mochte, die er zufällig kennenlernte, während er die Antisemiten hasste. Er fand, dass die Juden Jasager und lebensbejahend sind, die Antisemiten dagegen Neinsager und lebensverleugnend, Menschen, die im Judenhass Trost für ihre eigenen Minderwertigkeitsgefühle suchen. Er sah allmählich die Anhänger antisemitischer Bewegungen, einschließlich seiner Schwester

Elisabeth, als die wahren Anhänger der negativen Aspekte des Christentums, deren Antrieb der Groll über den Erfolg anderer und der Wunsch nach Rache für die eigenen Unzulänglichkeiten war. Demgegenüber sah er die Juden, etwa den begabten und unverwüstlichen Heine, als berstend vor Vitalität und Hoffnung auf die Zukunft. Nietzsche entdeckte sogar Tugenden bei den Ostjuden, die damals in großer Zahl aus dem Russischen Reich auswanderten, wo sie brutaler Unterdrückung ausgesetzt waren. Diese Ostjuden wurden sogar von ihren Glaubensgenossen in Deutschland verachtet, die sich als kultivierte Deutsche betrachteten, und peinlich berührt waren vom Zustrom unverbesserlicher orthodoxer Juden mit langen Bärten und Schläfenlocken, die ihr Anderssein schamlos aufdrängten. Nietzsche jedoch (obwohl er die Abneigung gegen Ostjuden in früheren Tagen geteilt hatte) begann ihre Unabhängigkeit und Weigerung, den Kotau vor den westlichen Regeln zu machen, zu bewundern.

Nietzsches Lösung sah also vor, die Juden vom Makel des eigentlichen Glaubens an die verachtete Religion des Judeo-Christentums freizusprechen. Wenn sie wirklich an diese Religion der Lebensverleugnung glaubten, hätten sie nie diese Vitalität durch die Jahrhunderte bewahren oder solchen unbezwingbaren Willen zum Überleben an den Tag legen können. Sie mussten ein tiefgründiges Spiel spielen, in dem sie ihre Feinde mit dem Virus der Lebensverleugnung infizierten, damit sie, die Juden, am Ende die Oberhand hätten. Dieses Spiel war bereits von Erfolg gekrönt, denn die Juden, in Gestalt der Rothschilds und anderer jüdischer Kapitalisten, waren dabei, die Macht in der modernen Welt zu übernehmen.

Es scheint Nietzsche nie in den Sinn gekommen zu sein, dass das Judentum in Wirklichkeit eine Religion ist, die ihren eigenen Charakter hat, der sich stark von jenem des Christentums unterscheidet, dass Judentum und Christentum zwei verschiedene Religionen sind und dass dies die Erklärung für den Unterschied ist, der ihm zwischen Juden und Christen auffiel. Er berücksichtigte nicht ausreichend, dass die Geschichte der jüdisch-christlichen Beziehungen von religiösen Konflikten geprägt ist. Was christlichen Antisemitismus betraf (den er bei seiner eigenen Schwester beobachten konnte, deren Antisemitismus von offen christlicher Art war, da sie die Juden als verfluchte Christusmörder betrachtete), bedurfte dies für Nietzsche anscheinend keiner weiteren Nachforschung; es bestätigte ihm einfach die Heuchelei von Christen, die den Juden einfach die eigenen, selbst verschuldeten Mängel aufrechneten. Es scheint, dass wir bestimmte positive Bemerkungen Nietzsches über die jüdische kulturelle Tradition in ähnlicher Weise interpretieren müssen: dass es die Juden waren, die kulturelle Werte durch die dunklen Jahrhunderte und das

Mittelalter bewahrten, als die Christen in abergläubische Unwissenheit gesunken waren. Er meint, dass die Juden ihre persönliche Tradition humanistischer Kultur hatten, die nichts zu tun hatte mit ihrer äußerlichen Zugehörigkeit zu der judeo-christlichen Sklavenreligion der Missgunst.

Demnach entwickelte ein Denker, der in gewisser Weise für jüdische Charaktereigenschaften höchst empfänglich war, eine Theorie, die von sich behaupten kann, die antisemitischste von allen zu sein. Die Juden in dieser Theorie entsprechen dem Stereotyp des antiken hellenistischen Antisemitismus als „die Feinde der Menschheit". Die Juden planen insgeheim eine schreckliche Rache an der nichtjüdischen Welt, aber nicht aus einem bloßen Geist boshafter Rache und Missgunst, sondern als langfristige vorausschauende Strategie des Überlebens und des Sieges. Dafür empfindet Nietzsche, der Verächter der gewöhnlichen bürgerlichen Moral, größte Bewunderung. Dies ist das wahrhaftigste Modell des Willens zur Macht, den er als Gipfel menschlicher Tugend ansieht. Nietzsche weist hier auf das Naturell des japanischen Antisemitismus voraus, das in jüngerer Zeit entstanden ist, genährt von der japanischen Niederlage, kombiniert mit dem Einfluss des japanischen Bündnisses mit den Nazis während des Zweiten Weltkriegs. Einige japanische Autoren haben den Mythos von der jüdischen Dominanz als verantwortlich für die japanische Niederlage geschaffen, aber dieses Bild von einer weltweiten jüdischen Verschwörung zur Beherrschung der Welt ist von Bewunderung gefärbt – den Juden ist das gelungen, woran Japan gescheitert ist.[3]

Falls Nietzsche sich die Mühe gemacht hätte, das Judentum als eine Religion zu untersuchen, die sich vom Christentum unterscheidet, hätte er vielleicht sogar Eigenschaften gefunden, die eine gewisse Ähnlichkeit mit der nietzscheanischen Philosophie hatten. Ein Beispiel ist die biblische Losung „Sei stark und guten Mutes". Den Respekt vor geistiger Stärke oder Willenskraft, den Nietzsche in den erzählenden Teilen des Alten Testaments fand, hätte er vielleicht in der gesamten biblischen und rabbinischen Tradition gefunden, allerdings verbunden, in einem Sinn, der Nietzsche fremd war, mit einer Sorge für die Schwachen, die nicht nur vor den Starken durch den Einsatz des Gesetzes geschützt werden mussten, sondern die auch Nutznießer der Ausübung der Stärke waren dank jener, die Stärke übrig hatten. Dagegen ist der christliche Grundsatz „Leistet dem, der euch etwas Böses antut, keinen Widerstand", den Nietzsche verachtete, nicht Teil der jüdischen Lehre, und Nietzsches Polemik gegen Barmherzigkeit, die sicherlich nicht Teil der jüdischen Lehre im Allgemeinen ist, wiederholt in der Tat die jüdische Aufforderung in Bezug auf die Ausrottung des Bösen, „du sollst in dir kein Mitleid aufsteigen lassen".

In erster Linie jedoch hätte die jüdische diesseitige Tradition der Menschlichkeit, die die Würde des Menschen verkündete, eine Reaktion bei einem Denker hervorrufen sollen, dessen wesentliche Polemik sich gegen jenseitige Lehren wandte, die den Status des Menschen reduzierte, indem sie eine unterwürfige Haltung der Schuld und Selbstanklage verlangte.

Wenn Nietzsche nicht auf das Judentum einging, so reagierten doch viele Juden auf Nietzsche. Tatsächlich waren es vor allem jüdische Intellektuelle, die Nietzsches Botschaft verkündeten und sein Renommee förderten, nachdem er eine Weile wenig beachtet worden war. Das erste Buch über Nietzsche wurde 1890 von Georg Brandes geschrieben, dem dänischen-jüdischen Kritiker, dessen ursprünglicher Name Morris Cohen war. Dieses in Deutschland herausgebrachte Buch stand am Anfang von Nietzsches Weltruhm. Einer der Juden, die sich für Nietzsche begeisterten, war Martin Buber, der von ihm die Idee ableitete, das Ziel der Philosophie solle sein, das menschliche Dilemma zu beschreiben und zu überwinden, anstatt Kategorien zu entwickeln, die das Wesen des äußeren Universums erläutern. Viele der Juden, die sich nietzscheanische Ideen zu eigen machten, waren „Grenzjuden", die nach dem Verlust des religiösen Glaubens und der Trennung von der jüdischen Gemeinde Identität und ein Gefühl der Authentizität suchten; aber es lässt sich folgern, dass diese Juden von Nietzsche gerade deshalb begeistert waren, weil sie in ihm, in einem Atheisten, Eigenschaften und Werte fanden, die als übereinstimmend mit dem jüdischen Geist erkennbar waren. Zu diesen Juden zählten Stefan Zweig (der insbesondere von Nietzsches Vorstellung von einer europäischen Identität angezogen wurde), Jakob Wassermann, Walter Benjamin, Franz Rosenzweig, Karl Kraus, Sigmund Freud, sogar Gershom Scholem, die alle stark von Nietzsche beeinflusst waren, wenngleich sich einige von ihnen später von seinem Einfluss zu befreien bemühten. Jacob Golomb[4] hat sogar behauptet, Nietzsche sei für das plötzliche Auftreten jüdischen Talents in Wien und Berlin im späten 19. und frühen 20. Jahrhundert verantwortlich gewesen, weil es Nietzsche war, der den „Grenzjuden" die Fähigkeit gab, die Neurose ihrer Marginalität in eine positive Kraft zu verwandeln. Er gab ihnen eine Methode der Selbstanalyse für ihre geistige Folter an die Hand, die in mancherlei Hinsicht Freud vorwegnahm, obwohl Nietzsches Methode (dargelegt vor allem in seinem Buch *Zur Genealogie der Moral*, 1887) eher für den Ausnahmemenschen als für das gewöhnliche Individuum geeignet war. Das ist wahr; aber es ist auch wahr, dass solche Hilfe vergeblich gewesen wäre ohne den immensen Vorrat an geistigen und kulturellen Ressourcen, der diesen „Grenzjuden" von ihrem jüdischen Hintergrund vererbt worden war.

Der Zionismus war, hauptsächlich durch Buber, stark von Nietzsche beeinflusst. Buber appellierte an die modernen Juden, sich von der „unfreien Geistigkeit" zu befreien und ein harmonisches Lebensgefühl wiederzuerlangen.[5] Viele junge Zionisten sprachen an auf seine nietzscheanische Forderung nach „einer Umwertung aller Lebensaspekte der Menschen bis in ihre Tiefe und die eigentlichen Fundamente ... Wir müssen die Lebenskräfte der Nation freilassen und ihre gefesselten Instinkte freisetzen."[6] Allerdings sah Ahad Ha'am Gefahren in diesem nietzscheanischen Ansatz und versuchte, Nietzsches Einfluss auf den Zionismus zu bekämpfen. Er stimmte zu, dass eine Regeneration des jüdischen Geistes gefragt war, nicht nur eine politische Lösung, aber obwohl Atheist und Säkularist, wünschte Ahad Ha'am, diese Regeneration solle durch Studium der jüdischen Quellen stattfinden und nicht durch nichtjüdische Romantik und ekstatische Philosophie. Gershom Scholem wiederum zeigte einen Weg auf, um Buber mit Ahad Ha'am zusammenzuführen. Indem er die jüdische Tradition der Mystik wiederbelebte, zielte er darauf ab, die „gefesselten Instinkte" des jüdischen Volks freizusetzen und zugleich in ihrer eigenen Tradition zu verankern. In seinem späteren Leben ging auch Buber diesen Weg, nämlich durch seine Erforschung des Chassidismus und seine poetischen Rekonstruktionen der chassidischen Lehren. Buber wie Scholem, könnte man sagen, suchten beide den dionysischen Aspekt des Judentums wiederzubeleben und zu pflegen.

Zeichnet man den Einfluss Nietzsches auf jüdische Persönlichkeiten und Bewegungen nach, verliert man möglicherweise die Tatsache aus dem Blick, dass Nietzsche auch Einfluss auf das Anschwellen des Antisemitismus hatte, das in Hitler resultierte. Eine von Nietzsches Thesen besagte, dass die Juden in eine Verschwörung gegen die Menschheit verwickelt waren, indem sie Ideen verbreiteten, die sie selbst nicht glaubten, um andere zu schwächen, während sie selbst stark blieben. Diese These wird in der späteren antisemitischen Theorie wiederholt, aber ohne den bewundernden Ton, den Nietzsche in sie hineinlegte. Zum Beispiel ist oft darauf hingewiesen worden, dass es einen Widerspruch gibt zwischen dem antisemitischen Vorwurf, die Juden hätten den Kommunismus gefördert, und dem gegenteiligen antisemitischen Vorwurf, die Juden seien der Inbegriff des Kapitalisten. Dieser Widerspruch stellt jedoch kein Problem dar für den echten Antisemiten, der einfach erklärt, dass die Juden sowohl den Kommunismus als auch den Kapitalismus zu verantworten hätten, weil ihr Ziel sei, die nichtjüdische Welt in welcher Weise auch immer zu stören, indem sie zersetzende Ideen verbreiteten, an die sie selbst nicht glaubten.

Besonders bemerkenswert an dieser Art von Theorie ist die Macht und zentrale Bedeutung, die sie dem jüdischen Volk zumisst. Der Antisemit glaubt, die Juden seien ein einheitliches Gebilde, das seine Pläne weltweit koordiniert. Jeder Beweis, dass die Juden tatsächlich ein Volk sind, das in zahllose Interessengruppen aufgesplittert ist und keine einheitliche Strategie hat außer möglicherweise (wie im Warschauer Ghetto) in Zeiten großer Gefahr und Not, wird als bloße Tarnung abgetan, ein Beispiel typisch jüdischer Durchtriebenheit. Nichts wird an der Überzeugung des Antisemiten rütteln, dass die Juden eine einheitliche und starke Macht zu allen Zeiten sind.

Nietzsches Vorstellungen von den Juden teilen diese paranoide Auffassung von den Juden als Weltmacht. Die Juden nehmen einen Platz in seinem Denken ein, das weit über den tatsächlichen Einfluss der Juden in der Welt seiner Zeit hinausgeht. Er lässt gelten, dass es so etwas wie das „jüdische Problem" gibt, was verhängnisvoll für die Zukunft Deutschlands und Europas ist. Das sogenannte „jüdische Problem" ließ eine umfangreiche Literatur entstehen.

Nietzsche bemühte sich, die Juden zu sehen, wie sie wirklich sind, und ansatzweise gelang ihm das. Er war beeindruckt von der Begabung und vom Geist des modernen Juden. Aber er stand noch unter dem Eindruck des christlichen Mythos, insofern als er die Juden als eine Weltmacht sah, die die Macht über die Welt insgesamt übernehmen könnte, ein Ausgang, den er halb begrüßte, aber auch fürchtete. Dieser Mann, der die Geißel des Christentums war, der sein Leben lang gegen das kämpfte, was er als die Negativität und lebensverneinende Eigenschaft der christlichen Lehre betrachtete, war selbst teilweise noch ein unbewusst an den christlichen Mythos Glaubender, der Gedanken weiterreichte, die von den Antisemiten, die er verachtete, benutzt wurden.

Anmerkungen

1 Friedrich Nietzsche, *Jenseits von Gut und Böse*, in: Werke in 3 Bänden, Zürich 1971, Bd. 3, S. 244.

2 Friedrich Nietzsche, *Der Antichrist*, in: Werke in 3 Bänden, Zürich 1971, Bd. 3, S. 369.

3 Siehe zum Beispiel David G. Goodman und Masanori Miyazawa, *Jews in the Japanese Mind*, New York 1995.

4 Siehe Jacob Golomb, Hg., „Nietzsche and the Marginal Jews", *Nietzsche and Jewish Culture*, London und New York 1997.

5 Jüdische Renaissance, *Ost und West* 1, 1901: 7–10.

6 „Zionistische Politik" (1920), *Jüdische Bewegung*, erste Serie, S. 113 ff.

Teil III

Die Juden im Mythos und in der Fantasie

Kapitel 7

Die reizende Tochter

Eine Geschichte, die vom Mittelalter bis in die Neuzeit häufig erscheint, betrifft einen Juden und seine Tochter. Der Jude ist alt, hässlich und geizig, aber seine Tochter ist jung, schön und herzensgut. Die dritte Figur in der Geschichte ist ein junger Mann, ein Christ, der die Tochter liebt und von ihr geliebt wird. Mit ihrer aktiven Hilfe stiehlt er den Schatz des Juden und brennt damit durch, zusammen mit der schönen Tochter höchstpersönlich. Dies ist der nackte Kern der Geschichte, aber es gibt viele Details, die von Jahrhundert zu Jahrhundert variieren. Untersucht man, wie sich die Geschichte verändert und entwickelt, verfolgt man zugleich die Geschichte der sich verändernden Einstellungen von Christen gegenüber den Juden – man könnte auch fast sagen, die Entwicklung der westlichen Kultur an sich.

Gewiss, die Geschichte ließe sich auf die noch knapperen Grundzüge reduzieren: feindseliger alter Vater, junge Tochter und junger Liebhaber – ohne überhaupt Juden oder Christen einzuführen. In dieser Grundform ist die Geschichte allerdings sehr alt und reicht in eine Zeit lange vor dem Auftreten der Juden zurück. Es ist eigentlich eine archetypische Erzählung einer patriarchalischen Gesellschaft, die den Gegensatz zwischen den jungen Männern des Stammes und dem Alten, der über die Frauen bestimmt, ausdrückt. Wir können das Muster in einigen griechischen Mythen erkennen. Jason und Theseus sind junge Männer, die einen trickreichen alten Vater überlisten müssen, um die schöne Tochter zu erringen. Wir können das Muster sogar im Alten Testament finden, in der Geschichte von Laban, Rachel und Jakob. Erstaunt stellt man fest, wie viele Merkmale, die später dem alten Juden zugeschrieben werden, sich bereits bei der Figur Labans finden, während Jakob, der Stammvater Israels, den Charakter des jungen Liebhabers hat, der den alten Mann überlistet. Diejenigen, die Jakob als den verschlagenen Juden sehen anstatt als ein Gegenstück von Theseus und Jason, lesen viel spätere Assoziationen in die Geschichte hinein. Im antiken Griechenland fand die Geschichte den Weg von den Heldensagen der Mythologie in die realistische Neue Komödie des Menander, von dort in die lateinische Komödie von Terenz und Plautus und schließlich in die europäische Komödie von Molière. In der Komödie ist der Alte ein Geizhals mit einem Goldschatz sowie einer schönen Tochter; aber das ist eigentlich fast eine Grundzutat zu der Geschichte selbst in ihrer heroischen Form. Am Ende lief Jason mit dem Goldenen Vlies wie auch mit Medea weg. Auch Jakob verließ Haran mit einem großen Teil von Labans Reichtum. Wir können auch vier weitere Zutaten zu der Geschichte notieren; sie erscheinen nicht immer, scheinen jedoch eine organische Verbindung mit dem Kernthema zu haben. Erstens wird der Liebhaber oft gezwungen, für eine gewisse Zeit als Lehrling oder Sklave des Alten zu dienen (Herakles, Jakob). Zweitens ist der Alte oft nicht nur trickreich, sondern auch ein Zauberer (Aietes und Laban in der talmudischen Version). Drittens kann die Tochter trotz ihrer Güte und Unschuld etwas von der magischen Kraft ihres Vaters mitbekommen haben und nutzt dieses Wissen, um ihrem Liebhaber zu helfen (Medea). Viertens gibt es das „exogame" Element: Der Liebhaber ist gewöhnlich ein wandernder Fremder, kein Angehöriger des Stammes des Vaters. Somit liegt uns eine Volkssage von großem psychologischem und anthropologischem Interesse vor.

Wir können uns nun der Geschichte der Erzählung von der Zeit an zuwenden, als sie ein Element im christlichen Konflikt wurde, der Vater nämlich als Jude identifiziert wurde, der Liebhaber als Christ. Es ist keineswegs überraschend, dass dies eintrat, denn zu einem großen Teil war der Hass, den Christen gegenüber Juden empfanden, ödipaler Natur, wie Norman Cohn und andere bemerkt haben. Der Jude wurde von den Christen als böser Vater empfunden, und er wurde sogar, wie ich in Kapitel 8 „Shakespeare und Shylock" nahelege, mit dem zornigen Gottvater identifiziert, der die gesamte Menschheit grausam zu ewigen Qualen verdammt.

Die Geschichte in ihrer antijüdischen christlichen Form erscheint zunächst in gewissen mittelalterlichen Erzählungen, den „Exempla" (d. h.

moralische Fabeln), die in schriftlicher Form von Mönchen gesammelt und verwendet wurden, um Predigten zu beleben. In einem typischen Beispiel wird ein verschwenderischer junger Christ Lehrling eines alten Juden in der Hoffnung, dessen Geheimnisse zu erfahren. Der Jude hat eine schöne junge Tochter, die der junge Mann verführt und schwängert, während der Jude fort ist. Die Tochter sagt dem jungen Mann, dass ihr Vater sich bei seiner Rückkehr rächen werde, und rät ihm, den Schatz des Juden zu stehlen und zu fliehen. Das tut der junge Mann, aber als er im Wald einem frommen Mann begegnet, beichtet er ihm alles. Der fromme Mann ermahnt den jungen Mann eindringlich, dem Juden den Schatz zurückzugeben. Der Jude, der inzwischen den Diebstahl und die Schwangerschaft seiner Tochter entdeckt hat, beschwört mehrere Teufel herauf und fragt sie nach dem Verbleib des Liebhabers. Die Teufel können ihm allerdings nicht antworten, und einer von ihnen erklärt, sie hätten keine Macht, ihm zu helfen, da der junge Mann gebeichtet habe. Überwältigt von der Macht der Beichte konvertiert der Jude zum Christentum.

Diese Geschichte zeichnet sich durch eine gewisse Unschuld aus (angesichts späterer Entwicklungen), insofern als es noch als Verbrechen gilt und nicht als tugendhafte Tat, einen Juden zu bestehlen. Doch die Geschichte setzt stillschweigend voraus, dass die Juden gefährliche Zauberer sind, verbündet mit den Mächten der Dunkelheit. Die Juden (in Wirklichkeit hilflos) wurden als gefährlich betrachtet, mächtig, Verkörperungen des bösen Vaters, deren starke Magie nur durch die Gegenmagie der christlichen Sakramente gebannt werden konnte. Der Weg von dieser Art von Erzählung hin zu den *Protokollen der Weisen von Zion* ist eindeutig.

Der Jude ist der Mann mit Besitz, dem sowohl der Schatz als auch die Tochter gehören. Die Christen, deren Macht über die Juden praktisch unbegrenzt war, wurden nie das Gefühl los, dass ihnen etwas genommen wurde. Sie identifizierten sich mit dem jungen Mann, der als landloser wandernder Fremder in die Festung des reichen Vaters kommt und seinen materiellen und sexuellen Schatz erbeutet. Der Jude dagegen fühlte bei all seinen Leiden immer, dass er der Mann mit Besitz war, nur vorübergehend um seinen Besitz gebracht, wie David durch Abschalom um den Thron gebracht, aber mit der Gewissheit der Rückkehr und die Würde des Vaters wahrend. Diese seltsamen paradoxen Haltungen ergeben sich einfach aus dem unterschiedlichen Geist der zwei Religionen: Das Christentum ist die Religion des Sohnes, dessen Bild Christen verinnerlichen, das Judentum ist die Religion des Vaters, den Juden als ihr Ego-Ideal und Vorbild nehmen. Die offenbar gewissenlose Bosheit, mit der Christen die Juden verfolgten, kann mit der Tatsache erklärt werden, dass die Christen sich für mutig hielten, wenn sie die Juden angriffen. Allem Anschein zum Trotz fühlten sich die Christen wie der junge David, der den Riesen Goliath angriff. Wie die früher skizzierte Geschichte zeigt, wurde der Jude mit dem mächtigen, magischen König-Vater des Mythos und der Legende identifiziert – mit Minos und Aietes und sogar mit dem Vatergott der Bibel. Aber auch damit sind die theologischen Folgerungen unserer Geschichte nicht erschöpfend behandelt. Der Stellenwert, den die Jungfrau Maria im mittelalterlichen Christentum hat, ist ebenfalls wichtig.

Ob in ihrer mittelalterlichen oder antiken Form zeigt die Geschichte eindeutig eine unbehagliche Anpassung an das patriarchalische System, in dem das Verhältnis zwischen Vater und Sohn von Furcht, Hass und Misstrauen geprägt ist und in dem auch die Mutter den Vater hasst und ihm misstraut und auf eine Gelegenheit wartet, ihn zu überlisten und zu verraten, und Partei für den Sohn gegen den Vater ergreift. (Die Geschichte stellt die Mutter als Tochter des Vaters dar, aber das bedeutet nur, dass sie dem Vater untertänig ist, und auch, dass Schönheit, Jugend und Begehrtheit der Mutter der greisen Hässlichkeit des Vaters gegenübergestellt werden. Es ist bemerkenswert, dass die wirkliche buchstäbliche Mutter überhaupt nie in der Geschichte auftaucht.) Das Judentum war das einzige patriarchalische System der antiken Welt, das auf *Liebe* des Vaters gegründet ist. (Im letzten Satz der Prophetenbücher bekundet Maleachi das Ideal des Judentums, wenn er vom messianischen Zeitalter spricht: „Er wird das Herz der Väter wieder den Söhnen zuwenden und das Herz der Söhne ihren Vätern.") Während das Christentum vordergründig das jüdische Ideal der Liebe des Vaters fortführt, verwandelt es in Wirklichkeit den Vater in einen grausamen Dämon, der nur durch das Blut des Sohnes besänftigt werden kann, d. h. eine Versöhnung von Vater und Sohn kann nur durch völlige Unterwerfung vonseiten des Sohnes erreicht werden, nicht wie im Judentum durch die Annahme einer unabhängigen Verantwortung in einem Bund mit dem Vater.

Im Christentum ist die Mutterfigur die Jungfrau Maria, im Judentum ist die Mutterfigur das Land. Die volle Bedeutung Marias bildete sich erst in vielen Jahrhunderten aus, und erst im 12. Jahrhundert, unmittelbar vor dem Auftreten der hier besprochenen Geschichte, erblühte die heilige Jungfrau zu einer Kultfigur von Bedeutung. So wichtig wurde sie damals allerdings, dass Henry Adams sie als die größte Gottheit aller Zeiten bezeichnete.[1] Maria als Göttin erfüllte genau die Funktion, die Christen vor dem Zorn des Vaters zu schützen (und inzwischen war sogar Jesus eine Vaterfigur geworden, ebenso furchteinflößend in seiner Erscheinung als Richter beim Jüngsten Gericht wie der ursprüngliche Vatergott selbst).

Wenn Gott der Vater der furchtbare Jude ist, dann ist Maria seine Tochter-Frau. Die Beziehung zwischen ihr und ihren Anhängern war wie die von Liebhabern – das ganze Vokabular höfischer Liebe wurde auf sie übertragen. Selbst ihre Geschlechtslosigkeit oder eher ihre sexuelle Unzugänglichkeit standen nicht in Widerspruch zum Kodex der höfischen Liebe, nach dem Liebende bereit waren, eine Leben lang ohne sexuelle Erfüllung zu „dienen". Als Gegenleistung für diese Hingabe ergriff sie die Partei des Sünders gegen Gott. Sie war die heimliche Helferin in Gottes Lager, die Mutter, die sich mit dem Kind zusammentut, um es vor dem Zorn ihres Gemahls zu schützen. Eigentlich ist sie die Entsprechung der Ariadne in der Sage, die Theseus hilft, ihren Vater Minos zu überlisten, oder der Medea, die Jason gegen Aietes hilft, oder der Tochter des Juden, die ihrem christlichen Liebhaber gegen ihren Vater, den Zauberer, hilft. Alle diese Geschichten bekunden und bekräftigen die Art von Gesellschaft, die als angespannter Patriarchalismus bezeichnet werden könnte, eine Gesellschaft, in der die Furcht vor dem Vater zu groß ist, um den Sohn wachsen zu lassen, um ihn zu einem verantwortungsbewussten Erwachsenen werden zu lassen, der den Platz seines Vaters einnimmt, und in der es folglich die Tendenz der Religion ist, innerhalb des patriarchalischen Systems ein Matriarchat als eine Form des Schutzes vor Verantwortung zu errichten. Ein anderer Name für diese heimliche Bindung an das Matriarchat in einem patriarchalischen Zusammenhang ist Romantik: die Verschwörung der Mutter mit dem Sohn gegen den Vater, die süße, heimliche und fluchbeladene Rebellion des Sohnes.[2]

Die Muttergöttin ist nicht immer eine freundliche Figur gewesen, und es ist damit zu rechnen, dass ihr erneuter Auftritt im patriarchalischen System schließlich zum Wiedererscheinen der weniger sanften Seite ihres Charakters führen würde, jener Seite, die in den Religionen mit Muttergottheiten in der vorklassischen Welt Kulte mit Menschenopfern hervorbrachte. Medea zum Beispiel hat etwas Furchterregendes an sich, trotz ihres freundlichen Verhaltens gegenüber Jason; sie verfügt über Zauberkräfte, vor denen sich der Held in Acht nehmen muss, sollte er sie gegen sich aufbringen. Selbst Maria hat ihre strengere Seite. Sie konnte unendlich gütig zu denen sein, die völlig von ihr abhingen; aber jene, die ihr nicht vollständig treu ergeben waren, konnten ihren heftigen Zorn spüren, wie viele Legenden bezeugen. In manchen mittelalterlichen Geschichten, von denen die berühmteste die Ballade von Hugh of Lincoln ist, finden wir eine bösartige Tochter eines Juden, die das christliche Kind in den Tod lockt, nachdem sie vorher den Vater des Kindes verführt hat. Sie ist das Ewig-Weibliche, die grausame Göttin selbst, Lilith, Kybele, Astarte oder

Kali. In dieser seltsamen Ballade ist der Vater-Jude zur Bedeutungslosigkeit verblasst, und seine Grausamkeit ist von seiner Tochter übernommen worden. Das Matriarchat ist nicht mehr heimliche Verteidigung gegen die Härten des Patriarchats, sondern ist zu einer unabhängigen grausamen Macht erblüht – immer eine Gefahr, wenn die Macht der Mutter hinzugezogen wird, um die Macht des Vaters zu brechen.

Doch lassen wir diese ziemlich gruselige Variante. In der Entstehung von Geschichten sind, wie in Träumen, alle Figuren, sogar die attraktivsten, dafür anfällig, sich in ihre Gegenteile zu verkehren. Kommen wir auf die Erzählung von dem alten Juden, der schönen Tochter und dem christlichen Liebhaber zurück, finden wir einige interessante Entwicklungen am Übergang vom Mittelalter zur Renaissance. In Marlowes *Der Jude von Malta* und Shakespeares *Der Kaufmann von Venedig* erlangt die Geschichte den Rang der Hochliteratur. *Der Jude von Malta*, der schurkische alte Jude Barabas, ein sagenhaft reicher Kaufmann, hat eine schöne, herzensgute Tochter, Abigail, die nicht nur von einem christlichen Liebhaber umworben ist, sondern von zweien, Mathias und Lodowick. Zwar ist die Rolle des Liebhabers verdoppelt, seine Aufgabe ist aber halbiert, denn der Raub des Schatzes des Juden wird nicht von den Liebhabern ausgeführt, sondern von anderen Christen. Der Jude rächt sich schrecklich an den Liebhabern wie an den Räubern, wird aber von seiner Tochter verraten. Der jüdische Zauberer der mittelalterlichen Geschichte ist zu einem machiavellistischen Schurken der Renaissance geworden, die Art von Persönlichkeit, mit der Marlowe insgeheim sympathisierte. Wie Tamerlan kostet Barabas seinen ungezügelten Individualismus und seine Freiheit von rechtlichen und moralischen Hemmungen voll aus.

Shakespeares Shylock ist ein viel vernünftigerer Charakter. Ist in ihm noch etwas von dem Zauberer übrig? Vielleicht gibt ihm sein Geschick im Wucher, durch das er totes Geld sich vermehren lässt, als wäre es lebendig, etwas von dem Zauberer. Barabas und Shylock stehen eigentlich für zwei verschiedene Epochen der jüdischen Geschichte – die Epoche des jüdischen Überseespekulanten und die folgende Epoche des jüdischen Bankiers oder Wucherers. In jeder dieser Epochen waren die Juden die Pioniere einer neuen Form des Wirtschaftssystems; in jedem Fall wurden sie als die Werkzeuge des Teufels betrachtet, die neue Wirtschaftsmacht ausübten, die fähig war, die Gesellschaft zu verändern. Die Juden standen für neue Energien, und Energie und der Teufel waren, in christlicher Sicht, ein und dasselbe, wie Blake später bemerkte. Sobald die neuen Kräfte entfesselt waren, nahmen die Christen allmählich ihren Mut zusammen, diese zu übernehmen; aber die Juden waren immer da als bequeme

Blitzableiter, um Gottes Zorn über die Dreistigkeit der Menschheit abzufangen. Zur Zeit, als *Der Kaufmann von Venedig* geschrieben wurde, waren die Energien der gesamten christlichen Welt auf die Geburt das Kapitalismus gerichtet; doch die „Sünde" des Wuchers, Grundlage kapitalistischer Entwicklung, wird dem Juden, hier in Gestalt Shylocks, untergeschoben.

Somit hat auch Shylock etwas von Zauberei an sich: die Zauberei des Kapitalismus. Die ursprüngliche mittelalterliche Figur des jüdischen Zauberers hat aber vermutlich eine weitere Schöpfung Shakespeares direkt beeinflusst, Prospero in *Der Sturm*. Hier haben wir den Zauberer, entjudaisiert, aber samt Tochter und Lehrling-Liebhaber, gegen den er seine Magie wirken lässt. Obwohl die Magie jetzt segensreich ist, bleibt ein wenig von der Strenge der alten Vaterfigur zurück, was Prosperos Charakter etwas rätselhaft macht. Zwar kann man argumentieren, dass Shakespeare direkt an die klassische Legende anknüpft, doch ist die mittelalterliche Geschichte von des Juden Tochter eine wahrscheinliche unmittelbare Quelle. In *Der Kaufmann von Venedig* ist unsere Geschichte nur eine Nebenhandlung zum Hauptthema von dem Pfund Fleisch. Manche (z. B. Heine) haben dagegengehalten, dass das Jessica-Thema in dem Stück von zentraler Bedeutung ist – dass Shylocks Wunsch nach Rache an Antonio nicht so weit ging, den Tod zu verlangen, bis Jessica entführt wurde.

In meinen Augen ist Shylocks unerbittlicher Hass auf Antonio unabhängig vom Verlust Jessicas. Doch glaube ich nicht, dass die Handlung um Jessica bloß nebensächlich ist. Das zentrale Thema, der Konflikt zwischen Christentum und Judentum, ist nicht unabhängig vom ödipalen Konflikt. Jessica und Lorenzo stehen für die Ebene der sexuellen Fantasie des theologischen Konflikts zwischen Gnade und Recht, der in der Haupthandlung herausgearbeitet wird.

Die Freuden des Himmels können gemäß der christlichen Theologie nicht verdient werden; aber sie können durch Eingreifen der Gnade unverdient erlangt (z. B. gestohlen) werden. Jessica ist, wie Maria, eine Figur der Gnade, die hilft, die harten Ansprüche des strengen Rechts, das der Vater behauptet, zu überlisten. Eine andere Figur in dem Stück, die dieses Thema bekräftigt, ist Porzia. Ihr Eingreifen in die Krimihandlung erinnert stark an mittelalterliche Geschichten vom wundersamen Eingreifen Marias. Es gibt sogar Geschichten von Maria, die sich an Gerichtsverhandlungen beteiligt; Nevill Coghill hat auf die Bedeutung des mittelalterlichen Teufelsprozesses hingewiesen, in dem der Teufel in Form eines Gerichtsverfahrens aus Gründen der Gerechtigkeit die Seelen der Menschen beansprucht und Maria als Verteidigerin Gnade fordert und erhält. Als Porzia ihre berühmte Rede über Gnade hält, „die Art der Gnade weiß von keinem Zwang", ist sie die Verkörperung der Gnade, eine Erscheinung der heiligen Jungfrau. Gewiss, Porzia bleibt nicht Jungfrau, aber ihre Heirat mit Bassanio (der für die sündhafte Menschheit steht) findet auf dem märchenhaften Landsitz Belmont nach mystischen Initiationsriten statt und zeigt Anklänge an die Aufnahme des Menschen in den Himmel, dessen Königin Maria ist.

Sowohl *Der Jude von Malta* als auch *Der Kaufmann von Venedig* sind Werke der Judenhetze; die „romantische" Vorstellung von Shylock als verständnisvolles Bild ethnischer Unterdrückung ist von den meisten Kritikern zu Recht fallen gelassen worden. Von dieser Zeit an ist allerdings, obwohl der Einfluss der Figur des Shylock auf Schriftsteller groß gewesen ist, die unbefangene Bosheit von Shakespeares Behandlung des Themas für keinen Autor von wahrer Größe mehr möglich gewesen.

Im 18. Jahrhundert erwachte das christliche Gewissen gegenüber den Juden, und zum ersten Mal gab es angesehene Schriftsteller, die Juden in einem vorteilhafteren Licht darstellten. Der Wegbereiter dieser Annäherung war Lessing, dessen großzügiger Geist und Freundschaft mit Moses Mendelssohn ihm die Erkenntnis ermöglichten, wie die Juden verleumdet worden waren. Lessings Stück *Nathan der Weise* (1779) ist das erste Werk seit der Zeit, als die Geschichte von des Juden Tochter auftauchte, in dem diese Geschichte eine projüdische Wendung bekommt.

In *Nathan der Weise* können wir viele Mittel entdecken, durch die das sich entwickelnde christliche, oder besser das aufgeklärte Gewissen anstrebte, die Geschichte von des Juden Tochter in ein Instrument des Guten zu verwandeln. Der fromme alte Jude Nathan hat eine väterliche Beziehung zu dem Mädchen Recha, das er adoptiert hat und das allgemein für seine Tochter gehalten wird. Der christliche Liebhaber ist ein Tempelritter, Leu von Filnek, der Rechas Leben rettet, aber Nathan mit christlicher Verachtung behandelt. Allmählich jedoch lernt der Templer durch seine Liebe zu Recha, auch Nathan zu lieben und zu achten.

Die Moral der Geschichte ist die Notwendigkeit religiöser Toleranz. Der Jude ist immer noch ein alter Mann und Witwer wie Shylock; noch gibt es das Motiv der Feindschaft zwischen christlichem Liebhaber und jüdischem Vater. Doch die Geschichte löst sich in ein Traktat über religiöse Toleranz auf. Der christliche Liebhaber und die Tochter des Juden (deren christliche Herkunft ans Licht kommt) erweisen sich als Bruder und Schwester, mit einem ehemals muslimischen Vater. Man kann Lessings Mut in diesem projüdischen Werk nicht genug bewundern; aber man muss zur Kenntnis nehmen, dass die ästhetischen Schwächen der späteren Versuche zur Säuberung der Geschichte von des Juden Tochter bereits vorhanden sind. Die Geschichte ist nicht so sehr verwandelt als entschärft.

Der zweite derartige Versuch war Maria Edgeworth' Roman *Harrington* (1817). Dieser Roman wurde in einem Geist bewusster Wiedergutmachung geschrieben; denn Maria Edgeworth hatte ihre früheren Romane mit schurkischen, finsteren Juden gefüllt. War Maria Edgeworth von *Nathan der Weise* beeinflusst oder gelangte sie unabhängig zu ihrer Lösung des Problems, eine zivilisierte Fassung der Geschichte von des Juden Tochter abzuliefern? *Nathan der Weise* wurde vor 1800 ins Englische übersetzt, und damals war das Interesse an deutscher Literatur groß. Jedenfalls macht auch Maria Edgeworth den jüdischen Vater (Montenero) zu einem guten, weisen Kaufmann wie Nathan. Auch sie hüllt die Herkunft der Tochter (Berenice) in Rätsel und offenbart am Ende, dass sie englisch-protestantisch ist, sodass die Heirat zwischen ihr und ihrem Liebhaber (Harrington) mit dem Segen des Vaters stattfinden kann. Wie zuvor wirkt dieses Mittel irgendwie ernüchternd. Die innere Bedeutung und der mythische Rang der Geschichte verflüchtigen sich zusammen mit der religiösen Spannung. *Harrington* ist ein sehr unbedeutendes Werk, aber es nimmt einen ehrenwerten Platz in der Geschichte von des Juden Tochter ein und hatte zweifellos Einfluss auf Scotts *Ivanhoe*, der zwei Jahre später erschien.

In *Ivanhoe* macht der Prozess, die Geschichte von des Juden Tochter zu säubern, einen Schritt zurück; denn Isaac der Jude, der Vater, ist eine viel weniger sympathische Figur als Nathan oder Montenero. Israel Abrahams hat sogar behauptet, das eigentliche Vorbild für *Ivanhoe* sei *Der Jude von Malta*. Trotz Abrahams' Argumenten meine ich, dass *Der Kaufmann von Venedig* der eigentliche Einfluss ist. Tatsächlich ist der Schlüssel zu *Ivanhoe* (als Behandlung der Geschichte von des Juden Tochter betrachtet) die Verkörperung des „romantischen" Missverständnisses von Shylock.

Alles, was romantische Kritiker über Shylock sagen, gilt auch für Isaac. Scott zeichnet Isaac nämlich als Person von verkümmertem, habgierigem Charakter, dessen Mängel jedoch von der unverzeihlichen christlichen Verfolgung ausgehen, denen die Juden des Mittelalters ausgesetzt waren; er zeichnet Isaac allerdings mit den versöhnlichen Zügen, dass er seine Tochter Rebecca noch mehr liebt als seine Geldsäcke. In *Der Kaufmann von Venedig* rühren Shylocks Mängel nicht aus der christlichen Verfolgung, die nirgendwo verurteilt wird; und Shylock liebt seine Tochter Jessica nicht mehr als seine Geldsäcke, sondern stellt Tochter und Geldsäcke als seinen Besitz auf dieselbe Stufe. Die „romantische" Version von Shylock hatte schon begonnen, bevor Scott *Ivanhoe* schrieb, und zwar in der gutherzigen, wenngleich künstlerisch fehlgeleiteten Darstellung des Schauspielers Macready. Wir können also *Ivanhoe* als Scotts Übertragung einer gängigen kritischen Fehldeutung von *Der Kaufmann von Venedig* in künstlerische Realität betrachten.

Trotz des großen Unterschieds zwischen dem unwürdigen Isaac und dem edlen Nathan scheint es möglich, dass Scott auch von Lessing beeinflusst war. Der mittelalterliche Rahmen der Geschichte ist viel näher an Lessing als an Shakespeare. Die Figur des Tempelritters erscheint bei Lessing wie bei Scott und spielt eine ein wenig ähnliche Rolle. Scott mag durchaus gespürt haben, dass die Darstellungen edler Juden von Lessing und Maria Edgeworth (und in dem Stück *Der Jude* von Richard Cumberland 1794) unrealistisch waren und dass der Sache der Toleranz mit solchem Mangel an Realismus nicht gedient war. Die Verfolgung der Juden, spürte Scott, musste im jüdischen Charakter eine tiefe Deformierung verursacht haben, die freilich der christlichen Verfolgung angelastet werden sollte. Scott hatte nicht den Vorteil einer persönlichen Bekanntschaft mit jemandem wie Moses Mendelssohn, der die besten und edelsten Eigenschaften des mittelalterlichen Juden mit den Errungenschaften der nichtjüdischen Aufklärung vereinte. Scott hatte keine Kenntnis von dem Ausmaß, in dem die Juden des Mittelalters durch ihren Stolz auf Bildung der Demoralisierung entgingen. Isaacs Charakter enthält nichts davon – was zeigt, wie unrealistisch Realismus oft ist.

Doch Scott gleicht Isaacs Unwürdigkeit durch die besondere Betonung der Herzensgüte seiner Tochter Rebecca aus. In gewisser Hinsicht ist dies nichts Neues; denn der Gegensatz zwischen der Schönheit und Güte der Tochter und der Unwürdigkeit und Hässlichkeit des Vaters ist eine der ältesten Zutaten zu der Geschichte von des Juden Tochter. Neu dagegen ist, dass Rebeccas Güte nicht mehr mit dem Christentum verknüpft ist, sondern aus ihrem Judentum abgeleitet wird. Sie tadelt Ivanhoe sogar beredt von einem jüdischen Standpunkt aus wegen der Unzulänglichkeit der christlichen Idee des Rittertums mit seiner Verherrlichung der Gewalt. Dieses Element von Scotts Geschichte ist ein echter Fortschritt, eine wirklich originelle künstlerische Entwicklung der Geschichte in einem aufgeklärten Geist. Wie Rebecca die Reinheit ihres Judentums in einem so verdorbenen Umfeld bewahren konnte, wie es durch den Charakter ihres Vaters dargestellt ist, bleibt ein ungelöstes Rätsel. Aber zumindest greift Scott nicht zu dem Mittel, am Ende aufzudecken, dass Rebecca die ganze Zeit Christin war, ein Mittel, das nur eine raffiniertere Version jenes mittelalterlichen Aspekts der Geschichte ist, durch den die Tochter des Juden eine *anima naturaliter Christiana* (eine von Natur aus christliche Seele) ist und dankbar in das Christentum flüchtet.

Die Rolle des Liebhabers in *Ivanhoe* ist zwischen dem Tempelritter Bois Guilbert und dem Sachsen Wilfried von Ivanhoe geteilt. Zwei Aspekte des Liebhabers sind auf zwei Figuren aufgespalten; der Tempelritter stiehlt die Tochter, und der Sachse wird von ihr geliebt. Es gibt keine Vergebung für den Diebstahl der Tochter durch den schlechten Christen; aber die Liebe der Tochter zum guten Christen bleibt unerwidert und wird von ihr als hoffnungslos betrachtet. Wie Abigail in *Der Jude von Malta*, der sie ähnlich ist, bleibt Rebecca ehelos; Abigail, zum Christentum übergetreten, wird Nonne, und Rebecca, dem Judentum treu, wählt ein entsprechendes jüdisches Leben. Dieser Aspekt von Scotts Geschichte, nach dem die Tochter des Juden vergebens liebt, wird einen starken Einfluss auf spätere unerwartete Entwicklungen in der Geschichte haben.

Die letzte und bedeutendste Entwicklung der Geschichte von des Juden Tochter von einem projüdischen Standpunkt findet sich in George Eliots *Daniel Deronda* (1876). In diesem Werk sind die Umrisse der ursprünglichen Geschichte deutlich zu erkennen. Es gibt den schurkischen alten jüdischen Vater Lapidoth und die schöne tugendhafte Tochter Mirah. Es gibt den christlichen Liebhaber Hans und auch Deronda (bevor er sich als Jude herausstellt). Aber die Geschichte ist gründlich verwandelt. Der schurkische jüdische Vater ist vom Judentum abgefallen; die wahre Vaterfigur in der Geschichte ist Mordecai, Mirahs älterer Bruder, der gut und weise ist wie Nathan. Von den zwei Liebhabern wird Hans, der Christ, von Mirah abgewiesen, und der andere, Deronda, den Mirah liebt, erweist sich in Umkehrung von Lessing und Maria Edgeworth als Jude. Diese Geschichte, von einer Person geschrieben, die mehr über Juden und Judentum wusste als frühere Bearbeiter des Themas, sogar als Lessing, leistet wirkliche Wiedergutmachung für die Ungerechtigkeit, den Hass und die Anmaßung der ursprünglichen Geschichte von des Juden Tochter. Sie löst auch den Konflikt in jener Geschichte zwischen patriarchalischen und matriarchalischen Tendenzen und „versöhnt Väter mit Söhnen und Söhne mit Vätern". Denn der Vater in dieser Geschichte (Mordecai) sehnt den Auftritt des Sohns (Deronda) herbei, erkennt ihn, als er tatsächlich erscheint und will nicht wahrhaben, dass er ein Fremder ist. Die Tochter Mirah ist in einem nicht unheiligen Bund mit dem Sohn gegen den Vater; alle drei sind vereint in Liebe. Wie Mirah einen falschen Vater hat, Lapidoth, hat Deronda eine falsche Mutter, die eine gegen den eigenen Vater rebellische Tochter ist. Derondas Mutter (eine Sängerin wie Mirah) steht in der Geschichte für die ursprüngliche abtrünnige Tochter; aber sie (oder eher das, wofür sie steht) wird von dem Sohn zurückgewiesen, der das angebotene Bündnis gegen den Vater ablehnt und sich vielmehr mit ihm verbünden und identifizieren will, doch ohne seine eigene Identität in der Weise zu opfern, wie sie durch den Kreuzigungsmythos symbolisiert wird. (Derondas Mutter ist eine große Sängerin, während Mirahs Talent „nicht für große Aufgaben" genügt. Hier macht sich wieder George Eliots Romantik geltend.) Das ganze Buch verfolgt in vielfältiger hintergründiger Weise die Themen des Gegensatzes und der Aussöhnung zwischen Eltern und Kindern und gelangt zu einer jüdischen Lösung. Es ist eine Art Psychoanalyse der mittelalterlichen Geschichte von des Juden Tochter, durch die ihre rauen Konflikte gelöst werden.

Es ist nicht mehr in Mode, den jüdischen Aspekt von *Daniel Deronda* als Fehlschlag abzuqualifizieren.[3] Man muss jedoch einräumen, dass der jüdische Teil des Buches größer in der Absicht als in der Ausführung ist. Ist es vorprogrammiert, dass einem Werk mit so bewusst guten Absichten etwa die Ungezwungenheit fehlt? Meine Diagnose würde anders ausfallen. Ich würde sagen, dass *Daniel Deronda* an der Idee der Toleranz leidet. Dieses von Lessing übernommene Thema hat eine abstumpfende Wirkung, da es die wirklichen Unterschiede ignoriert, die zwischen den christlichen und jüdischen religiösen Grundhaltungen bestehen. Die ursprüngliche Geschichte mit all ihren moralischen Mängeln ist näher an der Stärke des Konflikts zwischen den zwei Religionen. Deshalb fehlt es der Figur des Mordecai an Biss, obwohl das tiefe Verständnis für jüdische Erwartungen, das in ihr zutage tritt, sie für jüdische Leser immer zu einem bewegenden Porträt machen wird. In jedem Fall ist *Daniel Deronda* der Höhepunkt dessen, was man als die aufgeklärte Phase der Geschichte von des Juden Tochter bezeichnen könnte, die Phase, in welcher der Versuch gemacht wurde, den antijüdischen Inhalt der Geschichte im Namen von Toleranz, Anstand und Vernunft auszutreiben.

Freilich war George Eliot, insofern als sie eine Person der Aufklärung war, ein Anachronismus im Zeitalter der Romantik. Das Bemühen um eine vernünftige Begründung der Geschichte begann im 18. Jahrhundert; aber die romantische Reaktion gegen diese Rationalisierung war bereits im Gange, bevor das 19. Jahrhundert weit fortgeschritten war. Scotts Umkehrung des Bildes von dem unwürdigen, hässlichen alten Juden war vielleicht bewusst ein Ausdruck von „Realismus", aber unbewusst war es seitens des romantischen Romanciers die Erkenntnis der Tatsache, dass der hässliche alte Jude eine Figur von viel größerer archetypischer Kraft war als Lessings hochherziger Nathan. In der Figur von Isaac dem Juden können wir die Mehrdeutigkeiten erspüren, durch welche die romantische Bewegung sowohl den modernen Liberalismus als auch die reaktionären Strömungen, die im Faschismus gipfelten, hervorbringen konnte.

Dickens' Fagin war eine Schöpfung der romantischen Fantasie in ihrer heftigsten Form, und es ist in mehrfacher Hinsicht ein Rückfall in den albtraumhaften jüdischen Popanz des Mittelalters. (Selbst Fagins roter Bart kommt von der Schilderung des Judas und des Teufels im Mittelalter, und dieses Merkmal selbst ist abgeleitet vom roten Haar jener heidnischen Ahnen des christlichen Teufels wie des bösen Gottes Set, des Gegners von Osiris.) Edgar Rosenberg hat darauf hingewiesen, dass die Geschichte von des Juden Tochter ein Quäntchen Einfluss sogar in Oliver Twist hat, denn die großherzige Prostituierte Nancy hat eine Art Tochterbeziehung zu Fagin, und sie verrät ihn am Ende. Selbst Trollope ist von der romantisch-realistischen Reaktion beeinflusst, und seine Version der Geschichte von des Juden Tochter, *The Way We Live Now*, hat einen schurkischen Vater-Juden, allerdings sind die Tochter wie der christliche Liebhaber ebenfalls schurkisch. Im Roman des 20. Jahrhunderts (vor der Zeit der Gaskammern) hat die Faszination von dem bösen Juden alles in allem triumphiert über die Forderungen der Aufklärung, des Rationalismus und des Gewissens. Graham Greene, Evelyn Waugh und Wyndham Lewis trugen alle zur Galerie niederträchtiger Juden bei, fügten jedoch der Geschichte von des Juden Tochter nichts hinzu. Das Verschwinden der Tochter ist interessant: Dickens hatte den Juden zu abscheulich gemacht, um (jedenfalls offen) seine Vaterrolle zu behalten. Der mittelalterliche Zauberer-Jude hat eine böse Würde, die den Diebstahl seiner Tochter emotional lohnend macht.

Der einzige wirkliche Beitrag zur Geschichte von des Juden Tochter, den die Spätromantik leistete, war Du Mauriers *Trilby* (1896), ein Buch, das wichtig ist trotz seines geringen literarischen Wertes, weil es viel gelesen wurde. Svengali ist Jude und Trilby steht in einer Tochterbeziehung zu ihm. (Trilby ist nicht jüdisch, aber ihre äußerste Unterwürfigkeit gegenüber Svengali, als sie unter seinem hypnotischen Einfluss steht, bildet eine Parallele zu der Doppelrolle der mittelalterlichen Tochter des Juden mit ihrer jüdischen Geburt, doch christlichen Seele.) Das Buch ist ein romantisches Sammelsurium, das von überall Elemente stiehlt. Trilbys Karriere als Sängerin ist von Mirahs in *Daniel Deronda* abgeleitet. Svengali selbst mit seinen hypnotischen Kräften ist eine Rückkehr zu der ursprünglichen mittelalterlichen Legende von dem jüdischen Zauberer, aber die unmittelbare Quelle ist die Legende vom Ewigen Juden in ihren gängigen Ausgestaltungen. Zusammen mit der furchterregenderen Seite von Svengalis Charakter (in dem der Einfluss von George Eliots Musiker Klesmer entdeckt werden kann), finden sich Züge, die von Shylock und Fagin abgeleitet sind. In seiner seltsamen Kombination von Furcht, Bewunderung und

Verachtung ist Du Mauriers Bild von Svengali bedeutsam und sogar prophetisch für den Ton des Antisemitismus des 20. Jahrhunderts. Es ist auch bezeichnend, dass Du Maurier in einem anderen Roman, *The Martian*, neben seinem Antisemitismus eine erotische Fixierung auf jüdische Frauen verrät. Du Maurier war halb Franzose, und diese Fixierung war weitgehend ein kontinentales Phänomen. In der englischen Literatur verlor der Vater seine Tochter, wie wir gesehen haben; aber auf dem Kontinent verlor die Tochter den Vater. Sie erlangte eine unabhängige Existenz als „la belle juive" in einer Masse von Literatur, die von Autoren wie Balzac, Huysmans, Maupassant, Zola und sogar Proust bis hinunter zur billigsten Pornografie reicht. Sartre bemerkt (*Überlegungen zur Judenfrage*): „In den Worten ‚eine schöne Jüdin' liegt eine ganz besondere sexuelle Bedeutung... die auf Schilderungen von Auspeitschungen spezialisierte Literatur räumt den Jüdinnen einen Ehrenplatz ein." Sartre verweist im Weiteren auf Literatur, in der die unterwürfige Jüdin einen gleichgültigen Christen liebt, der sie am Ende verlässt. Welche Bedeutung hat diese Veränderung, durch die die reizende Tochter ihre Unbescholtenheit verliert und eine gutherzige Hure, eine liebende, aber schlecht behandelte Geliebte oder sogar ein ausgesuchtes Opfer von sexuellem Sadismus wird?

Tatsächlich war auch dies eine Zutat des ursprünglichen antiken Mythos. Theseus, von der herzensguten Ariadne vor dem Minotauros im Labyrinth ihres Vaters Minos gerettet, verlässt sie auf dem Heimweg nach Athen und lässt sie auf der Insel Naxos zurück. Medea, Zauberin und Tochter des Zauberers Aietes, rettet Jason, der mit ihr flieht, ihr aber später untreu wird. Da der Diebstahl der Tochter im Kern ein Ausdruck der Feindschaft gegen den Vater ist, kann es keine wahre Liebe zwischen Tochter und Liebhaber geben. Die größtmögliche Rache am Vater ist es, seine Tochter zu stehlen, seinen wertvollsten Besitz, und sie dann mit Verachtung zu behandeln. Jede Demütigung, die die Tochter ertragen muss, ist ein weiterer Schlag gegen den abwesenden Vater. Die Tatsache, dass sie vertrauensselig und liebend ist, macht den Sadismus nur noch süßer. Natürlich hat die archetypische Figur der Prostituierten mehr als eine Bedeutung. Die Tatsache, dass die Tochter gegenüber dem Vater untreu gewesen ist, bedeutet, dass ihr auch der Sohn nicht trauen kann. Solange Väter und Söhne nicht ausgesöhnt sind, werden Ehen wahrscheinlich nicht glücklich sein.

Eine noch tiefere Bedeutung der jüdischen Prostituierten ist Maupassants Geschichte *Die Unbekannte* zu entnehmen, wo sie das Ewig-Weibliche geworden ist, angsteinflößend und faszinierend, ihre Gunst verteilend ohne Rücksicht auf von Männern gemachte Gesetze, das ursprüngliche

Matriarchat oder die Große Göttin. Es besteht eine Verwandtschaft zwischen der Jüdin in dieser Geschichte und der Tochter des Juden in der mittelalterlichen Ballade von Hugh of Lincoln. In einigen von Maupassants Geschichten hat die jüdische Prostituierte eine andere Bedeutung. Sie ist eine Art Christusgestalt geworden, die die Sünden der Menschheit auf sich nimmt. Aber die Hauptbedeutung der jüdischen Prostituierten ist zweifellos, dass sie die Niederlage des jüdischen Vaters symbolisiert. Nach den großen Aktionen der Demütigung des 13. und 14. Jahrhunderts schien es, als läge der Jude völlig am Boden. Wir sehen die Entwürdigung des Vaters in Marlowes Barabas, der nicht wagt, offene Feindschaft gegenüber den christlichen Liebhabern seiner Tochter zu zeigen, sie aber durch heimliche Ränke vernichtet, nachdem er sie scheinbar ermutigt hat. Zu Shakespeares Gunsten spricht zumindest, dass er sich von dieser Neuerung befreit; bei all seinen Fehlern hat Shylock die Würde des bösen Vaters wiedererlangt, der offen gegen den Liebhaber seiner Tochter auftritt. Scott trägt trotz des ganzen Edelmuts, mit dem er die Tochter ausstattet, zu ihrer letztendlichen Erniedrigung bei, indem er sie in ihrer unerwiderten und hoffnungslosen Liebe dem Liebhaber untertan macht. Dickens' Fagin nimmt dem Vater-Juden jeden Funken von Würde. Fagin ist ein lächerlicher, schleimender Wicht, der mit weibischer, feiger Bosheit lispelt und immer heimlich zuschlägt; er ist der kastrierte Vater. Im letzten Stadium ist der Vater verschwunden; die Tochter als Prostituierte erscheint ohne ihn. Doch der Geist des toten Vaters bleibt zurück, um die Genugtuung des Liebhabers zu verschärfen, der die Tochter mit Verachtung behandelt.

Die Demütigung der Frauen eines fremden Stammes ist natürlich ein sehr verbreitetes Phänomen. Margaret Meade beschreibt den melanesischen Stamm der Manus[4], die aufgegriffene und gestohlene Frauen eines benachbarten verfeindeten Stammes sadistisch misshandeln und sexuell demütigen. Das exogame Element in der Geschichte von des Juden Tochter ist wichtig und leitet sich von dem ursprünglichen antiken Mythos ab. Theseus und Jason sind beide Fremde. Ein ähnliches Tyrannisieren der gestohlenen Tochter ist in Stücken wie John Osbornes *Blick zurück im Zorn* zu sehen, wo das Thema eher Hypergamie als Exogamie ist und der „Held" aus der Arbeiterklasse durch seine Frau Rache an der Oberschicht nimmt. Aber der exogame Aspekt ist eigentlich nur eine andere Facette der ödipalen Situation. Es ist die Entfremdung zwischen Vater und Sohn, die den Sohn zum Fremdling macht. Der landlose Fremde, wie zum Beispiel Jason oder Theseus, ist einfach der Sohn in seiner Schwäche und Entbehrung, der seine kümmerliche Stärke gegen den privilegierten Vater ausspielt. Man wird aus dem vorangehenden Bericht von der Geschichte von des Juden Tochter sehen, dass ihre Entwicklung weit von einem kontinuierlichen moralischen Fortschritt entfernt gewesen ist. Der aufgeklärte Versuch, die Geschichte zu zivilisieren, scheiterte wegen der typischen Unwissenheit der Aufklärung von den Triebfedern der menschlichen Natur. Die romantische Reaktion erschloss tiefere Schichten der Seele; aber sie ließ auch Teufel aus dem Unbewussten frei. Die Geschichte von des Juden reizender Tochter ist nun stumm. Doch die Konflikte und Ängste, die sie enthält, bleiben ungelöst.

Anmerkungen

1 Hierzu sollte man das Kapitel „Les Miracles de Notre Dame" in Adams' *Mont-Saint-Michel and Chartres*, Princeton, NJ, 1981, lesen.
2 Siehe zum Beispiel David G. Goodman und Masanori Miyazawa, *Jews in the Japanese Mind*, New York 1995.
3 Siehe F. R. Leavis, „George Eliot's Zionist Novel", Kommentar, Oktober 1960, und William Baker, „George Eliot's Daniel Deronda", *The Jewish Quarterly*, Frühjahr 1969.
4 Margaret Meade, *Growing up in New Guinea*, New York 2001.

Kapitel 8

Shakespeare und Shylock

Wir lernen, dass Shakespeare „über wenig Latein und noch weniger Griechisch“ verfügte, aber dies hinderte ihn nicht daran, eine der großen Persönlichkeiten der Renaissance zu sein. Die Renaissance stand im Zeichen des Humanismus, und die Wiederbelebung der griechischen und lateinischen Gelehrsamkeit war ein Teil davon. Aber der Geist des Humanismus gehörte nicht nur jenen, die sich in den griechischen und lateinischen Klassikern in den Originalsprachen gebildet hatten. Shakespeare hatte Plutarch in der englischen Übersetzung von North gelesen, aber die Geschichten menschlicher Heldentaten und Leiden, die er dort vorfand, regten seine Fantasie zu seinen Meisterwerken an: über das Altertum *Antonius und Cleopatra*, *Julius Cäsar* und *Coriolanus*, über die Neuzeit den Zyklus der englischen Historienstücke, die Tragödien, die mit den großen Leistungen des Athener Dramas wetteiferten und sie übertrafen, und die Komödien, die von dem häuslichen Drama des Menander ausgingen.

Aber zu Shakespeares Hintergrund gehörte auch die Literatur des christlichen Mittelalters und ein Teil dieser Literatur waren wiederum die Passionsspiele und Moralitäten, die ungemein beliebt waren und oft antisemitische Themen hatten. Shakespeares Stück *Der Kaufmann von Venedig* griff das gegen Juden hetzende Motiv der mittelalterlichen Stücke auf und erhob es in die hohe Kunst im Geist der Renaissance. Dies verhinderte nicht, dass das Thema zutiefst verletzend für die Juden war. Die künstlerische Leistung von Shakespeares Darbietung machte das Thema sogar noch gefährlicher, als es zuvor gewesen war. Shakespeare muss zu jenen gerechnet werden, die den Antisemitismus in die Neuzeit in einer Form übermittelten, die über die Ursprünge des Antisemitismus in der religiösen Rivalität zwischen Christentum und Judentum hinauswies und doch letztendlich nicht von ihnen abwich.

Viele Autoren haben zu bestreiten versucht, dass Shakespeares Stück über Shylock überhaupt antisemitisch sei. Doch über die zweihundert Jahre, die seiner ersten Aufführung folgten, wurde *Der Kaufmann von Venedig* als gegen die Juden hetzendes Stück inszeniert, gespielt und von den Zuschauern genossen. Hinsichtlich der Häufigkeit der Aufführungen ist es immer das beliebteste von Shakespeares Stücken gewesen. Die romantische Version von Shylock (die ihn als sympathischen Charakter darstellt) wurde erstmals von dem Schauspieler Macready eingeführt und in der Literatur von Heine, Hazlitt und anderen in Worte gefasst. Dieses wohlwollende Porträt beruhte hauptsächlich auf einem einzigen kurzen Abschnitt, „Hat nicht ein Jude Augen?" Der Abschnitt wird von heutigen Schauspielern im Allgemeinen in ergreifender Weise gegeben, voller Pein und Pathos. Aber es ist zweifelhaft, ob es Shakespeares Absicht war, ihn so vorzutragen zu lassen. Die wesentlichen Emotionen der Rede insgesamt genommen sind Zorn und Wunsch nach Rache, obwohl sie nebenbei Christen tadelt, sich jenen angeblich typisch jüdischen Fehler, das Rachegelüst, zuschulden kommen zu lassen.

Der Abschnitt räumt freilich ein, dass Shylock ein Angehöriger der menschlichen Rasse ist. Die Dankbarkeit der Juden gegenüber Shakespeare für seine Versicherung in diesem Punkt hat ein gewisses Pathos, aber Tatsache ist, dass Shylock ein halbwegs glaubwürdiger Charakter sein musste, wenn er den Hass des Publikums auf sich ziehen sollte. Indem Shakespeare Shylock zu einem lebendigen, atmenden Schurken macht statt zu einem komischen Buhmann (wie Judas und Herodes in den Passionsspielen), steigert er die antijüdische Atmosphäre eher, als dass er sie dämpft. Shakespeare bemüht sich, bei all seinen Schurken die Menschlichkeit zu wahren, selbst bei Jago und Richard III.

Tatsächlich *wurde* Shylock über viele Jahre als komischer Buhmann gespielt.[1] Es war der gefeierte Schauspieler Charles Macklin (1690–1797), der die Rolle zum ersten Mal ernsthaft als die Personifizierung des Bösen spielte. Er verwendete einen bisher nicht gekannten Realismus im Akzent, in der Kleidung und allgemeinen Erscheinung der Rolle als jüdisch und betonte gleichzeitig die „Heimtücke, die Gemeinheit und die teuflische Grausamkeit der Rolle", wie ein zeitgenössischer Bericht es ausdrückte. Diese Darstellung wurde mit außerordentlicher Begeisterung aufgenommen, und Pope sagte (angeblich): „Dies ist der Jude, den Shakespeare zeichnete.“ Andererseits war einer der Pioniere (nach Macready) der Darstellung Shylocks als sympathischer Charakter Sir Henry Irving, der in seiner einflussreichen Inszenierung von 1879 die Würde Shylocks hervorhob. Von da an gab es viele Inszenierungen, die Shylock nicht nur als ehrwürdigen, im Grunde edlen Charakter zeigten, sondern auch zu zeigen versuchten, dass seine aggressiven, rachsüchtigen Züge die Schuld der christlichen Rollen in dem Stück waren, die ihn hänselten und beleidigten. Nach dieser Auslegung war Shakespeare kein Antisemit, sondern seiner Zeit weit voraus, da er ja den Antisemitismus beklagte.

Doch diese wohlmeinende Tendenz übersieht die wichtigsten Aspekte des Stückes. Shylock ist schließlich eine höchst unangenehme Figur. Man könnte sagen, dass er nicht annähernd so schurkenhaft ist wie der Jude Barabas in Marlowes *Der Jude von Malta*, der (wahrscheinlich) zwischen 1589 und 1592 auf die Bühne gebracht wurde, vier Jahre vor *Der Kaufmann von Venedig*. Barabas ist ein Mörder, Schwindler und Hurer, während Shylock keines juristischen Verbrechens schuldig ist; selbst seine Forderung nach seinem Pfund Fleisch liegt im Rahmen des Gesetzes. Doch vom Standpunkt der Judenhetze ist Shylock der abträglichere Charakter. Wir können in ihm das antijüdische Stereotyp erkennen, dessen sich die Nazis bedienten. Barabas zeigt in seiner ganzen Niedertracht Größe, Stil und Großzügigkeit. Seine Verbrechen sind von großem Umfang, wie seine geschäftlichen Unternehmungen, während Shylocks Schurkerei, wie sein Geschäft im Wucher, keine Risiken birgt. Als Geschäftsmann ähnelt Barabas eher Antonio als Shylock; seine Handelsschiffe suchen die fernsten Gegenden der Erde auf. Marlowe zeigt sogar Wertschätzung der Tatsache, dass Juden an Bildung ebenso interessiert waren wie am Geschäft, denn einer von Marlowes Charakteren leiht ein seltenes gelehrtes Werk von Barabas aus.

Shylock dagegen wird als einer porträtiert, dessen ganzer Horizont von Geld begrenzt ist. Der einzige Hinweis auf gelehrte Interessen liegt in den erbärmlich schwachen Argumenten zugunsten des Wuchers, die Shakespeare Shylock in den Mund legt. Shakespeare weiß ganz eindeutig nichts von der Behandlung der Zinszahlung im Talmud und seinen Kommentaren. Ein jüdischer Geldverleiher hätte etwas viel Interessanteres zum Thema zu sagen als Shylocks kindisches Wortspiel über Jakobs gestreiftes Schaf.

Der Unterschied zwischen Marlowes Barabas und Shakespeares Shylock ist von gewissem historischem Interesse. Bis zum 13. Jahrhundert glichen Juden in der Art ihres Geschäftsbetriebs eher Barabas (oder Antonio) als Shylock. Es gab große Reisende und Hasardeure. Das Wachstum der

Kaufmannszünfte im 13. Jahrhundert versperrte den Juden durch den Ausschluss aus den Zünften den Zugang zu Rohstoffen. Sie waren gezwungen, ihr akkumuliertes Kapital als Bankiers zu verwenden, das heißt, in der Terminologie der Kirche, als Wucherer. Im 15. Jahrhundert schließlich lockerte die Kirche ihre eignen Regeln gegen Wucher, und die christlichen lombardischen Bankiers drängten die Juden aus dem großen Bankgeschäft. Die Juden sanken auf den Stand von Hausierern, kleinen Pfandleihern und Altkleiderhändlern hinab. Sie wurden von den gehobenen Berufen ausgesperrt und durften nicht einmal mit neuer Kleidung handeln.

Shakespeares Bild vom Juden als dem Wucherer Shylock statt des Großkaufmanns Barabas spiegelt den Wandel im Berufsleben der Juden im 13. Jahrhundert (allerdings ist es dennoch veraltet, weil jüdischer Geldverleih in großem Maßstab in Shakespeares Zeit bereits eine Sache der Vergangenheit war). Shylock ist ein gesetzestreuer Wucherer, kein räuberischer Giftmischer wie Barabas, aber er ist ein Geschöpf ohne Würde oder Größe des Geistes selbst in der Schurkerei. Shakespeare verbessert kaum das Bild von den Juden, sondern trägt zum ständigen Prozess der wirtschaftlichen Erniedrigung der Juden bei, ein Prozess, der die jüdische Moral beschädigte, aber nicht in dem beabsichtigten Maß, denn die Juden verfügten über Moral und kulturelle Ressourcen, die diesen Prozess zu überleben und zu überwinden vermochten.

Shylock wird als kleingeistig, herzlos und selbstgerecht geschildert. Er hasst Antonio, den großzügigen christlichen Helden des Stücks, und kostet die Aussicht aus, seinen Tod mit gesetzlichen Mitteln zu bewirken. Woher nahm Shakespeare die Details von Shylocks Charakter? Shakespeare kannte keine praktizierenden Juden, könnte allerdings einige konvertierte Juden gekannt haben. Seit der Vertreibung der Juden 1290 durften keine Juden mehr in England leben. Einer der konvertierten Juden, die in Shakespeares Zeit in England lebten, war Dr. Roderigo Lopez, der Arzt der Königin, der 1594 erhängt wurde, weil er angeblich an einer Verschwörung des Earl of Essex gegen die Königin beteiligt war. Die Historiker sind sich einig, dass er unschuldig war, aber es gab zur Zeit seiner Hinrichtung einen großen öffentlichen Aufschrei gegen ihn, und man nimmt an, dass Shakespeare die antisemitische Atmosphäre ausnutzte, um sein Stück über Shylock 1596 herauszubringen. Shakespeares Stück soll auf der Handlung einer italienischen Geschichte beruhen, in der die Rollen umgekehrt sind: Das Opfer ist ein Jude, die Person, die auf das Fleisch besteht, ein Christ. Falls diese Herleitung richtig ist, änderte Shakespeare bewusst die ursprüngliche Geschichte, um den Schurken zum Juden machen und so aus dem allgemeinen Hass auf Lopez Gewinn zu schlagen.

Aus welchen Quellen könnte Shakespeare Shylock konstruiert haben, da er ja keine praktizierenden Juden kannte? Ich schlage zwei Quellen vor: Eine war die puritanische Bewegung seiner Zeit, die andere war die Darstellung der Pharisäer im Neuen Testament. Nehmen wir die Puritaner zuerst.

Die Puritaner waren natürlich Christen, aber Shakespeare hatte nie ein gutes Wort für sie übrig. Ein verbreitetes Vorurteil setzte sie mit den Juden gleich; ihre Geistlichen nannte man mit Spitznamen „Rabbis". Der Grund dafür war ihr Interesse am Alten Testament, dessen Wortlaut sie ernst nahmen als Quelle der Morallehre, anstatt nur als Symbol der Ideen des Neuen Testaments. Diese Einstellung zum Alten Testament leitete sich, wie ich in Kapitel 1 erklärt habe, von Calvin ab, den die Puritaner als ihren Gründer verehrten. Shakespeare betrachtete die Puritaner als Spielverderber, denen Musik und Spaß verhasst waren. Das Paradebeispiel für diese Gestalt bei Shakespeare ist Malvolio in *Was ihr wollt.* Shylock ähnelt in mancher Hinsicht stark Malvolio. Sowohl Shylock als auch Malvolio hassen Musik, und das ist für Shakespeare gleichbedeutend mit Hass auf das Leben. Shylock sagt zu Jessica:

Was? gibt es Masken? Jessica, hör' an:
Verschließ die Tür, und wenn du Trommeln hörst
Und das Gequäk der quergehalsten Pfeife,
So klettre mir nicht an den Fenstern auf;
(II. Akt, 5. Szene)

Auch Malvolio hasste Musik und Spaß. Junker Tobias und seine Freunde sind eine nichtsnutzige Gruppe, aber sie wissen das Leben zu genießen. Malvolio nimmt sich selbst zu ernst; er glaubt, dass er etwas wert ist, dass er etwas verdient hat. Für Shakespeare ist das aber der Kardinalfehler; was uns für Spaß und Musik frei macht, ist die Erkenntnis, dass wir alle gleich nichtsnutzig sind.

Auch in *Der Kaufmann von Venedig* sind die Christen, die ihre Freude und Ausgelassenheit Shylocks nüchternem Trübsinn entgegenstellen, ein nichtsnutziger Haufen, wie Kritiker deutlich gemacht haben. Antonios Freunde geben sich keine Mühe, ihm zu helfen, Lorenzo und Jessica sind hinterlistige, diebische Taugenichtse, Bassanio ist ein egoistischer, scheinheiliger Mitgiftjäger, der sich nichts dabei denkt, den Reichtum seines Freundes aufs Spiel zu setzen. Aber in ihrer Nichtsnutzigkeit verlassen sie sich völlig auf die Großzügigkeit Gottes; sie verdienen nichts, also ist alles Geschenk. Als der Jude (oder Puritaner) mit seiner ermüdenden Forderung nach Gerechtigkeit beseitigt ist, wird die schwarze Wolke der

Verantwortung weggeschoben, und sie können alle spielen wie Kinder. Shylock ist wie ein Zuchtmeister, der alle bedrängt mit seiner Forderung, dass Menschen bekommen sollten, was sie verdienen, und folglich, dass sie sich anstrengen müssen, damit sie etwas verdienen.

Der fünfte Akt des Stückes findet in der ungewöhnlichen Atmosphäre des Freiseins von moralischer Zurückhaltung statt; die derbe Sprache vermittelt ein Gefühl von unschuldiger sexueller Freiheit. Es ist eine Atmosphäre von Kindheit. Shylock ist der einzige Erwachsene im Stück, und man ist ihn losgeworden. Nur sein Schatten bleibt, was das Kindheitsparadies von Belmont noch köstlicher macht. In diesem Kindheitsparadies liegt, für Shakespeare, die Anziehungskraft des Christentums.

Einige Kritiker weisen zu Recht auf die moralische Nichtsnutzigkeit der meisten christlichen Personen in dem Stück hin und sehen dies als Hinweis darauf, dass Shakespeare auf Shylocks Seite steht. Ganz und gar nicht; Shylock ist im Unrecht, weil er seine eigene Wertlosigkeit nicht begreift. Ein theologisches Argument wird herangezogen; die Lehre von der Erbsünde befreit die Menschen von der hoffnungslosen Suche nach Tugend. Natürlich gibt es die eine große Ausnahme, Antonio, der alles andere als nichtsnutzig ist. Aber er, so möchte ich behaupten, symbolisiert Christus selbst, der als Einziger frei von Sünde ist und der stirbt, um die Menschen vor den Folgen der Sünde zu retten.

Man wird sehen, dass ich den *Kaufmann von Venedig* nicht nur für ein gegen die Juden hetzendes Stück halte, obwohl ich meine, dass es antisemitisch ist. Ich glaube, das Stück liefert auch eine theologische Aussage; es ist eine großartige dramatische Darstellung des Konflikts zwischen Christentum und Judentum, freilich von einem christlichen Standpunkt aus geschrieben.

Shylock ist nicht einfach ein unangenehmer Jude; er steht für das Judentum, und in ihm wird klar, warum es, in christlichen Augen, durch das Christentum ersetzt werden musste. Der Puritanismus wird, soweit er ins Spiel kommt, als Rückfall ins Judentum angegriffen, ein Vorwurf, der tatsächlich oft von Gegnern des Calvinismus und Puritanismus erhoben wurde, obwohl er nicht ganz korrekt ist. Sicherlich ist es ein Fehler, die Juden als unmusikalisch zu bezichtigen; selten hat es ein Volk gegeben, für das Musik so wichtig war. Dass Shakespeare seinen Juden darstellt, als hasse er Musik, macht sehr deutlich, dass ihm die Juden völlig fremd waren. Da England den Juden zur Zeit Shakespeares versperrt war, konnte die Stimmigkeit seiner Darstellung nicht durch Tatsachen getrübt werden.

Sein Jude ist aus religiösen Quellen konstruiert, vom Puritanismus und vom Neuen Testament. Die wirklichen Juden sind im Allgemeinen weder unmusikalisch noch trübselig, obgleich sie sich für Moral und Gerechtigkeit interessieren und nicht an die Erbsünde glauben.

Dem Neuen Testament entnahm Shakespeare die Vorstellung von den Pharisäern, die den stärksten Einfluss auf sein Bild von Shylock ausübten. Das Neue Testament gibt ein unsympathisches Bild von den Pharisäern (mit gewissen Widersprüchen, etwa in der Gestalt Gamaliels). Vorgeworfen wird ihnen Heuchelei, Selbstgerechtigkeit, spitzfindiger Legalismus, freudlose Steifheit und grundsätzliche Grausamkeit. All diese Eigenschaften sind bei Shylock zu finden, und in gewisser Weise zeigt dies, dass Shakespeare die Pharisäer des Neuen Testaments im Sinn hatte. Als Shylock Antonio zum ersten Mal sieht, sagt er für sich: „Wie sieht er einem falschen Zöllner gleich!" (I. Akt, 3. Szene). Dies ist ein direkter Bezug zu einem Abschnitt über die Pharisäer und den Zöllner,[2] und tatsächlich durchzieht die Identifizierung Shylocks als Pharisäer das Stück.

Es ist erwähnenswert, das Shylock an keinem Punkt seines Lebens ein Rechtsvergehen zur Last gelegt wird. Dies ist höchst ungewöhnlich in einem gegen die Juden hetzenden Stück und zeigt, dass Shakespeare Shylock bewusst als jemanden zeigen wollte, der sich am Buchstaben festhielt, aber nicht am Geist. Wenn Shylock zum Beispiel das Vorbild Jakobs zitiert, als er sagt:

So kam er zum Gewinn und ward gesegnet:
Gewinn ist Segen, wenn man ihn nicht stiehlt.
(I. Akt, 3. Szene)

Shylock pflegte tatsächlich nicht zu stehlen; diese Art von Schurke ist er nicht. Dass Shylock aus der Bibel zitiert, um seinen Wucher zu verteidigen, zeigt seine äußerliche Ehrbarkeit. Antonio bemerkt:

Ein arg Gemüt, das heil'ges Zeugnis vorbringt,
Ist wie ein Schalk mit Lächeln auf der Wange,
Ein schöner Apfel, in dem Herzen faul.
O wie der Falschheit Außenseite glänzt!
(Ebd.)

Dies ist ein Bezug auf die Verleumdung der Pharisäer im Neuen Testament. „Weh euch, ihr Schriftgelehrten und Pharisäer, ihr Heuchler! Ihr seid wie die Gräber, die außen weiß angestrichen sind und schön aussehen; innen aber sind sie voll Knochen, Schmutz und Verwesung."[3] Shylock ist offensichtlich als praktizierender Jude angelegt. Er isst kein Schweinefleisch, geht in die Synagoge und hält den Sabbat ein. Er ist einer von jenen, die alles nur für den äußeren Eindruck tun. „Sie machen ihre Gebetsriemen breit und die Quasten ihrer Gewänder lang“[4], aber sind Kinder der Hölle.

Das wichtigste Beispiel für Shylocks pharisäische Treue zum Buchstaben des Gesetzes ist das zentrale Ereignis des Stücks, die Forderung nach dem Pfund Fleisch. Shylocks Beharren auf der Erfüllung des Versprechens folgt dem Buchstaben des Gesetzes und beruft sich auf das Gesetz. In der Gerichtsszene soll das Rechtsverständnis des Pharisäers mit dem höheren christlichen Rechtsbegriff konfrontiert werden, wonach Gnade das Gesetz übertrifft. Bevor ich aber diese zentrale Szene im Einzelnen untersuche, werde ich einige weitere Punkte erwähnen, die Shylocks Identifizierung mit dem Pharisäer klarmachen.

Shylocks Gebrauch der Bibel zur Verteidigung des Wuchers soll nicht nur seine Ehrbarkeit zeigen, sondern auch seinen Hang zu legalistischen Wortklaubereien. Sein schwaches Argument könnte von einem elisabethanischen Publikum durchaus als geschickt betrachtet werden, Antonios Gegenargument als gelehrt. Antonio betrachtet diese Art von Argument eher als nicht beachtenswert für einen Christen, lässt sich aber dazu herab, den Juden mit seinen eigenen Waffen zu schlagen. Das Muster des „betrogenen Betrügers“ erscheint erneut an einem entscheidenden Punkt im Stück, wenn es durch legalistische Spitzfindigkeit dazu kommt, dass Shylocks Rache vereitelt wird. Zum Charakter des Pharisäers des Neuen Testaments gehört die Liebe zur trockenen legalistischen Argumentation, etwa wenn die Pharisäer versuchen, Jesus durch spitzfindige Fragen eine Falle zu stellen, aber durch eine unerwartete Anwendung ihrer eigenen Methoden scheitern (z. B. Mt 12). Doch die „spitzfindigen“ Fragen der Pharisäer des Neuen Testaments sind nach den intellektuellen Ansprüchen der echten Pharisäer gerade so kindisch wie die Spitzfindigkeit, die Shakespeare Shylock in den Mund legt. Es war ziemlich leicht, solche Papp-Pharisäer zu widerlegen.

Allgemein zeigt der Charakter Shylocks eine Trockenheit und einen Mangel an Herzlichkeit und Spontaneität, was man als typisch für den Pharisäer ansah. Der Hang zu legalistischer Spitzfindigkeit ist ein Aspekt davon. Ein anderer ist Shylocks trockene, nüchterne Redeweise. Shylock verwendet sehr wenige metaphorische Ausdrücke, und wenn er es gelegentlich doch tut, wird es sofort zurückgenommen, zum Beispiel wenn er sagt: „Wasserdiebe… ich meine Korsaren“ (I. Akt, 3. Szene) oder „meines Hauses Ohren – die Fenster, mein' ich“ (II. Akt, 5. Szene). In ihm ist keine Poesie, genauso wenig wie Musik. Shylocks Wucher ist eigentlich ein weiterer Aspekt davon; denn er ist ein Wesen, das von Kalkulation lebt, nicht von Emotion. Er riskiert nichts und liefert sich in keiner Weise aus. Das leichtsinnige Glücksspiel und die Risikobereitschaft der Christen werden mit Shylocks sorgfältiger Kalkulation in der Moral wie im Geschäftsbereich kontrastiert. Der Pharisäer hat ein Konto bei Gott, in dem er Soll und Haben verbucht. Der Christ setzt alles für einen Augenblick der Hingabe aufs Spiel. „Wer aber sein Leben um meinetwillen und um des Evangeliums willen verliert, wird es retten“ (Mk 8, 35).

Shylocks emotionsloser Ton gilt auch für sein Verhältnis zu seiner Tochter. Heine versuchte darzulegen, dass er sie aufrichtig liebte, aber eine unvoreingenommene Lektüre zeigt, dass Shylock seine Tochter nur als seinen Besitz betrachtet, wie seine Dukaten. Es liegt durchaus in seinem Wesen, dass Shylock keine wirkliche Liebe für seine Tochter empfindet, denn er ist zu keiner Art von Liebe fähig. Dieser Teil der Geschichte weicht vielleicht am offenkundigsten von den Tatsachen der jüdischen Geschichte ab. Selbst Antisemiten haben die Tiefe jüdischer familiärer Liebe bezeugt. Doch diese familiäre Kälte war eine logische Folgerung aus den anderen Eigenschaften, die Shakespeare glaubte, Shylock geben zu müssen. Ein Pharisäer, entspräche er wirklich der christlichen Vorstellung, wäre kalt zu seiner Familie. Die beste Erklärung hierfür ist, dass der Jude der repressive Vater ist, der der jüngeren Generation das sexuelle Vergnügen vorenthalten will. Es ist daher ein köstlicher Streich, ihm das leckere Sexualobjekt, über dem er wie ein Drache wacht, wegzufangen. Das Thema ist in vielen modernen Romanen wiederholt worden, wie ich in Kapitel 7 zeige.

Das letzte Merkmal, das Shylock zum Pharisäer macht, ist Grausamkeit. Zum Bild der Pharisäer im christlichen Denken gehört, dass sie Jesus zu Tode hetzten. Obwohl alles, was wir aus anderen Quellen von den Pharisäern wissen, diesem Bild widerspricht, und obwohl das Neue Testament selbst an mehr als einer Stelle ein anderes Bild vermittelt (z. B. in Gamaliels Behandlung von Petrus, siehe S. 37), sind die Pharisäer im christlichen Denken nicht nur kalt, scheinheilig und selbstgerecht, sondern auch blutrünstig und grausam. Wenn Shylock also sein Messer an seinem Schuh abzieht und vor Vergnügen geifert beim Gedanken, in Antonios Fleisch zu schneiden, ist dies kein bloßes Gruselmelodram. Es ist eine Neuinszenierung der Kreuzigung. Antonio ist eine Christusgestalt. Seine Passivität und Geschlechtslosigkeit sind Teil dieser Identifizierung. Wie Jesus zahlt er mit seinem Fleisch und seinem Leben für die Schuld der sündigen Menschheit, für die Bassanio steht, und der Jude ist wieder der Henker. Gut, die Hinrichtung wird ausgesetzt, und stattdessen leidet der Jude. Auch dies gehört zum Mechanismus des christlichen Mythos. Die vielgestaltige Rolle, die in jenem Mythos widerwillig vom Juden gespielt wird, als Henker, Sündenbock, Teufel, Vater-Gott und Christusersatz, ist die mythische Grundlage des Antisemitismus.

Shylock, der sein Messer wetzt, erinnert uns nicht nur an die Pharisäer, sondern auch an den Juden in den Blutbeschuldigungsballaden, der sein Messer wetzt, um das Christuskind zu töten, dessen Blut er am Passahfest angeblich trinkt. Doch der Pharisäer und der eingebildete Kindermörder sind in Wirklichkeit eins; denn Jesus ist das unschuldige Kind, das am Passahfest getötet wurde. Die Blutbeschuldigung, die Schande des Christentum, erwuchs direkt aus dem christlichen Mythos.

In der Gerichtsszene wird das pharisäische Recht mit der christlichen Lehre von der Gnade konfrontiert. Shylock sagt: „Ich wart' auf Spruch" (IV. Akt, 1. Szene) und später, „ich stehe hier um Recht" (ebd.). Die Szene ist eine Konfrontation zwischen dem alten Gesetz und dem neuen. Aber die Konfrontation ist in den üblichen christlichen Begriffen formuliert, wodurch das jüdische Gesetz falsch dargestellt wird. Da ist zum Beispiel Porzias berühmte Rede über Gnade, „Die Art der Gnade weiß von keinem Zwang…", die klassische Aussage in der Literatur über das, was für den Christen die Überlegenheit des Christentums über das Judentum ausmacht:

> Suchst du um Recht schon an, erwäge dies:
> Dass nach dem Lauf des Rechtes unser keiner
> Zum Heile käm'; wir beten all' um Gnade,
> Und dies Gebet muss uns der Gnade Taten
> Auch üben lehren.
> (Ebd.)

Es ist wahr, dass es eine christliche Idee ist, keine jüdische, dass „nach dem Lauf des Rechts unser keiner / zum Heile käm'." Die ganze Idee des „Heils" bzw. der „Erlösung" ist unjüdisch; denn die Juden, die nicht glaubten, dass die gesamte Menschheit durch den Sündenfall zur Hölle verdammt war, sahen keine Notwendigkeit für die Rettungsoperation, die die Christen „Erlösung" nannten. Die Juden glaubten, dass es eine „böse Neigung" im Menschen gab, aber dass er fähig war, sie durch eigene Anstrengungen zu überwinden. Außerdem glaubten die Juden nicht an ewige Verdammnis des Menschen. Die Pelagianische Ketzerei im Christentum war die größte Nähe, die Christen jemals zum jüdischen Standpunkt hatten; aber diese geniale Ketzerei konnte gegen Augustinus' unwiderlegbare Auslegungen der Paulusbriefe nicht bestehen.

Anders ausgedrückt, die Juden waren an der Gnade Gottes nicht ebenso interessiert wie die Christen, weil der jüdische Gott zunächst einmal nicht so grausam und willkürlich war. Die Juden bedurften einer Gnadenlehre nicht so sehr, weil sie Gott für gnädig genug hielten, um ihnen von Anfang an eine Chance zu geben. Der traditionelle Christ glaubte, dass Gott ihn zur ewigen Hölle verdammt hatte, bevor er überhaupt geboren war, und begnadigte ihn dann durch einen unglaublichen und unverhofften Gnadenakt (bezahlt mit dem Blut Jesu).

Doch soll dies nicht heißen, dass die Lehre von Gottes Gnade keinen Platz im Judentum hat. Porzias Rede über Gnade ist trotz der offenkundigen Überzeugung Shakespeares (und seiner Herausgeber), dass es reines Christentum ist, voller Ideen, die letztendlich aus dem Judentum der Pharisäer abgeleitet sind. Wenn Porzia zum Beispiel über Gnade sagt, „Sie ist ein Attribut der Gottheit selbst“ (ebd.), bezieht sie sich auf die Lehre von den Göttlichen Attributen, die ins Christentum durch die jüdischen Autoren Philon, Avicebron (Solomon ibn Gabirol) und Maimonides kam. Die zwei Hauptattribute (*middoth*) Gottes in den jüdischen Schriften waren Gerechtigkeit und Gnade. Natürlich behaupte ich nicht, dass Shakespeare den pharisäischen Ursprung der Lehre von den Attributen kannte, genauso wenig wie er den pharisäischen Ursprung des Verbots von Wucher kannte. Es ist bloß Ironie, dass Antonio wie Porzia einem Juden Christentum mit Lehren predigen, die unbewusst vom Judentum abgeleitet sind.

Die jüdische Lehre, dass die Gerechtigkeit Gottes durch die Gnade gemildert wird, hat ihre Auswirkungen in der Sphäre der menschlichen Gerechtigkeit. Auch menschliche Gerechtigkeit, lehrten die Pharisäer, muss durch Gnade gemildert sein und muss den Geist der Gnade atmen. Die Pharisäer schafften die Todesstrafe gewissermaßen ab. Porzia sagt:

> Und ird'sche Macht kommt göttlicher am nächsten,
> Wenn Gnade bei dem Recht steht.
> (Ebd.)

Eine typischere jüdische Lehre als diese ist nicht vorstellbar. Aber Gnade, die Gerechtigkeit mildert, ist etwas ganz anderes als Gnade, die an die Stelle von Gerechtigkeit tritt. Wenn die Geschichte des jüdischen Rechtsdenkens mit der Geschichte des christlichen Rechtsdenkens verglichen wird, zeigt sich sehr bald, welche Lehre zu mehr Gnade in der Praxis führt. Was hätten die Pharisäer von Gerichtsverfahren durch Gottesurteil gehalten, von Geständnissen durch Folter, von Verstümmelung und

Erhängen von Dieben? Wenn überdies die Gnade Gottes für alles, was man tut, zu haben ist, gibt es kaum ein Motiv, um einen Kodex barmherzigen Verhaltens gegenüber Mitmenschen zu entwickeln.

Shakespeare stellt mehr als Marlowe nicht nur das theologische, sondern auch das psychologische Muster des Konflikts zwischen Christentum und Judentum heraus. Insbesondere porträtiert er Shylock als den archetypischen Vater. Shylock ist ein alter Mann, anders als Barabas, der im besten Mannesalter war. Ein alter Mann ist eindeutiger eine Vaterfigur. Für den antisemitischen Karikaturisten gibt es keine jungen jüdischen Männer.

Der alte Mann ist ein Geizhals, was heißt, dass er den Fluss der Freude aufhält und in eine Sparbüchse einschließt, die für verweigerte Freuden stehen. Als der Christ die Tochter stiehlt, stiehlt er auch die Dukaten, und das glückliche Paar gibt sich einer Orgie der Verschwendung hin, in der die in den Dukaten eingeschlossenen Freuden befreit werden. Der alte Mann ist geschlechtslos; seine Leidenschaft steckt in dem Anhäufen von Geld, was Macht bedeutet, das heißt die Macht, die sehnlichen Wünsche der Jungen zu durchkreuzen. Anstatt den Jungen zu erlauben, sich zu vermehren, lässt er sein Geld sich vermehren, und das macht die Jungen nur noch frustrierter.

Im *Kaufmann von Venedig* wird die Gefechtslinie zwischen dem Alten und den Jungen gezogen. Die Gemütslage wird durch Grazianos Rede am Anfang bestimmt:

Weswegen sollt' ein Mann mit warmem Blut
Dasitzen wie ein Großpapa, gehaun
In Alabaster?
(I. Akt, 1. Szene)

Selbst die Szene mit Porzias Urteil trägt zu diesem Thema bei. Die Kinder kleiden sich festlich in Erwachsenenkleidung und spielen den Erwachsenen einen Streich, indem sie sie in ihrem eigenen Spiel der ernsten feierlichen Wortklauberei schlagen. Shylock ist das Hauptziel, und er steht für Judentum, und Christen setzen sich das Ideal, wie kleine Kinder zu werden. Aber das Judentum ist die Religion von Gott dem Vater, und Juden setzen sich das Ideal, erwachsen zu werden.

Shylock ist ein Pharisäer, und auch die Pharisäer sind Vaterfiguren. Der kleine Jesus steht inmitten dieser ernsten bärtigen Gestalten und erstaunt sie mit seiner Frühreife. Sie verstehen die Weisheit des Kindes nicht. Später werden sie feindselige Figuren, die versuchen, das Kind zu abträglichen Eingeständnissen seiner umstürzlerischen Absichten zu verleiten. Schließlich werden sie grausame, zerstörerische Greise, die das Kind in den Tod hetzen. Im christlichen Mythos stirbt Jesus jung wie alle romantischen Helden, wie die jungen Götter in den Kulten von Adonis, Attis, Tammuz und Dionysos, und weil er jung stirbt, bleibt er ewig jung.

Shylock stellt also den Vater dar, sowohl weil er der alte Geizhals der komischen Tradition ist als auch weil ein Pharisäer ist. Aber schon einfach als Jude ist er eine Vaterfigur. Ich würde sogar behaupten, dass der Hass, der sich gegen den Juden als Vaterfigur richtet, eine Spiegelung des tief verborgenen Hasses auf den Vatergott selbst ist, der in der christlichen Theorie (aber nicht in der jüdischen) die ewige Qual der ganzen Menschheit fordert, wenn er nicht mit dem Blut seines Sohnes bestochen wird. Wir sollten auch daran denken, dass der Teufel ebenfalls ein Vater ist, der als der Vater der Lügen und als „der Lenker dieser Welt" bezeichnet wird; und Shylock wird ständig mit dem Teufel verknüpft, zum Beispiel wenn Antonio sagt, „der Teufel kann sich auf die Schrift berufen" (I. Akt, 3. Szene). So streift Shakespeares Stück die sehr tiefen ödipalen Anliegen, die dem Konflikt zwischen Christentum und Judentum zugrunde liegen. Man wird hin und her gerissen zwischen Bewunderung für Shakespeares Fähigkeit, diese Ebenen anzusprechen, und Schmerz und Bedauern, dass er seine Einsichten gebraucht, um den Konflikt durch Stellungnahme gegen die Juden zu verschärfen.

Die Renaissance erweiterte, wie die Reformation, die Perspektive der Menschheit und vertiefte das Gefühl der Toleranz gegenüber anderen Kulturen und der Wertschätzung ihrer Leistungen. Das Ausmaß, in dem diese Toleranz und Wertschätzung auch auf die Juden ausgedehnt werden konnte, trotz des Erbes von Verachtung und Hass, mit dem sie beladen waren, zeigt sich in den Werken einiger Gestalten der Renaissance wie Pico della Mirandola, Johannes Reuchlin, Arias Montanus und anderen.

Shakespeare dagegen gebrauchte die neuen Werkzeuge der Renaissance, um das alte Stereotyp von den Juden als Behinderer des Fortschritts der Menschheit zu bekräftigen. Er hauchte neues Leben in das mittelalterliche Drama, in dem die Juden als unmenschliche Legalisten verleumdet wurden. Sein Shylock ist eine Wiederholung der falschen Darstellung der Pharisäer im Neuen Testament. Nur weil dies kein vulgärer Antisemitismus ist, sondern Antisemitismus auf einer tiefgründigen theologischen Ebene (zusammen mit der lebendigen, atmenden Kraft, die nur Shakespeare seinen Charakteren eingeben konnte), ist dies eine höchst gefährliche Episode in der Geschichte der antisemitischen Propaganda. Es ist auch ein Beispiel für die Tatsache, dass große Kunst und Antisemitismus nebeneinander existieren können. Weitere Beispiele dafür werden wir im Werk von T. S. Eliot und Ezra Pound finden. Kunst ist nicht dasselbe wie Wahrheit. Kunst entsteht aus Empfindung, und die Empfindungen, die aus dem großen religiösen Konflikt zwischen Christentum und Judentum erwachsen, genügen, um die Möglichkeit antisemitischer Kunst entstehen zu lassen, die umso gefährlicher ist, wenn sie das Produkt eines Genies ist.

Anmerkungen

1 Zur Geschichte der Bühnendarstellungen Shylocks siehe Frank Felsenstein, *Anti-Semitic Stereotypes*, Baltimore, MD, 1999, Kap. 7.
2 Lk 18, 10–14.
3 Mt 23, 27.
4 Mt 23, 5.

Kapitel 9

Der Antisemitismus bei T. S. Eliot

Eliots Antisemitismus ist Thema ausführlicher Diskussionen gewesen.[1] Der harte Kern seiner Verehrer leugnet weiterhin, dass er überhaupt antisemitisch eingestellt war. Einige räumen seinen Antisemitismus ein und übertreiben ihn sogar, messen ihm aber keine Bedeutung bei, sondern betrachten ihn nur als pathologische Verirrung eines ansonsten großen Schriftstellers. Der Autor des Nachrufs auf Ezra Pound in der *Times* zum Beispiel erwähnte Eliots „fast irrsinnigen physischen Ekel" vor Juden und verglich ihn nachteilig mit Pounds „Anti-Judentum", das „simplifizierend und ideologisch" gewesen sei.[2] Eine genaue Untersuchung von Eliots Antisemitismus zeigt allerdings, dass er noch ideologischer als Pounds war, rührte er doch von der kulturellen und religiösen Tradition des Christentums her, wie sie besonders durch die romantische Mittelalterbegeisterung bei Henry Adams und Charles Maurras vermittelt wurde. Wir werden überdies sehen, dass Antisemitismus eine natürliche Begleiterscheinung der Ansicht ist, das Leben sei vom Opfer geprägt, die Eliot von seinen frühesten Schriften an inspiriert hat.

Der Umfang von Eliots antisemitischer Literatur ist sehr klein, wenn man ihn mit Pounds Ergüssen vergleicht, und nach den frühen 30er-Jahren verschwindet das Thema ganz aus Eliots Werk, weil er zweifellos entsetzt war über die Richtung, die der Antisemitismus in Deutschland nahm. Dennoch ist es unmöglich, diesen Strang in Eliots Werk zu ignorieren, sowohl wegen der Schärfe und emotionalen Heftigkeit der antisemitischen Passagen, die tief in einigen seiner besten Werke eingebettet sind, als auch wegen des Ernstes, mit dem er selbst auf diese Angelegenheit blickte (wie sein Vorschlag in *After Strange Gods* zeigt, eine Quote jüdischer Einwohner der Vereinigten Staaten zu verfügen).[3]

Außerdem distanzierte sich Eliot nie von den fraglichen Passagen und erlaubte ihre Neuauflagen mit sehr geringfügigen formalen Änderungen (z. B. „Jew" statt „jew"), was sie um ein Geringes weniger anstößig machte. Die Ausnahme war *After Strange Gods*, dessen Neuauflage er untersagte, und obwohl der wahrscheinliche Grund dafür die antisemitischen Passagen waren, bestätigte er dies nie. Er soll zu einem Freund gesagt haben: „Ich bin kein Antisemit und bin es nie gewesen. Es ist eine schreckliche Beleidigung eines Menschen."[4] Jedoch verteidigte er sich nie öffentlich, und es war ja auch kaum eine Angelegenheit, in der er zu Recht auf seine Würde pochen konnte, sobald die Fakten des Holocausts bekannt wurden.

Er scheint also, wie viele Antisemiten, irgendeine private Definition von Antisemitismus gehabt zu haben, durch die er sich berechtigt fühlte, dieses Etikett abzulehnen; wie diese Definition gelautet haben könnte, werden wir in Kürze diskutieren. Wahrscheinlich ist, dass sich trotz seiner Entscheidung, die Juden in seinen späteren Werken nicht mehr zu erwähnen, seine Einstellung ihnen gegenüber nicht grundlegend änderte.

Um zu bestreiten, dass es in berühmten Passagen in Eliots Frühwerk, wo Juden porträtiert werden, überhaupt Antisemitismus gibt, sind heroische Anstrengungen unternommen worden. Es tauchte zum Beispiel das Argument auf, dass der „Jude" (in „Gerontion") und Bleistein (in „Burbank mit einem Baedeker: Bleistein mit der Zigarre") einfach unangenehme Menschen seien, die rein zufällig Juden seien, und dass keineswegs eine Beleidigung der Juden insgesamt beabsichtigt sei. Doch damit lässt sich nicht einmal ansatzweise Eliots Haltung gegenüber dem Judentum seiner Figuren beschreiben. Das Judentum ist nicht separat von Eliots Unfreundlichkeit zu sehen, sondern innig mit ihr verbunden. Man nehme zum Beispiel diesen Abschnitt aus einem der schönsten Gedichte Eliots, „Gerontion":

> Mein Haus ist ein verfallenes Haus,
> Und der Jude hockt auf dem Fenstersims, der Eigentümer,
> Gelaicht in Antwerpen, in irgendeiner Schwemme,
> Lädiert in Brüssel, genesen und geleimt in London.
> (Dt. von Eva Hesse, Eliot 1972, S. 48 ff.)

Ist „der Jude", wie vorgeschlagen wurde, nur ein „historischer Typus", ohne jede Absicht, für die Juden als Ganzes zu stehen? Man müsste sehr naiv sein und sehr wenig von antisemitischer Literatur und der Geschichte des Antisemitismus wissen, um dies zu glauben. Die Passage ist voller Anspielungen auf die Standardvorwürfe an die Juden, die in dieser Zeit zuhauf in Veröffentlichungen zu finden sind, die von Unterhaltungsliteratur bis zu „wissenschaftlichen" Werken der antisemitischen Theorie reichen. Die fortwährend eingehämmerten Argumente in diesen Erzeugnissen waren, dass die Juden eine zersetzende Kraft in der westlichen Kultur waren, dass sie keine Bindungen oder Wurzeln hatten, dass sie tierähnlich und bedrohlich in ihrer Fruchtbarkeit waren, dass sie keine kulturellen Ideale hatten, dass sie Macht über Nichtjuden anstrebten, dass sie sich in Städten zusammenscharten und kein Gefühl für das Land hatten. Alle diese Punkte sind in der früheren Passage zu finden. „Der Jude" wird mit Fäulnis und Verfall assoziiert: Er ist der entwurzelte, rastlose Kosmopolit, der von Stadt zu Stadt zieht, geboren unterwegs in einer Herberge; er ist „gelaicht" in erschreckender und abstoßender Fruchtbarkeit wie ein Insekt, und „hockt" wie ein Tier; er besitzt das Haus des Nichtjuden, bleibt aber ein unangepasster Zuschauer oder Voyeur von außen; er ist ein Geschöpf der übervölkerten Stadt, nicht der organischen Einheit auf dem Land. Es ist das typische antisemitische Paradoxon des Juden als Vertreter des Verfalls und des Todes, der dennoch eine böse, beneidenswerte Energie und fruchtbare Veranlagung aufweist, die Energie des Bazillus oder der „Spinne" und des „Wiebels", die später in dem Gedicht erwähnt werden, eine Energie, die mit der Lethargie und der Unsicherheit der Kräfte, die zum Leben beitragen, kontrastieren. Die Ähnlichkeiten in alldem mit den antisemitischen Standardanklagen schließen die Möglichkeit aus, dass Eliot ein Porträt eines einzelnen untypischen Juden oder auch einen nicht repräsentativen Typus des Juden vorstellt.

Doch kann man hier einen berechtigten Einwand machen, der zu einer subtileren Art der Verteidigung Eliots gegen den Vorwurf des Antisemitismus führt. „Der Jude" in „Gerontion" ist eigentlich keine Person der Handlung; Eliot porträtiert hier keine „Figur", wie man sie etwa in einem Roman finden könnte. „Der Jude" ist ein Symbol oder eine Metapher, eine Art Hieroglyphe für die Kräfte des Verfalls im Leben, für das Engwerden „der Welt", während Gerontion ins Greisenalter erstarrt und sich weiter entfernt von seiner jugendlichen Frühlingsvision des Christuskindes (das auch „Christus der Tiger" ist, ein totemistisches Opfer). Dies ist ein Gedicht, keine sachliche Abhandlung; in einem Gedicht sollten die poetischen Kunstgriffe nicht mit der Wortwörtlichkeit geprüft werden, die man auf einen soziologischen Traktat anwendet. Wenn ein Dichter etwa das Bild einer Fledermaus verwendet, um das Gefühl von etwas Finsterem zu vermitteln, bedeutet dies nicht, dass er Fledermäuse im wirklichen Leben verabscheut; vielleicht weiß er, dass sie tatsächlich harmlose und nützliche Tiere sind, deren finstere Aura die Folge einer Reihe von zufälligen historischen, literarischen und psychologischen Umständen ist; doch diese Umstände haben die Fledermaus an dieser Stelle seines Gedichts vielleicht zu einem unverzichtbaren Symbol gemacht. Entsprechend habe „der Jude" in dem Gedicht nicht die Funktion, den Standpunkt des Dichters in der jüdischen Frage zu verkörpern, sondern die (wegen der Assoziationen des Wortes „Jude") passende Aura der Schäbigkeit, Bedrohung und Entfremdung heraufzubeschwören, die zu der einzigen Figur gehört, um die es in dem Gedicht wirklich geht, um Gerontion.

Dieser Umgang mit der Frage erscheint sehr vernünftig und ist vermutlich in der einen oder anderen Form in den Köpfen der meisten gegenwärtig, die des Themas überdrüssig sind. Hier zum Beispiel ist eine typische Formulierung (aus einem Artikel über „Das wüste Land"): „...diese Bemerkungen, wie die ermüdend vielen in letzter Zeit, die sich mit Eliots angeblichem Antisemitismus befassen, setzen voraus, dass dieses Gedicht und andere von ihm unsere Aufmerksamkeit auf die Welt lenken, die wir in unseren täglichen Begegnungen erleben, in der jede Stimme, die wir hören, von einer Person gesprochen wird, diese Person gesellschaftlich bedingt ist und irgendeine Absicht uns gegenüber hat. Aber diese Stimme... ist eine Stimme, die nicht in der Gesellschaft erklingt, nicht einmal ‚im Kopf des Dichters', sondern ausdrücklich in einem Gedicht und in einem Gedicht, das überaus gleichgültig ist gegen jede Gesellschaft..."[5]

So vernünftig dieses Argument klingt, so beruht es auf einem sehr einfachen Trugschluss. Es setzt voraus, dass die Verantwortlichkeiten einer Person als Dichter von seinen Verantwortlichkeiten als moralisches Wesen hübsch abgegrenzt und getrennt werden können. Tatsächlich schlägt das Argument sich selbst, denn wenn man es ernst nimmt, macht es Eliot zu einer viel unmoralischeren Person, als er mit dem ursprünglichen Vorwurf des Antisemitismus erscheinen würde. Ein Antisemit zu sein ist schlimm genug; aber eine Person zu sein, die ein antisemitisches Stereotyp benutzt, an das sie selbst nicht glaubt, nur um seinen Versen zu Wirkung zu verhelfen, ist ganz und gar verachtenswert. Es ist viel rühmlicher für Eliot, wenn man sagt, dass er ein ehrlicher Antisemit war, dass er das Wort „Jude" als bewusster Künstler gebrauchte, im Wissen, dass seine historischen und literarischen Untertöne bei seinen Lesern archaische Ängste und Vorurteile wecken würden, um eine poetische Atmosphäre oder Stimmung zu schaffen. Dies wäre, falls künstlerisch erfolgreich, in der Tat, was William James als die Philosophie George Santayanas bezeichnet hat – „eine Vollendung der Verdorbenheit" (*The Letters of William James*).

Zum Glück brauchen wir nicht anzunehmen, dass Eliot ganz so verdorben war. Falls die Passage in „Gerontion" alles wäre, woran wir uns halten könnten, würden wir vielleicht folgern, dass Eliot bei dieser einen Gelegenheit versucht war, sich der gefühlsbetonten Kraft des antisemitischen Bildes zu bedienen, abgeleitet aus der Unterhaltungsliteratur und den *Protokollen der Weisen von Zion*, um Gerontions Gefühl seiner misslichen Lage zu verstärken. Aber die anderen Passagen, die nun beachtet werden müssen, sind zahlreich und haben genügend Gewicht, um eine solche Interpretation auszuschließen, es sei denn, wir sollen uns Eliot als zynisch boshaften Menschen denken, der bereit ist, wiederholt vom Elend einer verleumdeten Rasse als poetischem Mittel Gebrauch zu machen. Eliot verwendete Antisemitismus, weil er ernsthaft daran glaubte, und dies soll nicht heißen, dass „Gerontion" ein Gedicht über Antisemitismus im gleichen Sinn ist, wie Drummonds *La France juive devant l'opinion* ein Buch über Antisemitismus war. „Gerontion" ist ein Gedicht über Gerontion oder vielmehr über das Altern, über einen Kompromiss mit der Welt, über die Unzufriedenheit und Lethargie, die der Preis für die Aufrechterhaltung einer Vision von Jugend und von Hoffnung auf Erneuerung sind. Es ist durchaus wahr, dass „der Jude" keine Figur in dem Gedicht ist, sondern ein Symbol. Er symbolisiert die Kräfte dieser Welt, die sich verschwören, um die Vision der Jugend auszulöschen; aber der Grund, warum „der Jude" seine symbolische Kraft besitzt, ist nicht einfach, dass Eliot sich ausrechnete, seine Leser würden auf das Wort „Jude" so reagieren, sondern weil er selbst so reagierte, weil es dem entsprach, was die Juden für ihn bedeuteten. Ein Gedicht ist keine Propaganda für irgendwelche bestimmten Ansichten, aber in seiner Bildsprache und seinem Symbolismus schöpft es aus allem, was der Dichter aufrichtig über die Welt empfindet und glaubt, und wenn es keinen Hintergrund von solcher Aufrichtigkeit gibt, ist die Bildwelt entweder leblos oder von reiner Böswilligkeit belebt.

Man hat andere Möglichkeiten ausprobiert, um Eliot gegen den Vorwurf des Antisemitismus zu verteidigen, aber bevor wir diese diskutieren, sollten wir besser über mehr Beweismittel verfügen. Noch krasser als die Passage in „Gerontion" ist das Gedicht „Burbank mit einem Baedeker: Bleistein mit der Zigarre", das folgende Strophen enthält:

Ganz anders war da Bleisteins Art:
Das Knie geknickt, Ellbein zudem
Gewinkelt, die Innenhand nach außen offenbart:
Chicago, Wien, Jerusalem.

Das glanzlos vorgequollne Aug
Lugt aus dem Protozoenschleim
Auf einen Canaletto-Blick.
Der ungeschneuzte Docht der Zeit

Verblakt. Auf dem Rialto, à propos...
Die Ratten unterwühln den Bau
Der Jude unterläuft das Gros.
Reichtum in Fell. Der Gondelmann macht seine Schau.

Prinzessin Volupin sucht Gleichgewicht
Mit blaumondiger Mergelhand,
Müht sich die Wassertreppe hoch. Licht, Licht.
Sie unterhält Sir Ferdinand

Klein. Wer stutzt' des Leuen Fittich,
Floht ihm den Rumpf, kappte die Klauen?
Denkt Burbank über den Zahn der Zeit, und fragt sich
Wegen der Sieben Ordnungen beim Bauen.
(Dt. von Hedda Soellner, Eliot 1972, S. 54 f.)

Wie der „Jude" in „Gerontion" ist Bleistein ein entwurzelter Kosmopolit, „Chicago, Wien, Jerusalem" ein Echo auf „Antwerpen ... Brüssel ... London". Die Erwähnung von Chicago ist besonders aufschlussreich, wie Gabriel Pearson aufgezeigt hat.[6] Eliot kam aus St. Louis, dessen Bedeutung als kulturelles und industrielles Zentrum zurückgegangen war, vor allem wegen des starken Wachstums des nahen Chicago, das hauptsächlich dem Zustrom europäischer Einwanderer geschuldet war, unter denen viele vor der Verfolgung in Europa geflohene Juden waren. Eliots Antisemitismus hatte neben seinen breiteren Begleiterscheinungen einen spezifisch amerikanischen Ursprung in dem Widerwillen und Schrecken, den Patrizier wie Henry Adams und selbst Henry James über diesen Zustrom empfanden. (Natürlich hatten Patrizier in den anderen betroffenen Ländern, auch in England, eine ganz ähnliche Gefühlslage.) Diese Immigranten erschienen Menschen wie Henry Adams wie barbarische fremde Horden, ohne jede Kultur, aber mit einer Gier nach Geld und Erfolg, die so ekelhaft wie beneidenswert war. (Adams schriebt von sich selbst: „Kein polnischer Jude, frisch aus dem Warschauer oder Krakauer Ghetto – kein hinterhältiger Jakub oder Isaak, der noch nach dem Ghetto stinkt, die Zollbeamten in bizarrem Jiddisch anknurrt – hatte einen wacheren Instinkt, eine intensivere Energie und eine freiere Hand als er.") Adams wusste nicht oder wollte nicht wissen, dass dieses „bizarre Jiddisch" eine Sprache mit einer längeren Geschichte als die englische Sprache war. Er wusste nicht, dass dieser „hinterhältige" Jude, der (schrieb er) „mich schaudern macht", aus dem „stinkenden" Ghetto eine kulturelle Tradition in Jiddisch wie in Hebräisch mit sich brachte, gegen die die Errungenschaften des Patriziers Adams parvenühaft waren. Er bedachte nicht im Geringsten, dass diese Juden die Opfer von Verfolgung waren oder dass das Ghetto, mit dem er sie verhöhnte, der Ort ihrer Leiden war. Und ähnlich zeigt Eliot (dessen Gedichte, besonders „Gerontion", stark durch seine Lektüre von Adams bis hin zu wörtlichen Zitaten beeinflusst sind) nicht das geringste menschliche Gefühl oder Verständnis für Bleistein oder vielmehr für die Menschen, von denen Bleistein eine Karikatur ist.

„Chicago, Wien, Jerusalem." Wir haben einige Assoziationen von „Chicago" gesehen, und es könnte interessant sein, die Assoziationen der zwei anderen Wörter zu verfolgen. Das Wort „Jerusalem" (so in der deutschen Version, im Original „Semite") soll Bleistein offensichtlich nicht gerade angenehmer machen. In den zeitgenössischen Krimis, etwa denen von John Buchan, wird dem Schurken unweigerlich ein „semitisches" Aussehen gegeben. Dies bedeutete seltsamerweise nicht, dass er Araber war, denn Araber waren in solchen Romanen im Allgemeinen schneidig und edel. Vom Beginn an bis in die Zeit Hitlers (der sehr freundlich mit jenem reinblütigen Semiten, dem Mufti von Jerusalem, verkehrte) bedeutete Antisemitismus eigentlich nie etwas anderes als Judenhass, und „Semit" war ein pseudowissenschaftlicher Euphemismus für „Jude". Dieses raffinierte Vorgehen, Judenhass hinter einer unaufrichtig vertretenen „wissenschaftlichen" Theorie der „Rasse" zu verbergen, kommt aus dem 19. Jahrhundert, und man muss enttäuscht feststellen, dass Eliot sich diesem Vorgehen anschließt, denn im Allgemeinen gehört sein Antisemitismus in die Tradition des Christentums, eine Tradition, in der Rassismus oder seine Vortäuschung keine offizielle Rolle spielt.

Auch das Wort „Wien" verdient Nachdenken. Bleistein ist von seiner Herkunft ein Wiener Jude, und diese Beschreibung hat für Eliot offenbar den Beiklang von Grobheit und Mangel an Kultur. Bleistein hat überhaupt kein Verständnis für den Canaletto-Blick. Solche „protozoischen" Wiener Juden wie Arthur Schnitzler, Sigmund Freud, Ludwig Wittgenstein, Moritz Schlick, Arnold Schoenberg, Gustav Mahler, Stefan Zweig und Max Reinhardt spielten in Eliots Vorstellung von einem Wiener Juden keine Rolle, obwohl Wien gerade zu dieser Zeit das Zentrum einer großen Blüte jüdischer Kultur war. Welche Ironie, dass einer der bedeutendsten Kenner der Kunst der italienischen Renaissance in diesem Jahrhundert Bernard Berenson war, ein Jude mit einem sehr ähnlichen Hintergrund wie Bleistein. Eliots Auswahl eines Wiener Juden als Vertreter eines modernen Banausentums ist eine Entgleisung, die mit jener Shakespeares vergleichbar ist, als er seinen jüdischen Prototyp Shylock zu einem Musikhasser machte. Doch für den wahren Antisemiten wäre das kein Argument, denn für Henry Adams zum Beispiel wäre ein kultivierter Jude noch hassenswerter als ein unkultivierter. Die Idee, die sich bei Maurras, Barrès und Adams findet, dass „christliche" Kultur durch die Beteiligung von Juden und anderen Fremden verdorben wird, ist auch in Eliots „Gerontion" in den Figuren von Mr. Silvero und Hakagawa, „dienernd unter den Tizians", eingeflossen.

Doch in der Zeile „Chicago, Wien, Jerusalem" liegt der Kern der Anklage gegen Bleistein nicht in den Worten für sich genommen, sondern in ihrer Verbindung. Der Punkt ist nicht so sehr, dass Bleistein unkultiviert ist, als dass er zu keiner bestimmten Kultur gehört; er ist eine unappetitliche Mischung. Er steht für die Auflösung der westlichen Kultur und das Aufkommen der Barbarei. Er steht tatsächlich für das neue Amerika, das verständnislos auf Europa gafft. Der andere Jude in dem Gedicht, Sir Ferdinand Klein, steht für den heimlich eindringenden Juden, der die europäische Kultur verdirbt, indem er an ihr teilnimmt und sie finanziert, und der von der Prinzessin Volupin begrüßt wird, der Vertreterin jener Kultur im Niedergang. (Die Trennung des „Sir Ferdinand" von „Klein" nach Zeile und Strophe verstärkt die Ironie der Unterwanderung.) Burbank steht für das ältere Amerika, das die europäische Kultur aus der Ferne bewundert und nachahmt und, mit dem Baedeker in der Hand, nicht fähig ist, sie vor Sir Ferdinand zu retten, genauso wie er seine heimische amerikanische kulturelle Tradition nicht vor Bleisteins Banausentum bewahren kann. Im Hintergrund („Auf dem Rialto, à propos…") liegt der Schatten eines dritten Juden, Shylock, der Ränke spann, um den idealen Christen Antonio durch finanzielle Manipulation und durch Wucher zu stürzen. Es besteht kein Grund anzunehmen, dass Eliot das wohlmeinende liberal-romantische Missverständnis von Shylock als mitfühlende Figur teilte.

Das ganze Gedicht enthält ein ziemlich vollständiges antisemitisches Arsenal und ist am besten in diesem Lichte zu verstehen. Dies will nicht heißen, dass das Gedicht von Antisemitismus handelt; es handelt von der Situation eines kultivierten jungen Amerikaners gegenüber der europäischen Kultur und von seinem Gefühl der Hilflosigkeit angesichts der unterschiedlichen Gefahren für eine Zivilisation, der er sich zutiefst, wenngleich peripher, verbunden fühlt, ähnlich der Situation etwa eines in Rom erzogenen britischen Stammesführers zur Zeit der Invasionen der Barbaren. Aber das Symbol der Gefahr ist der Jude in seinen zwei Erscheinungsformen, dem offenen Banausentum und der hinterhältigen Unterwanderung. Als symbolistischer Dichter forderte Eliot als „objektive Entsprechung" seines Gefühls des kulturellen Niedergangs ein Bild oder Symbol, das die Tiefen seines Unbewussten oder des Unbewussten seiner Leser treffen würde, und das archetypische Bild des Juden passte überaus gut genau für diesen Zweck. Es ist eine interessante Überlegung, dass die symbolistische Methode, die die „Musik" der Dichtung erzeugen sollte, in der Praxis dazu führen kann, sich atavistischen gesellschaftlichen Vorurteilen zu überlassen; denn Dichtung unterscheidet nicht zwischen wirklich psychologischen archetypischen Bildern und solchen, die gesellschaftlich durch jahrhundertelange Indoktrination entstanden sind. Das Bild des „Juden" muss Eliot zu diesem Zeitpunkt so richtig und zwangsläufig erschienen sein wie seine anderen Symbole, etwa die Ratte, die Geranie, die Krabbe, der Nebel oder die Meerjungfrauen. Es hat Hitlers Holocaust gebraucht, um dieses hartnäckige Bild in der europäischen Fantasie zu erschüttern.

Antisemitismus ist zwar nicht genau das Thema des Gedichts, aber er ist ein wichtiges Element des Gesamtthemas, und das Gedicht ist überhaupt nicht zu verstehen, wenn der Antisemitismus als zufällig oder als bloßer Ausbruch eines persönlichen Grolls betrachtet wird. Es ist eine systematische oder philosophische Art von Antisemitismus des amerikanischen bzw. Bostoner Typus, den Henry Adams verkörperte, indirekt abgeleitet vom rechten französischen religiösen Antijudaismus (Drumont, Maurras und die Dreyfus-Gegner) und letztlich vom Antijudaismus des mittelalterlichen Katholizismus.[7]

Diese Art von Antisemitismus ist tatsächlich giftiger und gefährlicher für die Juden als der gedankenlose Judenhass der Menschen, der auf der persönlichen Ebene bleibt, es sei denn, er würde durch Agitatoren mit einer Theorie angeheizt. Gleichzeitig enthält er trotz seines theoretischen Tons den populistischen Judenhass als Zutat und kann im Ausdruck ziemlich bösartig sein. In diesem Gedicht drücken die Zeilen „Die Ratten unterwühln den Bau / Der Jude unterläuft das Gros" ein solches Gift aus, dass selbst Eliots passionierteste Schönfärber sie am liebsten ganz ignorieren. Noch peinlicher ist das Auftauchen eines anderen Gedichts über Bleistein im ersten Entwurf für „Das wüste Land". Das Gedicht hat den Titel „Totenklage":

Fünf Faden tief dein Bleistein liegt
Unter Tintenfisch und Flunder.
Basedowaugen eines toten Juden!

Da Krabben seine Lider fraßen.
Tiefer als die Ratten tauchen
Trotz der Wandlung durch das Meer
Teuer bleibend, reich und fremd
Diese Spitz' war seine Nase
Seht, auf dem Rücken liegt er da
(Knochen spähn aus schartigen Zehen)
Mit einem Starren stumpfen Staunens
Flut und Ebbe rollen ihn
Behutsam hin und her
Seht seine Lippen sich entfalten
Von den Zähnen, Gold in Gold
Hummer halten stündlich Wache
Horcht! Ich hör' sie kratzen, kratzen, kratzen.

Dieses Gedicht, nach „Burbank" geschrieben, ist von viel gröberer Art. Die Parodie auf das Lied in Shakespeares *Der Sturm* ist dürftig, und der Spott über Bleisteins Nase steht auf einem Schülerniveau des Antisemitismus. Die blanke Aggression dieses Bildes von Bleistein, der von Wassertieren aufgefressen wird, könnte uns auf den Gedanken bringen, dass das Gedicht ein antisemitisches Pamphlet von allenfalls pathologischem Interesse ist. Dies wäre falsch, denn das Gedicht, obgleich künstlerisch misslungen, ist ernsthaft in der Absicht. Zunächst können wir Parallelen mit „Burbank" und anderen Gedichten Eliots erkennen. Bleisteins „vorgequollnes Aug" erweist sich nun als Folge der „Basedowkrankheit". Anstatt unter den Ratten zu sein, die den Bau unterwühlen (ein Rattenkönig, der die Grundlagen der Gesellschaft angreift), liegt Bleistein tot und „tiefer als die Ratten tauchen". Der stumpfe Blick auf Canaletto ist „ein Starren stumpfen Staunens" über den eigenen Tod geworden. Seine Zähne, „Gold in Gold" (d. h. Gelb mit Goldfüllungen – die erste Fassung lautete „Dunkelgelb und Gold"), entsprechen dem „grinsenden Gesicht" des „Mannes mit schwerem Aug'" (wieder die vorstehenden Augen), der allein erscheint mit „Rahel geborene Rabinow" in „Sweeney unter den Nachtigallen". (John Harrisons Vermutung, dass „der Mann mit schweren Augen" Jude ist, wird somit bestätigt; man beachte auch, dass er „von draußen dann sich an das Fenster lehnet dicht", geradeso wie der „Jude" in „Gerontion" „auf dem Fenstersims hockt".)

Das Gedicht erfasst also die Niederlage und den Tod Bleisteins, der in „Burbank" triumphierte. Die vorstehenden Augen, die durch ein Fenster oder das Glas einer Kunstgalerie auf Dinge starren, die sie nicht sehen sollten, starren jetzt im Tod. Aber das Gedicht ist nicht nur ein wilder

Lobgesang des Sieges über Bleistein. Es ist auch eine Darstellung der Reinigung Bleisteins. Das Gedicht zeigt viele Verbindungen zu dem Thema der Reinigung, die sich durch „Das wüste Land" ziehen. Schon die Form des Gedichts als Parodie von „Fünf Faden tief" stellt Verbindungen zu Anspielungen auf *Der Sturm* her, die „Das wüste Land" erfüllen (z. B. „Perlen sind die Augen sein") und die das Thema der Regeneration durch den „nassen Tod" oder die Taufe beschwören. Es bestehen starke Zusammenhänge (trotz der völlig anderen Stimmung) zwischen „Totenklage" und Abschnitt IV von „Das wüste Land" mit dem Titel „Der nasse Tod". Phlebas der Phönizier ist eine verhaltene, idealisierte Version von Bleistein. Wie die Krabben die Lider von Bleisteins Augen gefressen haben, sind die Knochen des ertrunkenen Phlebas von der Strömung blank „gezupft". Selbst der Umstand, dass Phlebas Phönizier ist, ist eine verhaltene Version von Bleisteins Judentum, denn die Phönizier waren ein Handel treibendes, hebräisch sprechendes Volk, das in Flauberts *Salambo* als antike Entsprechung zum modernen jüdischen Bürgertum behandelt worden war. (Karthago war, wie man sich erinnern dürfte, eine phönizische Kolonie.)

Es scheint also möglich, dass „Der nasse Tod" in „Das wüste Land" tatsächlich an die Stelle der verworfenen „Totenklage" getreten ist. Warum könnte diese Ersetzung stattgefunden haben? Es wäre beruhigend zu glauben, dass Eliot den heftigen Antisemitismus der „Totenklage" bereute und dass er aus diesem Grund den süßlich elegischen „nassen Tod" an diese Stelle setzte. Doch manche Überlegungen machen diese Hypothese unhaltbar. Eliot hatte von Beginn an eine duale Methode, sich dem Thema der Reinigung zu nähern: eine „süße" Methode und eine „schmutzige". Dies mag man mit der schlichten Tatsache erklären, dass Reinigung Sauberkeit bedeutet, aber sie deutet auch Schmutzigkeit an (wie in *Die Wasserkinder*, als Tom in Ellies Boudoir meint, sie müsse ein sehr schmutziges Mädchen sein, wenn sie viele Waschgeräte benötigt). Oder, um es theologischer zu betrachten, wir bemerken erst, wie sündig wir sind, wenn wir uns auf dem Weg zur Tugendhaftigkeit befinden. „Der nasse Tod" hat seinen Vorläufer in einem von Eliot auf Französisch geschrieben Gedicht mit dem Titel „Dans le Restaurant" (Eliot 1972, S. 70 f.), in dem die zwei Methoden kombiniert sind. Ein „abgelebter" Kellner (der von einem Augenblick sexueller Ekstase in seiner Jugend erzählt hat) erhält von dem Dichter Geld, um ein Bad nehmen zu können; die Szene schlägt plötzlich um zu dem ertrunkenen Körper von „Phlébas, le Phénicien", der von der Grundseeströmung gereinigt wird (das französische „emporter" hat die doppelte Bedeutung „reinigen" und „wegtragen"). Auf „Totenklage" folgt im Manuskript ein ebenfalls verworfenes Fragment, das das Thema in der „süßen" Art behandelt.

Perlen sind die Augen sein. Sieh!
Und die Krabbe klettert durch den Magen, der Aal wird fett
Und die losgerissenen Algen treiben über ihn
Und der löchrige Seetang.
Still und sanft, Bruder, bist du, still und sanft.

Warum wurden diese schönen Zeilen verworfen? Ich denke, dass Eliot die „süße" und die „schmutzige" Weise verbinden wollte, da er aber zu Recht aus künstlerischen Gründen „Totenklage" verworfen hatte, entschied er, auf seine ursprüngliche Behandlung in „Dans le Restaurant" zurückzukommen, mit kleinen Änderungen zum Schmutzigen oder Grotesken hin (z. B. „zupfte seine Knochen"). „Der nasse Tod" bleibt entschieden auf der „süßen" Seite, aber das Gegengewicht in „Das wüste Land" wird durch die Figur des Mr. Eugenides geboten, des schäbigen Levantiners, der Phlebas' moderne Version ist. Das einzige Überbleibsel von Bleistein nach dieser Revision ist die Wendung „Christ oder Jude" (nicht in „Dans le Restaurant" enthalten).

Diese Analyse schlägt eine Verteidigung von Eliots jüdischen Passagen vor, die seine Unterstützer übersehen haben. Es scheint, dass selbst ein so giftig antisemitisches Gedicht wie „Totenklage" nicht nur ein Beispiel von „physischem Antisemitismus" oder von „einem wahnhaften physischen Ekel bezüglich Juden" ist. Es gibt auch einen theologischen Gesichtspunkt in dem Gedicht. Bleistein erlebt eine schmerzliche Reinigung durch Wasser, genauso wie Gerontion in der Fantasie, im „Golf", und genauso wie Newmans Gerontius in dem Gedicht, von dem Eliot den Titel und einige Gedanken des „Gerontion" herleitete. Kann es nicht sein, dass der Jude Bleistein für die Menschheit steht, mit ihrer Kruste aus Sünde und dem Bedürfnis nach Reinigung?

Dies ist bislang die überzeugendste Verteidigung von Eliot, und sie verdient ernsthafte Erwägung. Wir sollten an den Zusammenhang zwischen Wasser-Reinigung und Taufe denken, wozu Tod und Wiedergeburt gehören.

> Wisst ihr denn nicht, dass wir alle, die wir auf Christus Jesus getauft wurden, auf seinen Tod getauft worden sind? Wir wurden mit ihm begraben durch die Taufe auf den Tod; und wie Christus durch die Herrlichkeit des Vaters von den Toten auferweckt wurde, so sollen auch wir als neue Menschen leben ...Unser alter Mensch wurde mitgekreuzigt.[8]

Dieser Zusammenhang zwischen „Tod durch Wasser" und Taufe wird von „Mr. Eliots Sonntagmorgen-Andacht" bekräftigt (Eliot 1972, S. 74 ff.), wo wir denselben Wechsel von „süß" und „schmutzig" finden, den wir schon in „Der nasse Tod“ bemerkt haben, aber diesmal auf die Taufe bezogen, in der Gegenüberstellung der Taufe Christi und Sweeneys, der ein Bad nimmt. Es gehört sicherlich zumindest zu der Bedeutung von „Totenklage“, dass Bleistein die Taufe erfährt. Die grausame Vorstellung, von Meerestieren gefressen zu werden, entsteht aus dem Verhältnis zwischen Taufe und Kreuzigung. Es ist ein Bild des Opfers, wovon die Taufe eine Form oder ein Symbol ist; und die Grausamkeit der Vorstellung ist nicht wörtlicher zu nehmen als die Vorstellung des „Aschermittwoch“, in dem der Dichter lebendigen Leibes von Leoparden gefressen wird und der sich auf die Opferung der körperlichen Begierden bezieht, die mit der Mitgliedschaft in der Kirche verbunden ist. Außerdem ist die Vorstellung von „gegessen werden“ ein grundlegendes religiöses Symbol, das zwar von prähistorischen Totemmahlen[9] herrührte, aber im Christentum mit Selbstverleugnung und Aufnahme in das Göttliche verbunden war.

In diesem Licht gesehen, ist Bleistein eine Opferfigur, deren groteske Erscheinung und krankhafte Beleibtheit den „alten Mann“ heraufbeschwören oder die Menschheit, die weggespült werden muss. Der Titel des Gedichts „Totenklage“ ist schließlich nicht ironisch zu verstehen, sondern ein Bezug auf das Klagelied für Adonis, der (in einigen Versionen des Ritus) ertrank. Die Tatsache, dass Bleistein, Phlebas, Mr. Eugenides und Gerontion alle Kaufleute sind, die mit „Profit und Verlust“ zu tun haben, bedeutet bloß, dass sie alle gewöhnliche Menschen sind, beschmutzt durch die alltäglichen Kalkulationen, im Gegensatz zu den Märtyrern, die das Greisenalter nicht erleben und nicht Profit und Verlust ausrechnen. Wenn Bleistein als Symbol einer beschmutzten Menschheit ausgewählt wurde, dann gilt dies auch für andere, die keine Juden sind: Sweeney zum Beispiel und „Gerontion“ selbst.

Doch fürchte ich, dass dies nicht dazu beitragen wird, Eliot gegen den Vorwurf des Antisemitismus zu verteidigen, obwohl ich den starken Verdacht habe, dass er selbst diese Verteidigung herangezogen hätte, wenn er sich überhaupt herabgelassen hätte, sich zu verteidigen. Christen greifen heute oft zu einem sehr ähnlichen Argument, um den Antisemitismus der Evangelien zu erklären. Sie sagen, dass die Juden nicht als besonders boshaft bei der Tötung Jesu dargestellt werden. Sie sind einfach die Vertreter der Menschheit; sie mögen (in einer Variante) in dieser Hinsicht eine gottgegebene Rolle haben, ein Art von Märtyrertum. „Wir sind alle schuldig“ – aber die Juden wurden ausgewählt, die Schuld zu tragen, Verdammnis für die Menschheit zu tragen, wie Jesus das physische Verhängnis erlitt, das der Menschheit gebührte. In dieser Sicht werden die Juden eine Art schwarzer Christus – die Objektivierung der Lehre, durch die Christus die

Sünden der Menschheit auf sich nahm und somit faktisch selbst der Erzsünder wurde. Oder man drückt die Sache metaphorischer aus: Die Menschheit sollte die Juden anschauen, um das eigene Bild zu sehen; sie sind wie ein Albtraumbild in einem Spiegel. Hier ist eine Zusammenfassung einer modernen deutschen Verteidigung des Johannesevangeliums, des antijüdischsten Evangeliums: „Die ‚Juden' sind im vierten Evangelium kein historisches Volk, sondern ‚stilisierte Typen', die den Mangel an Glauben in der Welt veranschaulichen und verkörpern. Johannes beabsichtigte nicht, reale Juden zu verleumden – seine Polemik war ‚allein das Ergebnis theologischer Betrachtung'." Hierzu hat Joachim Kahl bemerkt: „Hat irgendeine Form des Antisemitismus jemals mit den Juden als einem historischen Volk zu tun gehabt? Ob sie als Kinder des Teufels geschmäht oder ob sie als minderwertige Menschenrasse stigmatisiert werden, ist eigentlich unerheblich. Beide Einstellungen sind mythologisch und beide sind die Folge desselben Bedürfnisses, nämlich einen Feind zu haben."

Wenn Eliot, wie zu vermuten ist, empfand, dass er seine jüdischen Figuren in so einer mythologischen Weise behandelte, dann machte er sich eines sehr subtilen und bösartigen Antisemitismus schuldig. Die Juden als Symbol der Menschheit zu betrachten ist eines; James Joyce tat das auf unbedenkliche Art in *Ulysses*. Aber die Juden als Symbol einer gefallenen, uneinsichtigen Menschheit zu nehmen ist etwas völlig anderes, und es verfestigt einen Mythos, der solch bitteres Leid verursacht hat. Was immer am Johannesevangelium wahr sein mag – die letzte Person, die ein moderner Autor als ein solches Symbol nimmt, sollte nach allem, was im Christentum geschehen ist, der Jude sein. Denn die historische Wirkung des Judenmythos ist das genaue Gegenteil der Wirkung gewesen, die moderne Fürsprecher dafür geltend machen; sie hat nicht dazu gedient, das Verantwortungsgefühl der Menschen zu stärken, aber sehr viel dazu beitragen, es zu verringern: um ihre Schuld zu den Akten zu legen und den Juden aufzuladen. Gewiss, Eliot hatte auch andere Symbole für eine uneinsichtige Menschheit; aber nur einer von ihnen, Sweeney, ist keine Wiederholung und Verkleidung von Bleistein, und Sweeney ist nicht so sehr ein Abbild von Schuld, sondern von ungeformter, unwissender Menschheit, von dem Leib, noch unerlöst durch die Seele (Caliban), und nicht der Verräter, der bewusst den Höchsten betrügt.

„Totenklage" ist künstlerisch misslungen, vermutlich weil Eliot in diesem Gedicht persönlichem Abscheu den Vorrang vor antisemitischem Symbolismus gestattete. Aber „Burbank" ist kein künstlerischer Fehlschlag; rein künstlerisch betrachtet ist es ein Triumph. In einem Gedicht von 32 Zeilen, in einer höchst originellen, durch Witz, Eleganz und erstaunlich geschicktem Umgang mit literarischer Anspielung gekennzeichneten Sprache, hat Eliot eine komplette Übersicht über die kulturelle Misere der modernen Welt ausgedrückt. Es überrascht nicht, dass Eliot selbst sehr zufrieden damit war. Er nannte es „ungemein ernsthaft“ und schrieb, dass dieses Gedicht und „Sweeney unter den Nachtigallen“ „unter dem Besten war, das ich jemals geschaffen habe“.[10] Es dürfte nicht überraschen, dass Antisemitismus literarische Brillanz inspirieren kann. Das hat er viele Male vorher bewiesen; Chaucers *Die Geschichte der Äbtissin* und Shakespeares *Der Kaufmann von Venedig* sind einleuchtende Beispiele. Denn Antisemitismus ist keine oberflächliche Sache; er hat tiefe Wurzeln in der Mythologie und in der Religionsgeschichte. Der Jude selbst als Symbol des Bösen hat diese Rolle durch einen kulturell determinierten Prozess bekommen; aber das Bedürfnis nach einem solchen Symbol gehört zur menschlichen Psyche. Die heidnische Religion löste das Problem der Schuld durch das Opfer, das heißt durch die Rückgabe des Lebens an den sterbenden Gott (sterbend wegen der Schuld und Beschmutzung des Stammes) durch den Tod des eigenen besten Mannes. Aber es gab immer die dunkle Figur des Opferers, der für die Schuld des Erlösung bringenden Opfers steht. Der Opferer (Kain, der Sündenbock, Typhon, Mot, Hother) muss in die Wüste getrieben werden, wo er die Zeichen des Mordes trägt, obwohl er nie ganz seine priesterlichen Funktionen verliert. Dies ist die Rolle, die den Juden im Christentum zugewiesen wurde, eine Rolle, die anzunehmen die Juden immer abgelehnt haben, wenngleich die Legende vom Ewigen Juden eine christliche Wunscherfüllung war, mit der man sich vorstellte, der Jude habe sich mit seiner Rolle abgefunden.

Für Maurras, Adams und Eliot wird der Jude nicht mehr als Gefahr für den Leib Christi durch Schändung gestohlener Hostien oder Kreuzigung christlicher Kinder angesehen wie im Mittelalter; aber er ist immer noch eine Gefahr für den Leib Christi (d. h. die Kirche), indem er die Wirksamkeit des Opfers leugnet, das den Leib am Leben erhält. Durch inspirierende Bewegungen (Demokratie, Sozialismus, Industrialismus), durch Beharren auf jener „Forderung der Verdammten“, Gerechtigkeit, durch Bejahung dieser Welt, anstatt sie als Wartezeit auf die nächste zu betrachten, durch Bejahung des Erwachsenenalters und der Reife (was Eliot als „Greisenalter“ bezeichnet) als positive Werte und somit Aufgabe der glückseligen Sicht der Kindheit (hier verknüpft Eliot die Tradition der Romantik mit der christlichen), ist der Jude der Feind der gesamten Opferidee, die er durch die Idee des Fortschritts und der Vervollkommnungsfähigkeit des Menschen ersetzt. Das alles kann man in dem grandiosen Gedicht „Gerontion“ lesen, das im Keim die gesamte literarische Leistung Eliots enthält.

Ob Eliot und seine französischen Vorläufer recht haben, wenn sie den Juden diese wichtige historische Rolle zuweisen, sollte ernsthaft erwogen werden. Sicherlich ist das Judentum die Religion, die mehr als jede andere die Lehre des Opfers Lügen straft, indem sie sich weigert, dem sterbenden und wiederauferstehenden Gott einen Platz einzuräumen.

Leider jedoch lässt sich Eliot nicht auf eine ernsthafte Auseinandersetzung mit dem Judentum ein. Er lässt kein Bewusstsein erkennen, dass das Judentum etwas als Antwort auf die gegen es erhobenen Vorwürfe zu sagen hat. Wie die Vorläufer in der Geschichte des modernen Antisemitismus sieht er die Juden als den Feind und das Judentum nicht als alternative oder rivalisierende Philosophie, sondern bloß als den bedrohlichen Gifthauch des Materialismus, der sich vom christlichen Idealismus abhebt. Eliots Antisemitismus ist ein einmaliges Gebräu aus mittelalterlichem Christentum, französischem Faschismus, Fin-de-siècle-Romantik und Frazer'scher Anthropologie; aber er ist letztlich erklärbar unter den Aspekten des jüdisch-christlichen Konflikts und der christlichen Verteufelung der Juden.

Anmerkungen

1 Die neueste Untersuchung von Eliots Antisemitismus ist *T. S. Eliot's Anti-Semitism and Literary Form* von Anthony Julius (Cambridge 1995). Frühere umfassende Untersuchungen waren von John Harrison (*The Reactionaries*, 1966) und Christopher Ricks (*T. S. Eliot and Prejudice*, London 1988), während ich selbst kürzere Studien veröffentlicht habe (1967, 1969, 1973, 1974). Einige Bemerkungen in einem Artikel von George Steiner führten zu einer längeren Korrespondenz in *The Listener*, seit Mai 1971, in der die meisten der möglichen Haltungen zu Eliots Antisemitismus zur Sprache kamen.

2 *The Times*, 2. November 1972.

3 T. S. Eliot, *After Strange Gods* („Nach fremden Göttern", Vorlesungsreihe), London 1934, S. 19 f.

4 W. T. Levy und V. Scherle, *Affectionately, T. S. Eliot*, London 1969.

5 „T. S. Eliot und das ‚Draußen'", *Times* Literary Supplement, 10. Dezember 1971.

6 Gabriel Pearson, *„Eliot: An American use of Symbolism"*, in *Eliot in Perspective*, Hg. Graham Martin, London 1970.

7 Siehe John Harrison, *The Reactionaries*, London 1966. Siehe auch M. Curtis, *Three against the Third Republic*, Princeton, NJ, 1959.

8 Römer 6, 3–6.

9 Eliot kannte sehr wohl die Verbindungen zwischen Christentum und primitivem Opferritual, wie er zum Beispiel in seinem Bezug auf „Christus den Tiger" in „Gerontion" und in seinen anthropologischen Anmerkungen zu „Das wüste Land" zeigt.

10 T. S. Eliot 1971, S. XVIII.

Kapitel 10

Der Antisemitismus bei Ezra Pound

Wenn es ein Wort gibt, das den Schlüssel zum Lebenswerk von Ezra Pound liefert, dann ist es „Produktivität". Er sah im Menschen im Wesentlichen ein produktives Tier, und in diesem Licht betrachtet, ist Pounds Ästhetizismus keine Flucht mehr vor dem Leben, ein Vorwurf, der überzeugend gegen den früheren Ästhetizismus des Elfenbeinturms erhoben werden konnte. Hingegen ist das Leben des gewöhnlichen Arbeiters unter jenem des Künstlers subsumiert. Selbst Tiere und Insekten sind für Pound im Wesentlichen Künstler:

> Lern von grüner Welt erkennen, wo dein wahres Maß
> An Erfindungsgabe oder rechtem Können,
> Lass ab von Eitelkeit.
> Paquin, lass ab!
> Der grüne Grashelm hat dich ausgestochen.
> (Canto 81)

Man vergleiche dies mit der Beschwörung des Menschen, der aus Marmor so natürlich baut wie das Insekt seine grüne Laube baut (in Canto 17):

> ... Und der weiße marmorne Wald, Ast über Ast gewölbt,
> In der ästigen Laube von Stein...

Alles, was zur Produktion beitrug, war gut; alles, was Produktion verhinderte, war schlecht. Das war Pounds schlichtes Glaubensbekenntnis, und es prägte sein ganzes Werk als Künstler, als Ökonom und als Manager der Künste. Sein Ziel war nicht nur Produktion, sondern Produktivität, eine vielfältige, geschäftige Aktivität, ständig sich verästelnd mit offenem Ende. Das war nichts für ihn, das fertige Produkt mit seinem Anschein von Vollendung und Vollkommenheit. Das würde bedeuten, dass Arbeit zu Ende geführt werden kann. Seine Gedichte fangen alle die Atmosphäre von laufenden Arbeiten ein, von Vorstellungen, die im Begriff sind, zu Ergebnissen zu erblühen, und als Unternehmer der Kunst half er ständig, Talente zu fördern, zuzusehen, dass gute Arbeit keine Totgeburt wurde, diejenigen, die der Produktion im Weg standen, zu reizen und zu bedrängen. Sein ganzes Interesse an wirtschaftlichen Angelegenheiten entsprang seinem Zorn über die finanziellen Schwierigkeiten von Künstlern wie Joyce und Eliot, die er durch unablässige, selbstlose Beeinflussung von Gönnern und Öffentlichkeit förderte und finanziell unterstützte.

Leider sah Pound in den Juden schließlich die obersten Anti-Künstler, die Feinde der Produktion. Pounds Antisemitismus war anfangs ein gedankenloses Vorurteil, dem er sich bewusst hingab; später wurde es zur bösen Obsession, von der Nazipropaganda genährt und in theoretische, paranoide Konstruktionen ausufernd. Aber die Rolle, die er den Juden gab, war immer die gleiche; sie waren diejenigen, die echte Produktion hemmten und zersetzten, indem sie sich auf Tätigkeiten konzentrierten, die auf Kosten der Produktionskräfte gingen, ohne zu ihnen beizutragen. Die wichtigste Äußerung jüdischen Geistes war „Wucher", aber dahinter lag (wie er später überzeugt war) die jüdische Religion des Monotheismus, mit ihrem gegen die Künste gerichteten Bilderverbot und ihrem abstrakten, unvorstellbaren Gott, der in metaphysischer Aktivität über der Welt kreiste wie der Geldmarkt mit seiner undurchsichtigen Einflussnahme.

Hier, wie immer in der Untersuchung des Antisemitismus, stoßen wir auf Probleme der Wortwahl. Wenn Pound „die Juden" angriff und sich auf Wucher und Hochfinanz als „Jidderei" bezog, was genau attackierte er? Er stellt keine schlichte Gleichsetzung von „Juden" und „Wucherern" her, denn er gab zu, dass es Wucherer gab, die keine Juden waren, und Juden, die keine Wucherer waren. An einer Stelle schrieb er sogar: „Wucherer haben keine Rasse. Ich weiß nicht, wie lange das ganze jüdische Volk als Sündenbock für Wucher herhalten soll."[1] Das hört sich recht aufgeklärt an, doch beachte man das verdächtige Wort „ganze". Nicht das ganze jüdische Volk sollte angeklagt werden, aber ein Teil schon, und zwar der maßgeblichste und wichtigste. In seiner berüchtigten Rundfunksendung aus Rom (30. April 1942) sagte Pound:

> Fangt kein Pogrom an. Das heißt, fangt nicht mit dem Umbringen kleiner Juden an, wie man es früher tat. Solche Methoden sind völlig sinnlos. Freilich, wenn jemand den genialen Einfall hätte, ein Pogrom ganz oben vorzunehmen … dafür ließe sich einiges sagen.

Hier empfiehlt Pound direkt die Ermordung reicher Juden, aber nicht armer Juden. Die Nazis schickten damals reiche wie arme Juden in die Gaskammern, sodass einige Verteidiger Pounds aus der Sendung einen gewissen Trost herleiten konnten, sehr zu Unrecht allerdings, weil Pound aus Gründen der Zweckmäßigkeit, nicht der Moral das Töten „kleiner Juden" missbilligt. Diese „kleinen Juden" sind einfach nicht wichtig genug, um ermordet zu werden. Manchmal scheint Pound tatsächlich einen gegen „reiche Juden" gerichteten Antisemitismus auszudrücken, zum Beispiel wenn er erwähnt: „der arme kleine Jid muss blechen für die Vendetta einiger reicher Juden an den Gojim" (Canto 52). Aber ein paar Zeilen weiter unten nennt er „Juden, richtige Juden, chazim und *neschek*[2] und Super-*Neschek*, die internationalen Beutelschneider". Dies zeigt, dass in Pounds Sicht der „richtige Jude" immer mit Wucher („neschek") in Verbindung gebracht wird und der „kleine Jude" nur klein ist, weil er noch nicht die Klasse des „Super-Neschek" erreicht hat. Wenn der „große Jude" seine Vendetta gegen die Nichtjuden führt, handelt er auch im Namen des „kleinen Juden".[3]

Bei einer anderen Gelegenheit schrieb Pound: „Das internationale Wuchertum enthält mehr an Calvinismus, mehr an protestantischem Sektierertum als an Judaismus."[4] Doch das Judentum, die „Jidderei", bleibt sein arttypischer Name für das Finanzwesen, das er angreift. (Außerdem betrachtet er den Calvinismus als eine Art Judentum.) Auch ein Nichtjude, der Wucher betreibt, wird dadurch als eine Art Jude ehrenhalber betrachtet, denn Wucher ist ein Teil der jüdischen Seele, während er bei Nichtjuden ein Virus ist, das sie sich durch Ansteckung zugezogen haben. Man hat argumentiert, dass Pound das Wort „Jude" nur als praktische Metapher verwendet, ein Wort, das im Denken seines Lesers die notwendigen Assoziationen wachruft, ohne wörtlich genommen werden zu müssen. Aber ein solcher metaphorischer Gebrauch muss aus der Überzeugung entstehen, dass die Juden die wahre Quelle des Giftes sind. Eine Tätigkeit „jüdisch" zu nennen, auch, oder besonders, wenn es nicht wörtlich gemeint ist, bestätigt also die Existenz von im Wesentlichen jüdischen Eigenschaften.

Es ist interessant, Pounds Antisemitismus mit jenem Eliots zu vergleichen. Es wurde die Meinung geäußert, Pounds Sicht sei mehr „vereinfachend und ideologisch" als Eliots und deshalb in gewisser Hinsicht besser.

Das scheint eine Fehldeutung der Fakten zu sein. Eliots Antisemitismus ist in mancherlei Hinsicht ideologischer als Pounds, da Eliot unter dem Einfluss von Maurras den Juden als archetypischen Feind des Christentums verstand, nämlich als die Ratte, die am Leib Christi nagte. Eliot sieht den Juden also als den Vertreter Satans und deshalb als unvermeidlichen Faktor im Leben; hier liegt ein mittelalterlicher Dualismus vor, nach dem Satan, wie Judas in den Evangelien, seinen Platz im Plan der Dinge hat und von Gott zu einem kosmischen Zweck verdammt ist. Satan ist der „Fürst dieser Welt" und der Jude ist sein Werkzeug. Während diese Ansicht zweifellos in die Verfolgung der Juden münden kann, kann sie auch zu ihrer Erhaltung als Vorbereitung der letzten Schlacht zwischen dem Licht und dem Dunkel führen, wenn die Juden (nach dem traditionellen christlichen Glauben) schließlich das Licht akzeptieren.

Ein solcher Mythos ist Pound, der nicht dualistisch denkt, fremd. Pound ist im Kern Optimist, ein „Macher", dessen Bezugsrahmen diese Welt ist. Für Pound ist an den Juden nichts Mystisches. Sie sind einfach ein weiteres Hindernis, das dem guten Leben im Weg steht, etwa verlogene Gönner, unehrliche Verleger oder schlechte Ökonomen. Folglich war es für Pound möglich, sich an die Nazis anzuhängen, die die Juden als Virus im Blut der Menschheit betrachteten, den man beseitigen musste, gleich welche Desinfektionsmethode dafür zur Verfügung stand. Eine „judenreine" Welt war das Ziel, eine Welt, in der die Juden nur noch eine schlimme Erinnerung wären. Für Eliot wäre eine solche Ansicht anstößig, ein Happy End in einer Dimension, wo keine Happy Ends vorkamen; die Juden waren zu wichtig, als dass man sie so einfach loswurde. In anderen Worten kann man sagen, dass der Jude für Eliot symbolisch für die Menschheit als solche steht; kritisiert er den Juden, dann kritisiert er sich selbst: den Teil von sich, den er am stärksten ablehnte. In „Gerontion" ist „der Jude" ein Aspekt des anderen alten Mannes, des „Greislings". Selbst Bleistein in Eliots höchst grauenhaft antisemitischem Gedicht, der unveröffentlichten „Totenklage", steht symbolisch für die ungeläuterte Menschheit. Dies macht Eliot zu keinem geringeren Antisemiten, aber es macht Eliot zu einer weniger gefährlichen Art von Antisemiten als Pound, der nie einen Teil von sich mit seinem gehassten Judenbild identifizierte. Auf diesen wunden Punkt legte Eliot seinen Finger, als er sagte (in einem Kommentar zu Pounds Darstellung der Hölle in den Cantos): „Es ist eine Hölle für die anderen Menschen, die Menschen, über die wir in den Zeitungen lesen, nicht für einen selbst und seine Freunde."[5]

Eliot kritisierte ausdrücklich, dass Pound nicht über eine Lehre von der Erbsünde verfügte, was „das Verschwinden der Vorstellung von einem heftigen moralischen Kampf" bedeutete und das Bild von einer Hölle „ohne

Würde, ohne Tragik!" erzeugte. Das Verschwinden der Lehre von der Erbsünde mag als Schritt hin zu Vernunft und geistiger Gesundheit erscheinen. Dennoch war dieses Verschwinden auf kurze Sicht für die Juden sehr gefährlich. Die christliche Lehre von der Erbsünde stellte die Juden als Ziel hin, auf das man aus dem Hinterhalt schoss, das man aber nie vernichtete; schließlich brachte der Zusammenbruch der Lehre von der Erbsünde die Juden in tödliche Gefahr, denn das Ziel blieb, obwohl die Absicherungen verschwunden waren. Das Resultat war der Holocaust.

Doch die Lehre von der Erbsünde war von den Juden selbst hergeleitet, da sie auf dem jüdischen Mythos vom Sündenfall Adams beruhte. Es ist ein wenig zu vorschnell, zu sagen, es gebe keine Lehre von der Erbsünde im Judentum, wie einige jüdische Theologen behauptet haben. Der Gedanke, dass etwas unrecht ist mit dem Universum und mit dem Menschen, existiert im Judentum. Aber das Judentum belässt das moralisch Böse auf der psychologischen Ebene, betrachtet es als beherrschbar (mit der Hilfe des Gesetzes) und verlangt deshalb kein kosmisches Drama eines göttlichen Opfers, keinen Teufel oder Henker, um es zu bewältigen. Das Judentum besteht auf der Übernahme von Verantwortung jedes Einzelnen. Diese Forderung nach Verantwortung, ins Christentum übertragen und mit der hellenistischen Verzweiflung kombiniert, führte zu der Notwendigkeit eines Erlöser-Sündenbocks (Jesus), ermordet von einem Henker-Sündenbock (den Juden). Die jüdische optimistische Einstellung über die Bewältigung des Bösen kehrte mit der Renaissance wieder ins Christentum zurück, mit dem bedauerlichen Ergebnis, dass die Juden, während vergangener Jahrhunderte als der Inbegriff des Bösen ausgezeichnet, vor der letztendlichen Vernichtung standen. Denn der Optimismus reichte nicht bis zu dem Punkt, an dem das Böse auf ein Ausmaß in der menschlichen Seele schrumpfte, das direkt angepackt werden konnte. Es blieb immer noch etwas da draußen, gegen das man nun etwas unternehmen konnte. Die Juden verloren ihre symbolische Stärke, ihren geheimnisvollen Nimbus. Sie waren kein Archetypus mehr, kein Mythos, keine Metapher für die Bewältigung des moralisch Bösen. Sie waren einfach ein Ärgernis, das vernichtet werden konnte.

Eliots Antisemitismus ist demnach zutiefst philosophisch, da er aus einer Analyse der conditio humana als Projektionsfläche entsteht, auf die die Schatten eines kosmischen Kampfes zwischen Gut und Böse geworfen werden. Pound verfügt nicht über Eliots Selbstmisstrauen; er verfügt über Optimismus und ein herzhaftes amerikanisches Selbstbewusstsein, kombiniert mit einer Paranoia, die gleichermaßen amerikanisch ist. Alles wäre gut, könnte man „sie" bloß loswerden, korrupte Ostküstenpolitiker, Bankiers, Wucherer oder Juden.

Eine Erklärung für den Unterschied zwischen diesen zwei amerikanischen Dichtern könnte in ihrer Herkunft liegen. Pounds Vater wurde in Wisconsin geboren. Er war Bergwerksinspektor in Idaho, zog aber später nach Philadelphia (als Ezra ein kleines Kind war), wo er als Edelmetallprüfer beim Münzamt arbeitete. Homer L. Pound war ein intelligenter Mann, wie der Ton von Ezras Briefen an ihn zeigt, und kam aus einer Familie, die nicht ohne Bedeutung in der amerikanischen Geschichte war (sein Vater Thaddeus Coleman Pound war Abgeordneter und eine Art Theoretiker in Währungsfragen). Aber Pounds Hintergrund war (anders als Eliots) unverfälschte, bodenständige amerikanische Mittelschicht des Grenzgebiets, der Wälder und Bergwerke, kein Hintergrund von Institutionen oder europäisierten Intellektuellen. Es hatte durchaus seine Berechtigung, dass Pound das lyrische Ich Old Ez (natürlich neben vielen anderen) annahm, der Hüter hausgemachter Volksweisheit. Und dies gab auch seinem Antisemitismus eine populistische Färbung. Er sah den Juden als Inbegriff des Händlers und Bankiers, der dem wegbereitenden nichtjüdischen Bauern folgte und auf Kosten der Tapferkeit und Kreativität des Letzteren gedieh. Eliot dagegen leitete seinen Antisemitismus teilweise von der städtischen Situation seines Geburtsortes St. Louis ab, wo eine patrizische Kultur (ein Außenposten von Neuengland) in Kombination mit vornehmem Handel vom Wachstum eines dreisten Industrialismus mit dem Mittelpunkt Chicago bedroht war und von Scharen jüdischer Einwanderer aufgerüttelt wurde. Eliot identifizierte die Juden folglich mit dem neuen „Amerikanismus", der so tragisch über europäische Werte zu triumphieren schien, während Pound sich selbst als der Vertreter speziell amerikanischer Tugenden sah, die irgendwann die Kruste des jüdischen Wuchers abschütteln würden. Eliot und Pound waren beide Emigranten, aber Old Ez versuchte nie, seine amerikanischen Wurzeln zu kappen, wie es Eliot tat, der sich nach Europa zurückzog wie ein römischer Aristokrat, der angesichts barbarischer Invasionen der Provinzen in die italienische Heimat zurückging.

Das Element schlichten gedankenlosen mittelwestlichen Vorurteils, eine Art populistische Beschränktheit, die sich weigerte, die Fakten zur Kenntnis zu nehmen, blieb immer eine starke Komponente von Pounds Antisemitismus. Er hätte sich zum Beispiel bemühen können, etwas über die Ideengeschichte zum Thema Wucher herauszufinden. Dann hätte er entdeckt, dass das erste belegte Verbot von Wucher in der jüdischen Bibel steht und dass der Unterschied zwischen Wucher und partaggio (Gewinnbeteiligung), den er dem Mittelalter zuschreibt, in Wirklichkeit mit einem

Scharfsinn, den er höchst erhellend gefunden hätte, im jüdischen Talmud diskutiert wird. Er hätte vielleicht sogar herausgefunden, dass im Talmud Juden gerügt werden, die Zinsen auch von Christen annehmen (außer in extremer Notlage), und dass es die christliche Kirche war, die die Juden zurück zum Wucher zwang, weil in christlichen Augen in diesem Fall (wie im Fall der Kreuzigung) die sündhafte Tat eine praktische Notwendigkeit war, für die Gott fürsorglich ein Volk verlorener Seelen vorgesehen hatte.

Pounds schiere Ignoranz beim Thema Juden und Judentum ist außerordentlich. Er scheint sich nicht bemüht zu haben, über jüdische Geschichte, jüdisches Denken oder jüdische Sprache zu lesen; dennoch versucht er, einen Eindruck von Wissen zu wecken, indem er vermeintlich hebräische Wörter wie „chazims“ verwendet (was vermutlich chasanim bedeuten soll, Vorsänger, obwohl nicht klar ist, warum ausgerechnet diese bestimmte Klasse von Juden dem Wucher besonders verfallen sein sollte). Wie andere begabte Antisemiten, etwa Wagner, zog er einige Juden in sein persönliches Umfeld (Louis Zukofsky zum Beispiel), aber sie scheinen nicht versucht zu haben, ihn über jüdische Angelegenheiten aufzuklären, da sie womöglich selbst über wenig jüdische Bildung verfügten. Er griff viele Fetzen von Fehlinformationen aus antisemitischer Literatur auf. Ein interessantes Beispiel ist die Geschichte, dass Benjamin Franklin riet, Juden sollten aus Amerika ausgeschlossen werden. Dieses Stück antisemitische Mythologie ist in Canto 52 aufgenommen:

> UND Ben bemerkte: haltet bloß die Juden raus
> Sonst werden euch die Kindeskinder noch verfluchen.

Pounds Unbekümmertheit und Fahrlässigkeit in jüdischen Angelegenheiten passt natürlich zu seinem allgemeinen Vorgehen auf dem Gebiet der Bildung. In allen Studienfeldern, zu denen er beitrug (provenzalische Dichtung, lateinische und griechische Dichtung, chinesische Literatur, Ökonomie usw.) wurden Klagen laut wegen seiner Schnitzer, seiner Inkompetenz und seiner quacksalberischen Prahlerei. Manche dieser Klagen entbehren der Grundlage, weil sie von der gelehrten Buchstabengläubigkeit ausgingen, die Pound verabscheute und bekämpfte. Zum Beispiel wollen Pounds Übersetzungen nicht wörtlich sein, und die „Schnitzer“ (z. B. „*votes* = Wahlstimmen“ für „*votas* = du verhinderst“ bei Properz) gehen auf eine originelle Ästhetik der Übersetzung zurück, nicht auf Unwissenheit. Doch seine Verachtung für gelehrte Engstirnigkeit mündete für ihn schließlich in ein irrsinniges Selbstbewusstsein. Er glaubte am Ende wirklich, er brauche nur ein oder zwei Dinge über eine Zivilisation zu wissen, um ihr ganzes Wesen intuitiv zu erfassen. Die „ideographische" Methode wurde ein Mittel für sofortiges vielseitiges Wissen. Die Ideogramme der chinesischen Bilderschrift schienen für Pound von großer Bedeutung (nach seiner Lektüre von Ernest Fenollosa), weil sie auf eine Art des Denkens hinwiesen, die nie den Kontakt zu konkreten Details verlieren würde, eine Methode, die von Bild zu Bild in einer Weise fortschritt, dass verständliche Verallgemeinerungen entstanden. Die Verbindungen dieser Theorie des Denkens mit Pounds Beziehung zur poetischen Methode des Imagismus liegen auf der Hand. Seine Methode der poetischen Komposition und auch der Prosakomposition ist die Gegenüberstellung bedeutsamer Details in einer Weise, dass das Unbewusste Schwingungen empfängt und unterschwellig Generalisierungen bildet oder seine allgemeinen Formen ändert, um die Welt in neuem Licht zu sehen. Die Frage ist: „Wie weiß der Dichter, welches Detail bedeutsam ist?" Die Antwort ist, dass ihm das im Licht einer weitschweifigen Theorie gelingt, zu der er vorher gelangt ist, die er aber nie ausdrücklich offengelegt hat. Dies ist eine Antwort, die Pound nicht akzeptieren wollte. Er wollte von seinen Bildern genauso überrascht werden wie der Leser, die Bilder oder Details durch blinde Intuition auswählen und Hand in Hand mit dem Leser sehen, wohin sie führen würden. Aber das bedeutet, die Verantwortung des Autors abzutreten und sich selbst der Gnade der eigenen unbewussten Vorurteile auszuliefern. Wenn Pound einen Gegenstand wirklich kennt, ist die ideographische Methode erfolgreich. Wenn er nichts über einen Gegenstand weiß, wird die ideographische Methode nicht zur Denk- oder Ausdrucksweise, sondern ein Ersatz für sie.

Das bringt uns zur Betrachtung von Pounds Ästhetizismus zurück. Wir wissen unbestreitbar, dass der ästhetische Standpunkt, den Pound in den 1910ern und 1920ern annahm, ihn schließlich in den Abgrund führte. Wie führten Imagismus, *The Little Review* [ein amerikanisches Literaturmagazin, der Herausgeber] und Londoner Abendgesellschaften zum Eintreten für den Nazismus? Die Frage ist insofern besonders interessant, als Pounds Spielart des Ästhetizismus die Kluft zwischen Kunst und Moral zu überbrücken scheint, sich der Welt zu- statt abzuwenden und sich mit der Gesundheit der gesamten Gesellschaft zu beschäftigen. Was war schiefgelaufen?

In Pounds ästhetischer Vorstellung leistet der Künstler Widerstand gegen die Welt, die er angreift und nach seinen Bedingungen gestaltet oder vielmehr in die Gestalt bringt, die er verborgen unter der Gestaltlosigkeit erkennt. Der Künstler spinnt nicht nur Träume, indem er Kunst aus seinen Innereien ausscheidet wie eine Spinne ihr Netz. Seine Bilder sind nicht der äußeren Welt entliehen, nutzbar gemacht, um seinen inneren Vorstellungen

Ausdruck zu verleihen. Die Bilder sind, oder sollten sein, da draußen, Entdeckungen oder Erwerbungen des Menschen bei der Erforschung seiner Umgebung. Donald Davie hat in seiner Studie zu Pounds Ästhetik die interessante Unterscheidung zwischen „plastischer" und „skulpturaler" Kunst eingesetzt (die Unterscheidung ist von Adrian Stokes hergeleitet). Pound als Anhänger des Imagismus ist „der Dichter als Bildhauer", während Eliot dagegen Symbolist ist, der ein „objektives Gegenstück" sucht, das als „Ausdruck einer Emotion" wirken soll, anders gesagt, der Bilder aus der äußeren Welt als Spielsteine in einem inneren Spiel verwendet.[6]

Ob diese Beschreibung Eliot gerecht wird, mag man bezweifeln, aber über Pound ist sie sicherlich sehr erhellend. Sie zeigt, wie Pounds Aggressivität einen Teil seiner ästhetischen Vorstellung bildet. Die Radikalität und Respektlosigkeit, die maßgeblich für Pounds Persönlichkeit sind, können als die Eigenschaften des Bildhauers verstanden werden, der durch radikale Verwerfung belanglosen Materials, das der Aufdeckung der im Stein verborgenen Form im Weg steht, sein Werk produziert. Doch gleichzeitig liebt der Bildhauer den Stein, der sein Medium ist. In all seinen Zurückweisungen arbeitet er die wahre Qualität des Steins oder des Holzes heraus, sodass er schließlich den Geist des Materials an sich freilegt und sein Werk wie der formende Mittler von Naturgewalten wie Wind und Wasser scheint, indem es den Stein steinähnlicher denn je macht. Und Teil des künstlerischen Resultats ist das Gefühl des Kampfes zwischen dem Künstler und seinem Material, eine Schlacht auf Augenhöhe, manchmal symbolisiert vom Auftauchen der bearbeiteten Skulptur aus einem Sockel von unbearbeitetem Material wie bei bestimmten Werken von Michelangelo und Rodin.

Nun ist es interessant, dass eine der von Pound gegen die Juden erhobenen Beschuldigungen ist, sie seien sentimental.

> und Tsievitz
> hat mir erklärt die wohligen Wonnen,
> die intramurale, nahezu intravaginale Wärme
> hebräischer Zuneigung im Schoß der Familie und … noch einiges sonst
> …
> Es muss so was wie ein inneres Organ sein,
> eine Lebensgemeinschaft auf der Ebene der Bauchspeicheldrüse …
> Sensibilität ohne Ausrichtung …
> (Canto 35)

Dieser Angriff auf jüdischen Schmalz verknüpft ihn mit Verinnerlichung, mit der Schaffung einer mutterschoßartigen Gemeinschaft, in der sich der

Einzelne nie einer feindlichen Umgebung stellen muss und somit nie einen Teil davon ablehnen muss. Dies ist das Gegenteil des Bildhauers, der seinen rohen Steinblock vor sich hat. („Es ist so einfach wie die Anweisung des Bildhauers: ‚Nehmen Sie einen Meißel und hauen Sie allen Stein weg, den Sie nicht wünschen.'" Pound in einem Brief an Iris Barry.)

Es mag schwerfallen, den Vorwurf der Sentimentalität mit dem Bild vom Juden als Wucherer und Räuber unter einen Hut zu bringen, aber eigentlich sind sie zwei Seiten derselben Medaille. Der Punkt ist, dass der Jude nie die schweren Entscheidungen treffen muss, weil er im Kern ein Schmarotzer ist, der von der Gesellschaft lebt und die Menschen ausbeutet, die die wirkliche Arbeit leisten. Wucher ist eine Form des Schmarotzertums, eine Möglichkeit, von den schöpferischen, die Erde beackernden nichtjüdischen Bauern und Künstlern Blut zu saugen. Der Jude kann es sich leisten, sentimental zu sein, weil er nie zahlen muss; vor den Opfern und Konflikten stehen die anderen:

> un as ssajn bruder ohne teschtament geschtorbn,
> zewaijnt er sich iber dem ganzn tebbich, sovil as
> er nacha sich muss oijsspressen lossn die hosn
> un bestellt fir ihn a sindttajre beerdigung
> und schickt nacha die rechnung an die witfroh.
> (Canto 35)

Dies ist ein Bild von einem jüdischen Künstler, der ein Schnorrer ist, das heißt, er betreibt Kunst auf die jüdische Art und verwandelt sie in eine parasitische Tätigkeit. Emotionen fallen ihm leicht, weil sie nichts kosten.

Zum wahren Leben gehören Rücksichtslosigkeit, Respektlosigkeit; es ist nicht „intravaginal", sondern maskulin, aggressiv, phallisch.[7] Aber der Jude ist feminin, infantil, biegsam. Er manipuliert die gegebene Tatsache, wie der Säugling, der an der Brust saugt; er behaut nicht das Gegebene und verwandelt es nicht wie ein erwachsener Mann, der die Erde pflügt oder eine Frau, oder wie ein Bildhauer, der den Stein zwingt, seine innere Struktur preiszugeben. Er wartet darauf, dass andere etwas erzeugen, und dann manipuliert er es zu seinem eigenen Vorteil. Oder wenn er selbst etwas erzeugt, ist es aus seinen eigenen Innereien gesponnen, etwas ohne Wurzeln in der äußeren Realität, sodass kein Bild entsteht.

Das formbarste, plastischste Ding von allen ist Geld, das höchste „Symbol", das keine richtige Kontur hat, aber fähig ist, unendlich viele Formen oder Bedeutungen anzunehmen. Pound war nicht gegen Geld an sich, aber er war in Sorge, dass es immer für etwas Konkretes stehen sollte, seien es Waren oder Dienste, dass es nicht in eine abstrakte Welt abheben und „aus Nichts geschaffen" werden sollte. Der Jude, dachte er, war der Künstler des Geldes, der verwirrende Arabesken damit veranstaltete, die keine Beziehung zu den Prozessen der Landwirtschaft oder Produktion hatten und diese Prozesse sogar behinderten. Solche Kreativität war „krebserregend", schädlich für den sozialen Organismus. Sie war auch schmutzig und kloakenhaft. Pound war sich über die Idee im Klaren, die sich in Freuds Gleichsetzung von Geld mit Kot ausdrückte, und in den obszönen Cantos zeigt er die Bankiers als anal fixierte Kinder, die mit ihrem eigenen Schmutz spielen, nicht imstande, die genitale Phase zu erreichen, in der das Realitätsprinzip anerkannt wird, die Allmachtsfantasie aufgegeben und eine vorgegebene Welt angepackt wird, statt sie künstlich aus dem Nichts zu formen. Die oberste Gottheit der Hölle ist „das große Arschloch" (Canto 14), was Pounds Version des Demiurgen oder des jüdischen Gottes ist, der das Universum aus dem Nichts erschafft.

Pounds ästhetische und moralische Haltung des Anti-Mitleids sollte sicherlich nicht gleich als unmenschlich abgelehnt werden. In gewisser Hinsicht ist es eine noble Haltung und jedenfalls eine, die man von der moralischen Tradition des Judentums her unterstützen kann. Mitleid kann oft eine gönnerhafte Empfindung sein, die an der Selbstachtung des Adressaten nagt, weshalb es im jüdischem Recht als viel besserer Akt der Nächstenliebe gilt, jemandem Geld zu leihen anstatt zu schenken. Das Wort *rachmanut* bedeutet nicht Mitleid, sondern Gnade, etwas völlig anderes, weil es Respekt gegenüber Menschlichkeit bedeutet, nicht Verachtung. Das Mitleid, das keine Strafe für Fehlverhalten fordert, weil nichts Besseres erwartet worden war, ist nicht weit weg von Verachtung. Das Mitleid, das schäbiges Verhalten und schlampige Arbeit verzeiht, ist der Feind jeglicher Vortrefflichkeit im Leben.

Wie Nietzsche sah Pound etwas Nachteiliges für die Menschheit in der christlichen Idee des Mitleids, und in einer seiner schönsten Dichtungen verurteilt er diese Idee:

Fäule befällt, was da auch kreucht und fleucht.
So ist's bestellt, dass kein Mensch mehr Reines kennt;
Mitleid für Fäulnis und mancherlei Fehl
Alles verseucht;
Nimmermehr schnellt mein Pfeil
Und gibt den Fang. Nichts fällt nun waidgerecht,
Faul alles und krank.
(Canto 30)

Dieser Unmut ist der heidnischen Göttin Artemis in den Mund gelegt, als direkter Protest gegen das, was Pound als die jüdisch-christliche Idee des Mitleids versteht, das er, wie Nietzsche, als Rache der Schwachen an den Starken sah. Nietzsche allerdings bewunderte das Alte Testament und schloss es aus seiner Verurteilung aus. Er verabscheute die Antisemiten seiner Zeit und hätte den rassistischen Sadismus der Nazis nie mit dem wahren Streben nach „Reinheit" verwechselt.

Wieso beging Pound diesen groben Fehler? Welchen Makel gab es da in seiner Lehre des Ästhetizismus, der ihn anfällig machte für antisemitische Propaganda der ekelhaftesten Art und ihn veranlasste, Mussolini und Hitler als Verfechter der abendländischen Kultur zu betrachten? Von einer Lehre, die Diskriminierung betont, gibt es kein zwangsläufiges Fortschreiten zu Unmenschlichkeit. Wie kommt man von einer Lehre des skulpturalen Wesens der Kunst, von einem Ideal der Gesellschaft, die von Gesetzen der Höflichkeit und guten Führung gestaltet ist, zu der Schlussfolgerung, dass die Menschen, die Moral zu einer Kunst machten, ausgelöscht werden sollten?

Denn zweifellos ist einer der unheimlichsten Aspekte von Pounds Antisemitismus, dass die Eigenschaften, die er in der Gesellschaft am meisten bewunderte und für die er das Italien der Renaissance und das alte China erforschte, in mancherlei Hinsicht jenen ähnlich sind, die er in der jüdischen Kultur, die er missverstand und verachtete, hätte finden können. Die würdevolle Strukturierung der Jahreszeiten durch Riten und Zeremonien, das besondere Augenmerk auf Feinheiten barmherzigen Verhaltens, die nüchterne, rationale Regelung des Handels und Leihens, das alles war näher greifbar in der Mischna als in fernen chinesischen Texten. Pounds Überzeugung, dass die Juden immer ein gegen den Ackerbau eingestelltes Volk waren, wurde durch eine unerschütterliche Unkenntnis der Bibel, des Talmud und sogar der Juden in seiner Umgebung gestützt. Tatsächlich ist das Judentum par excellence die Religion des Ackerbaus, die Religion, die den Abläufen des Ackerbaus solche religiöse Heiligkeit verlieh, dass ein talmudischer Rabbi sagen konnte, der Vorgang des Pflanzens sollte nicht einmal für die Ankunft des Messias unterbrochen werden. Statt einige elementare Recherchen in die jüdische Geschichte und Literatur vorzunehmen, nahm Pound seine Vorstellung von den Juden von einem populistischen Vorurteil (das wiederum auf religiöser Tradition beruhte), obwohl es möglicherweise ein vages Bewusstsein von der Existenz jüdischen Ackerbaus gab, als er die spätere Theorie entwickelte, die Juden seien im Wesentlichen Viehzüchter statt Bodenbesteller gewesen.[8]

Pounds Weltanschauung krankte daran, dass sie im Grunde genommen eher ästhetisch als moralisch war. Es war ein Ästhetizismus, der das Feld der

Moral in selbstherrlicher Weise übernahm. So sehr wir Pounds Entschlossenheit begrüßen mögen, kein weltfremder Ästhet im Stil des *fin de siècle* zu sein, können wir dennoch etwas Antihumanes in einer Moral finden, die den Ansprüchen der Kunst untergeordnet ist. In gewisser Hinsicht war es für den Ästheten besser zu glauben, dass Kunst und Moral Gegensätze waren, oder sogar die ganze moralische Frage als nicht beachtenswert abzutun. „Was den Broterwerb betrifft, können das unsere Knechte für uns tun" (aus Villiers de L'Isle-Adams Drama *Axel*). Wenigstens ließ diese Einstellung eine gewisse Autonomie der Moral zu und erlaubte Nichtkünstlern, während sie überheblich aus dem Reich der Schönheit entlassen wurden, eine Rolle in dem untergeordneten Reich des Guten. Pound weigerte sich, solche Grenzen anzuerkennen; der Künstler musste als Künstler Gesetze über alle menschlichen Belange erlassen, auch über Politik, Moral und Ökonomie. Die vom Ästhetizismus untrennbare Unmenschlichkeit, weit davon entfernt, durch die Sorge um menschliche Probleme gemildert zu werden, wurde in einem viel größeren Maßstab umgesetzt. Pound betrachtete den Menschen nicht als Selbstzweck, sondern als Element in einem Muster. Sein Interesse galt nicht der Gerechtigkeit, sondern der Produktivität, der Produktion eines Musters. Weit wichtiger als jeder Mensch war die Göttin Forma, die Pound mit religiöser Ekstase anruft:

auf dass der Leib des Lichts austrete
  dem Leib des Feuers
Und dass deine Augen zutage kommen
  aus den Tiefen darein sie versanken,
Reina – 300 Jahre lang
  und nun versunken
Dass deine Augen auftauchen aus ihren Grotten
  & Licht fortan
    gleich dem Ilex-Blatt
  qui laborat, orat
So kam Undine zum Felsen
      am Circeo
und die Steinaugen blicken wieder aufs Meer.

Diese Passage stammt aus Canto 91, in dem einige der grundlegenden Gedanken, die hinter dem ganzen Unternehmen der Cantos stehen, ausgedrückt werden. Der Canto gehört zu dem Abschnitt „Fels-Drill", der erstmals 1955 veröffentlicht wurde. Selbst zu diesem späten Datum, nachdem alle Fakten des Holocausts längst allgemein bekannt waren, lag es

Pound fern, seinem Antisemitismus abzuschwören. Weiter unten im selben Canto schreibt er:

Demokratien wählen ihren Abschaum
bis es keinen klaren Gedanken gibt über Heiliges
ein einziger Jauchefluss seit 1913
und darin war ihre Jidderei wirksam, Marx, Freud
und die amerikanischen Hochschulen,
Unflat unter Unflat,
Maritain, Hutchins,
oder wie Benda sagte: „La trahison"

Der Jude wird in dem Pauschalurteil „Jidderei" für die Übel der Demokratie und modernen Degeneration verantwortlich gemacht. Der Jude wird verantwortlich gemacht für anale Fixierung und für alle künstlichen Kleckereien und Gerinnungen, die in den obszönen Cantos stigmatisiert werden. Der Jude ist der Feind von „Heiligkeit" und (im Zusammenhang des thematischen Inhalts des Canto) von forma, Kunst und ästhetischer Gesundheit. Und dies zu einer Zeit, als selbst die bösartigsten und eingefleischtesten Antisemiten aus Scham schwiegen und der Gedanke, dass Hitler und Mussolini jemals für etwas Erbauliches gestanden hatten, aberwitzig geworden war.

Eine Art von antimoralischem Ästhetizismus war typisch für die Künstlerkreise, in denen sich Pound in seinen frühen Jahren als Schriftsteller und Förderer der Künste in England bewegte. Diese Haltung zeigte sich in vielen Formen, aber fast alle diese Formen waren anfällig für Antisemitismus. Von der scherzhaften Pflege der Verantwortungslosigkeit, mit ihren antijüdischen und rassistischen Witzen, die „liberalen" Ernst schockieren wollten, bis zu breiten philosophischen Programmen, in denen Antisemitismus eine theoretische und historische Grundlage erhielt, schien der Einsatz für die Kunst Feindseligkeit gegen die Juden zu umfassen.[9] Der Zusammenhang des Ästhetizismus mit dem Aufstieg von Faschismus und Nazismus verdient eine eingehende Untersuchung, trotz des Paradoxons, dass die Moderne in den Künsten von faschistischen Regimen verfolgt wurde, sobald sie an die Macht kamen. Hitler als der „Künstler an der Macht", eine groteske Karikatur von Shelleys „unbestätigten Gesetzgebern der Welt", ist eine Gestalt, die zu untersuchen lohnend wäre.

Pounds Sicht des Künstlers ist weit entfernt von der Byron'schen oder dämonischen; er sieht den Künstler als Urbild der Normalität und Gesundheit. Und das macht seinen Antisemitismus umso gefährlicher. Viele Ästheten sahen sich als entfremdete Persönlichkeiten und die Juden als typisch für die bürgerliche Welt, von der sie sich entfremdet fühlten; Pound, mit seiner demokratischen oder eher populistischen Vorstellung, sah sich als Verteidiger der Massen gegen die wesensfremden und entfremdeten Juden.

Alle Formen des Antisemitismus haben zumindest etwas, das für sie spricht, nämlich dass sie den Juden Bedeutung zugestehen. Der liberale Irrtum ist, zu sagen: „Es gibt kein Problem." Verteidigt man die Juden, indem man ihre Bedeutungslosigkeit erklärt, löscht man sie irgendwie aus. Wir müssen die verschiedenen Arten von Antisemitismus untersuchen und unter den zweitrangigen Lügen, Unterstellungen und Dummheiten den Kern der Wahrheit entdecken. Wofür stehen die Juden, wie kommt es zu der ablehnenden Reaktion? Dem Vorwurf, der Jude sei vom Wesen her ein Anti-Künstler, kann auf der Ebene der „jüdischen Verteidigung" mühelos widersprochen werden, indem man auf den gewaltigen Beitrag verweist, den Juden für Literatur, Musik, Malerei und die anderen Künste leisteten. Aber das ist nicht genug, denn es ist notwendig, den Sinn anzuerkennen, in dem es durchaus zutreffend ist, den Juden als Anti-Künstler vom Wesen her zu bezeichnen, um das wirkliche Problem zu entdecken, das all den falschen Formulierungen zugrunde liegt.

Wenn man Pounds Anklage gegen die Juden von ihren hysterischeren Aspekten befreit und durch ein breiteres Wissen, als er es tatsächlich besaß, unterfüttert, könnte sie folgendermaßen lauten:

> Die Juden sind ein Volk ohne Stil. Da ihr Gott nicht abgebildet werden darf, sind sie unfähig, eine eigene Kunst zu entwickeln. Da sie eigentlich Nomaden sind (die das besiedelte Land Kanaan eroberten, aber ihre Bindung an den Gott der Wüste beibehielten), ist ihr Verhältnis zum Boden parasitär geblieben. Sie entwickeln keine eigene Kunst, sind aber geschickt darin, die Kunst anderer nachzuahmen. Selbst ihr Tempel wurde in einem entlehnten Stil gebaut. Ihre Synagogen haben keine eigene Architektur, ihre Küche, ihre Musik und ihre Dichtung sind ein Gemisch aller Kulturen, denen sie begegnet sind. Ihre Religion ist von den natürlichen Vorgängen abgetrennt: Der Gott, der stirbt und wiedergeboren wird, der Rhythmus der Fortpflanzung und Fruchtbarkeit haben keinen Platz in ihr; die Frau hat keinen Platz in ihr. Sie erschaffen nichts, aber sie saugen die Schöpferkraft anderer aus; oder sie spielen unaufhörlich mit Ideen, die aus ihren eigenen Innereien gesponnen sind, weiche körperlose Entwürfe, die ausgepresst und modelliert, nicht durch Kraft und Mut aus dem harten Stoff der Realität herausgehauen werden. Sie umhüllen die Welt mit den Spinnweben abstrakter Entwürfe und besonders mit einem Gewebe aus Geld, das nicht von wirkli-

cher Produktion herkommt, sondern durch Schmarotzen an der Produktion, und schließlich zum Stillstand gebracht wird. Sie halten nichts von Arbeit, die sie als „Adams Fluch" bezeichnen, und ihr Ideal ist die Untätigkeit am Sabbat. Aber in Wahrheit ist Arbeit heilig, und alle Arbeit ist Gebet und Kunst, wenn sie von verderblichen Hemmnissen und Irreführungen befreit wird, die ihr auferlegt werden von denen, die sie verachten. Die Juden sind die uralten Feinde von Arbeit und Kunst; sie sind Anwälte, Wissenschaftler, Wucherer, alles, nur keine Künstler.

Das ist eine schwere Anklage, wie sie etwa gegen die Israeliten von den Kanaanitern hätte erhoben werden können, deren Götter und Göttinnen, Haine, Tempel und Altäre die eindringenden Bilderstürmer zerstörten, oder von den Griechen, deren auf Kunst gegründete Zivilisation der ernsthafteste Rivale des Judentums um die Beherrschung der antiken (und modernen) Welt war. Zugunsten der Juden könnte man vielleicht Folgendes antworten: Die Juden waren in der Tat die Feinde der Kunst in dem Sinn, dass sie für den Vorrang der Moral einstehen. Die ganze Schönheit Ägyptens und Kanaans konnte vor ihnen nicht bestehen, weil sie auf Ungerechtigkeit und Unterdrückung gegründet war. Der Jude ist der ewige Parvenü, der die Schönheit und Anmut eines aristokratischen Systems nicht akzeptieren wird, während eine Klasse hässlicher, vergessener Ausgestoßener in den Slums verborgen übrig bleibt. Die Juden wünschen Schönheit, aber sie wünschen noch mehr, dass sie gleichmäßig verteilt wird, und zu diesem Zweck sind sie gewillt, die Last von Hässlichkeit und Leiden hinzunehmen. Die Juden sind nicht so sehr die Schöpfer von Schönheit, als ihre Umverteiler. Sie erfanden nicht die Schönheit des Tempels, aber sie entlehnten seine Schönheit von priestergeplagten, gottgeplagten, herrengeplagten Völkern, sodass er der Besitz eines Volks von Sklaven werden konnte, die „ein Volk von Priestern" geworden waren. Sie zerstörten ständig die Mystik aristokratischer Traditionen, um Bildung, Kultur, Kunst, Schönheit für die Verachteten in Besitz zu nehmen. Insbesondere machten sie sich Müßiggang zu eigen, das Privileg der Oberschicht, und schenkten ihn dem Volk: Dies ist die Bedeutung des Sabbat.

Dies ist eine Antwort, die den ganzen positiven Beitrag der Juden zur Kunst unerwähnt lässt, vom „Hohelied" zu Chagall und Schoenberg. Alle möglichen einzelnen Antworten können auf Pounds einzelne Anklagen angeboten werden; aber in dem wesentlichen Punkt hatte Pound recht, wenn er spürte, dass der Jude der Hauptfeind seiner Lehre vom Vorrang der Kunst war. Selbst wenn Pound Werner Sombart gelesen und entdeckt hätte, dass die Juden, wohin auch immer sie gegangen sind, materiellen

Wohlstand in ihre Gastvölker brachten (nicht den ökonomischen „Krebs“, den Pound ihrem „Wucher“ zuschrieb), hätte er die Juden immer noch gehasst (wie auch Sombart), weil sie vom Vorrang der Gerechtigkeit überzeugt waren. Wenn alle jemals geschaffenen Meisterwerke der Kunst gegen das Leben eines einzigen Kindes, das in Hitlers Gaskammern ermordet wurde, aufgewogen würden, was sollte gerettet werden? An der jüdischen Antwort auf diese Frage besteht kein Zweifel, aber es könnte durchaus Zweifel an Pounds Antwort geben. Weil er Kunst an die erste Stelle setzte, wurde er mitschuldig an den Gaskammern.

Dies mag uns veranlassen, kurz über die stark umstrittene Frage nachzudenken, ob Pound öffentliche Ehrungen zuteilwerden sollten. Zweimal tobte eine Kontroverse, 1949, als Pound den Bollingen-Preis erhielt, und 1972, als er die Emerson-Thoreau-Medaille des Rats der Amerikanischen Akademie für Kunst und Wissenschaft erhielt. Die Diskussion kreiste um die Frage: „Kann künstlerisches Verdienst isoliert von Erwägungen der Moral belohnt werden? Können wir den Künstler Pound ehren, während wir den Menschen Pound verurteilen?“ Diese Frage bekommt zusätzliche Schärfe, wenn man bemerkt, dass genau dieser Konflikt zwischen Kunst und Moral grundlegend für Pounds Leben und Werk ist und dass seine Antwort darauf weitgehend verantwortlich für seine schreckliche Schuld war. Wir mögen es der Zeit überlassen, das Gute von dem Bösen in Pounds Werk herauszufiltern, aber Pound öffentliche Ehrungen zu seinen Lebzeiten zu gewähren, war eine Beleidigung der ermordeten und gefolterten Juden, an deren Schicksal er mit verantwortlich war. „Diese Streitpunkte“, argumentiert Christine Brooke-Rose,

> sind so tot wie die Religionskriege; treibt es uns heute etwa um, ob Agrippa d’Aubigne, der barocke religiöse Dichter, auf der protestantischen oder der katholischen Seite war, außer für Argumente der Auslegung? Doch Menschen ermordeten einander wegen dieser Streitpunkte.[10]

Dieses Urteil zeigt ein mangelhaftes Wahrnehmungsvermögen, das kaum des Kommentars bedarf. Ist der Holocaust ein so triviales Ereignis in der menschlichen Geschichte, dass er nach vierzig oder fünfzig Jahren als archaische Verirrung abgetan werden kann?

Außerdem hätte Pound selbst nicht als moralischer Stümper beurteilt werden mögen, der zufällig ein Händchen für Dichtung hatte. Er wollte keine Vergebung wie ein Ex-Nazi-Fußballspieler. Kunst und Moral waren für ihn unlösbar verknüpft. Falls seine moralischen Schlussfolgerungen falsch waren, dann war etwas an seiner Kunsttheorie falsch (und es gibt Hinweise, dass dies der Schluss war, zu dem er selbst am Ende seines

Lebens kam).[11] Das heißt nicht, dass sein Werk, sei es auch moralisch und künstlerisch mangelhaft, nicht seine gebührende Würdigung bekommen kann. Aber den Mann mit öffentlichen Ehrungen zu überhäufen, bedeutet entweder, seinen Stil der Menschlichkeit zu bestätigen, oder ihn mit nachsichtiger Verachtung zu behandeln. In moralischer Verurteilung und gesellschaftlicher Ächtung lag mehr Respekt vor Pound als in bequemer Vergebung.

Aber wie notwendig war Antisemitismus für Pounds künstlerische Vision? Wäre es nicht möglich, sich ein Pound'sches Œuvre ohne den Antisemitismus vorzustellen, jedoch ohne jeden anderen wesentlichen Aspekt zu berühren? Er selbst räumte am Ende ein, dass sein Antisemitismus ein „dummes, spießiges Vorurteil" gewesen sei.[12] Sein Angriff auf den Wucherer als Anti-Künstler war gewiss grundsätzlich, aber sicher war doch seine Identifizierung des Wucherers mit dem Juden nicht zwingend für seine These? Es war ein Vorurteil, das von seiner Erziehung herrührte, bekräftigt durch verspielte Verantwortungslosigkeit und unbeschreibliche Liebe zum lautstarken Anecken. Kämpfte er nicht zeitweise gegen dieses Vorurteil an? Haben die antisemitischen Passagen in den Cantos irgendeine künstlerische Kraft oder ein Verdienst in sich oder sind sie überflüssig und verzichtbar?

Es wäre erfreulich, könnte man darauf eine friedfertige Antwort geben, aber ehrlich wäre es nicht. Selbst wenn Pounds Antisemitismus der Verantwortungslosigkeit zugeschrieben werden kann, gehörte diese Verantwortungslosigkeit zu seiner Grundhaltung und zu seiner Erbschaft vom Ästhetizismus. Es war wesentlich für seine Poetik und für seinen Stil der Gelehrsamkeit, Fahrlässigkeit zu kultivieren, langweilige Erkundigung nach den Fakten zu vermeiden, und wenn er infolgedessen einen tragischen Fehler machte, kann man darüber nicht einfach hinweggehen. Pounds Antisemitismus kann mit allen seinen Grundhaltungen als Künstler und als Denker verknüpft werden und ist ihr zwangsläufiges Resultat. Was das künstlerische oder sonstige Verdienst der antisemitischen Passagen in den Cantos betrifft, ist diese Frage kaum angebracht im Fall eines Dichters, der in seinem Gesamtentwurf so wenig von den stellenweisen Schönheiten und eindringlichen Momenten abhängt, die in seinem Werk zweifellos vorhanden sind. Wenn wir die antisemitischen Passagen aufgrund ästhetischer Nichtigkeit herausschneiden, wo sollen wir haltmachen? Sollen wir die langen Zitate aus ökonomischen Leitfäden oder aus lateinischen Dokumenten oder von den chinesischen Silbentabellen herausschneiden? Wer soll in den Cantos entscheiden, was relevant ist und was nicht?

Pounds Streit mit den Juden war tatsächlich weit mehr als ein dummer Irrtum oder ein „spießiges Vorurteil", trotz Pounds eigener Worte. Er griff die Juden heraus, weil er zu Recht (wenn auch unklar) spürte, dass sie im Weg einiger seiner wichtigsten Ziele standen. Sie standen im Weg des „Bildes" oder des „Ideogramms", weil die Juden die Hauptvertreter des diskursiven rationalen Denkens mit Hilfe von Wörtern und des Alphabets sind (wobei das Alphabet das Musterbeispiel der Trennung des Zeichens vom begrifflichen Inhalt ist). Die Juden trafen eine klare Entscheidung zwischen Wörtern und Dingen, zwischen Theorie und Praxis, zwischen dem Allgemeinen und dem Besonderen, zwischen Form und Inhalt, zwischen Gott und Mensch, zwischen „dem siebenten Tag und den sechs Tagen der Schöpfung". Und dies war für Pound die Todsünde. Theologisch könnte der Streit so beschrieben werden, dass Pound das Göttliche als immanent sieht, während die Juden es als transzendent sehen.

Pound hatte durchaus recht, wenn er meinte, dass er für Heidentum gegen Judentum stand.[13] Dies hätte ein vornehmer und bedeutender Konflikt sein können, wenn er ohne Rückgriff auf erniedrigende Vorurteile geführt worden wäre. Es ist der Konflikt zwischen jenen, die sich den Rhythmen der Göttin Erde unterwerfen wollen, und jenen, die die Erde mit der harten Waffe des Werkzeugs oder des Intellekts erobern wollen.

Für Pound ist der Mensch im Wesentlichen *homo faber*, während er für den Juden *homo sapiens* ist. Doch gibt es viele Gemeinsamkeiten zwischen diesen zwei Ansichten vom Menschen. Pounds Sorge um die Ermutigung und Wahrung von Talent erinnert uns an den beständigen jüdischen Typus, den Pfleger der Kultur, wie etwa Schmuel ha-Nagid. Es ist interessant, Pound mit einem bestimmten jüdischen Denker zu vergleichen, Karl Marx, der ebenfalls den Menschen vor allem als *homo faber* betrachtete und der sich auch eine Form von Antisemitismus zu eigen machte. Marx' Begriff der „Entfremdung" findet Widerhall in Pounds Denken, sowohl in der Vorstellung von Arbeit (im Gegensatz zu Plackerei) als Hauptausdruck des Menschseins als auch in der Einheit, die zwischen Arbeit und Kunst postuliert wird.[14] Und wie Pound wählt Marx den Juden/Bourgeois als den Feind aus.[15] Aber Marx' Antisemitismus ist verglichen mit Pounds begrenzt. Marx' Endziel ist schließlich ein jüdisches, nämlich die Erde zu verwandeln und den Menschen auf eine höhere Stufe des Bewusstseins zu heben. In diesem Messianismus steht der Mensch in der Mitte der Bühne, nicht die Kunst. Es ist nicht, wie bei Pound, das Ziel, in unvorhersehbaren Intervallen ein weiteres Erscheinen der Göttin Forma heraufzubeschwören. Marx sah die Juden als mögliche Schurken nur in einer Szene des

Schauspiels; für Pound bedrohten sie das gesamte Unternehmen der Kunst und das Erscheinen der Göttin in der zyklischen Auflösung.

Pounds Antisemitismus als bloße Abstraktion abzutun, ist genauso falsch wie in Eliots Fall. Bei beiden Schriftstellern ist Antisemitismus ein wesentliches Element in ihrer Kunst und Philosophie. Anders als Eliot stellte Pound seinen Antisemitismus nicht als irgendwie mit dem Christentum verbunden dar. Wie Voltaire und seine Anhänger glaubte Pound, das Christentum zu überspringen und an den Antisemitismus des antiken Hellenismus anzuknüpfen. Aber das war, wie auch bei Voltaire, weitgehend eine Illusion. Pounds Bild von den Juden als wesensmäßige Wucherer war vom mittelalterlichen Christentum abgeleitet, nicht von der griechisch-römischen Welt, die die Juden nie der finanziellen Manipulation beschuldigte, sie aber als rückständige Bauern mit haltlosen kulturellen Ansprüchen verspottete. Pound begann einen Streit mit den Juden auf recht originelle Art: dass sie die Feinde der Kunst seien (obwohl er auch hier Vorläufer hatte, insbesondere Wagner). Aber die Begriffe, in die er den Streit kleidete, waren durch und durch christlich: Seine scharfe Kritik der Juden als Müßiggänger zum Beispiel wiederholt oft unbewusst Luthers Ausdrucksweise, die wiederum auf die Schriften der Kirchenväter zurückgeht. Sein ganzes Bild des ums Geld kreisenden Juden kommt letztendlich von der Gestalt des Judas Ischariot mit seinen dreißig Silberlingen und seinem Geldbeutel in den Evangelien und in der christlichen Kunst. Pound leitete seine antisemitischen Kategorien weitgehend vom Populismus ab; aber diese Kategorien wiederum waren ein Erbe der langen christlichen Kampagne des Hasses gegen die Juden.

Anmerkungen

1 *New England Weekly*, VIII, 6 (21. November 1935), S. 105.
2 Eine genauere Transkription des hebräischen Wortes für Wucher wäre *neshekh*.
3 *Guide to Kulchur*, S. 315: „[Rothschild] hatte, sagen wir, einen Zweck, eine Rasse [seine eigene Rasse] zu ‚rächen'."
4 *British Union Quarterly* 120, (4. Juni 1938), S. 13.
5 T. S. Eliot, *After Strange Gods*, London 1934, S. 47.
6 Donald Davie, *Ezra Pound: The Poet Sculptor*, London 1964.
7 Siehe Canto 47 zum sexuellen Aspekt.
8 „[Die hebräische Bibel] ist die Geschichte eines sklavischen und nomadischen Stammes, der kein landwirtschaftliches System entwickelt hatte... Jehova ist ein semitisches Kuckucksei, das in das europäische Nest gelegt worden ist" [Mengzis Ethik]. Die seltsame Theorie, dass die Juden den Ackerbau mieden, indem sie Vieh züchteten (und so

auch gefährliche Begegnungen mit wilden Tieren mieden) mag die Fehde Rinderzüchter/Farmer in der amerikanischen Erfahrung spiegeln. Pound scheint diese Theorie auf spätere jüdische Geschichte mit der Hypothese erweitert zu haben, dass Juden Nichtjuden als Vieh betrachten, zum Beispiel: „Der Jud ist ein Stimulans und die Gojim / nur zu oft Hornvieh, sie ziehen zum gängigen Schlachten / mit der größtmöglichen Gefügigkeit. Doch wenn / ein Ort versalzen ist...?" (Canto 74) (Dass dies 1948 veröffentlicht wurde, als niemand vorschützen konnte, nichts zu wissen vom Transport der Juden in Viehwagons in die Todeslager, zeigt zumindest bemerkenswerte Abgestumpftheit.) Der Talmud ist tatsächlich so sehr auf der Seite der Ackerbauern, dass er die Zucht von Kleinrindern im Heiligen Land verbietet. Die hebräische Bibel ist natürlich voller Hinweise auf Ackerbau.

9 Siehe John Harrison, *The Reactioneries*, London 1966.

10 Christine Brooke-Rose, *A ZBC of Ezra Pound*, London 1971.

11 Daniel Cory, „Ezra Pound: A Memoir", *Encounter*, Bd. 30, Nr. 5, 1968.

12 Berichtet von Michael Reck, „A Conversation between Ezra Pound and Allen Ginsberg", *Evergreen Review*, Bd. 57, Juni 1968.

13 Siehe besonders das Flugblatt „A Visiting Card" (erstmals veröffentlicht auf Italienisch 1942) zu Pounds Lob der heidnischen Elemente im Christentum und Angriff auf die jüdischen Elemente.

14 Karl Marx, *Grundrisse der Kritik der politischen Ökonomie*, Berlin 1953, S. 505 f. Siehe Shlomo Avineri, *The Social and Political Thought of Karl Marx*, Cambridge 1968, S. 104 ff.

15 Karl Marx/Friedrich Engels. Werke, Bd. 1, Berlin 1976, S. 372.

Teil IV

Der Holocaust und danach

Kapitel 11

Hitler und der Nationalsozialismus

Im Christentum ist das Judentum als wichtige und seit langem existierende Form der Konkurrenz für den christlichen Glauben betrachtet worden. Während dies dem Judentum einen bedeutenden Stellenwert im christlichen Denken gegeben hat, hat man diese Bedeutung als ständige Gefahr betrachtet. Infolgedessen existieren im Christentum Vorstellungen von ständigen bedrohlichen Aktivitäten seitens des Judentums. Dieser Glaube an das gewaltige Ausmaß jüdischen Denkens und Tuns hat den christlichen Glauben überlebt und in nachchristlichen, anscheinend weltlichen Überzeugungen neue Formen angenommen. Somit hat das Aufkommen weltlicher politischer Systeme eine neue, anscheinend weltliche Form des Antisemitismus hervorgebracht. Jedes Mitwirken einzelner Juden in den neuen Formen der Gesellschaft und alle unbedeutenden Formen der Machtübernahme durch einzelne Juden sind angesehen worden, als hätten Juden als geschlossene Gruppe die Macht ergriffen. Die freundliche Aufnahme und Beteiligung von Juden in neuen Bereichen und die Freiheit in der allgemeinen Gesellschaft ist als gefährliche Verschwörung, die nichtjüdische Welt in Besitz zu nehmen, gedeutet worden. So hat der postreligiöse Antisemitismus, der aus dem früheren religiösen Antisemitismus hervorgegangen ist, neue Merkmale angenommen, die noch gefährlicher sind.

Hitler war ein Mensch von mittelmäßiger Begabung, aber extremem Ehrgeiz, Erbe vieler Tendenzen der Moderne, die alle zu seiner Fixierung auf die „Endlösung“ beitrugen. Von Darwin, oder vielmehr den Theoretikern des Sozialdarwinismus wie Marr und Dühring, leitete er die Idee ab, dass die Geschichte der Menschheit ein Kampf sei zwischen scheinbaren Arten, genannt Rassen. Von Nietzsche griff er die Idee auf, dass die Geschichte auf das Erscheinen des Übermenschen hinauslaufe, der die Menschheit über den Verlust und Tod Gottes hinwegtrösten würde; diesen Gedanken verquickte er mit der Idee einer Superrasse, freilich nicht von der Art, die Nietzsche gutgeheißen hätte. Von Wagner leitete er die Vorstellung von den Juden als zersetzendem Einfluss auf die Künste ab. Von Luther kam die Idee, dass die Juden im Kern Schmarotzer waren, die von der Ausbeutung der Gojim lebten und echte Arbeit scheuten. Hitler war wie eine Elster, die Ideenfetzen aus vielen Quellen aufpickte, die alle auf die grandiose Lösung aller Probleme hinausliefen, die Vernichtung der Juden.

Seinen Augenblick der Offenbarung beschrieb Hitler selbst in *Mein Kampf.* Nach seinem eigenen Bericht war er als junger Mann nicht antisemitisch. Dann sah er aber auf den Straßen Wiens einen orthodoxen polnischen Juden in kompletter religiöser Tracht, wozu Schtreimel, langer Bart sowie Pejes und Zitzit gehört haben dürfte. Plötzlich wurde es Hitler klar, dass diese Gestalt die Ausgeburt des Bösen war. Von jenem Tag an wurde Hitler ein glühender Antisemit, der sein ganzes Leben der Auslöschung des jüdischen Übels widmete.

Dies ist ein sehr interessantes und aufschlussreiches Ereignis, das näher untersucht werden sollte. Oberflächlich betrachtet dürfte dieser ewig gestrige, unangepasste polnische Jude eigentlich der letzte Typus eines Juden sein, der eine derartige Reaktion der Angst und des Hasses hervorruft. Man würde damit rechnen, dass Hitler eher über einen assimilierten Juden entsetzt wäre, der die moderne Kultur mit verderbten Werten infiziert oder seinen Reichtum und seine Macht zur Schau stellt, vielleicht sogar das arische Blut vergiftet, indem er sexuelle Vereinigung mit einer reinen germanischen Jungfrau anstrebt – ein Typus, der tatsächlich später in der nazistischen Presse als Karikatur abgebildet wurde. Stattdessen empfing Hitler seine Apokalypse des Bösen von einem, der objektiv sehr harmlos und sogar bedauernswert war: ein Flüchtling vor der zaristischen Verfolgung, der sich abstrampelte, sich als Hausierer durchzuschlagen. Was war so entsetzlich an diesem frommen armen Mann, der sich an die religiösen Symbole klammerte, die allein ihm Hoffnung und Mut in einer feindlichen Welt gaben? Man hätte meinen können, dass eine solche Gestalt eher als pittoresk oder sogar nobel betrachtet worden wäre, vergleichbar den Amischen im heutigen Amerika, die Kleidung und Lebensweise eines vergangenen pietistischen Jahrhunderts bewahrt haben.

Doch dies ist die Gestalt, die zur negativen Inspiration in Hitlers antisemitischem Werdegang wurde, der im Holocaust gipfelte. Für Hitler waren alle modernisierten Versionen des Juden – die seriösen Ärzte, Professoren, Geschäftsleute, Bankiers – bloße Tarnungen zu dem Zweck, die Aufmerksamkeit von dem exemplarischen Juden abzulenken, den er an jenem Tag mit visionärer Erkenntnis erblickt hatte. Es war wie ein Volksmärchen, in dem ein charmanter, eleganter Herr in seiner wahren Natur als Teufel mit Hörnern und gespaltenem Schwanz bloßgestellt wird. Der wahre Feind des Antisemiten ist der religiöse mittelalterliche Jude, weil der eigentliche Ursprung des Antisemitismus nicht in der Moderne liegt, sondern im mittelalterlichen christlich-jüdischen Konflikt. Wer den Antisemitismus studiert, muss eine mentale Operation vollziehen, die überraschenderweise Hitlers mystischem Erlebnis mit dem exemplarischen Juden ähnlich ist. Unter dem genetischen Theoretiker oder dem Ästheten, der sich um die europäische Kultur sorgt, oder dem romantischen Nationalisten, der sich nach nordischem Adel sehnt, oder jeder anderen antisemitischen Maskierung der Moderne muss man den zugrunde liegenden mittelalterlichen Hasser erkennen, für den der Jude die mythische Gestalt ist, noch immer ganz einfach der Mörder Christi, der Gefolgsmann Satans, dessen Ziel es ist, Brunnen zu vergiften und christliche Kinder für rituelle Opferungen zu entführen.

Hitler bestätigt selbst die Bedeutung seines Anblicks des polnischen Juden als Wahrnehmung des mittelalterlichen Juden, der unter der täuschenden Erscheinung des modernen Durchschnittsjuden steckt. Hitler sagt, dass die Juden, die er als Kind sah, „ein menschliches Aussehen“ hatten, weshalb er sie nicht in ihrer wahren Bosheit erkannte. Erst als er den ewig gestrigen polnischen Juden sah, stellte er sich die Frage: „Ist dies ein Deutscher?“, mit der er in Wirklichkeit meinte: „Ist diese Kreatur ein Mensch?“ Hitler sagt im Weiteren, dass dieser Anblick ihm Geschichten ins Gedächtnis rief, die er über die unbeschreiblichen, von Juden im Mittelalter begangenen Gräuel gehört hatte. Die skeptische Moderne, die die Wahrheit der christlichen theologischen Dogmen bezweifelte, hatte keine Zweifel an der Wahrheit der christlichen Horrorgeschichten von den Ritualmorden. Dies ist der Kern des Mechanismus des modernen Antisemitismus, der Fortbestand des Feindbildes nach dem Verfall der Theologie, die es erschuf.

Selbst die Gestalt des polnischen Juden in seiner mittelalterlichen Tracht enthüllte nicht den wirklichen Juden in seinem ganzen Schrecken als untermenschlicher Dämon. Es blieb den Konzentrationslagern überlassen, die Hitler im Erwachsenenalter schuf, um diesen letzten Akt der Enthüllung zu vollziehen. Der Aufseher eines Konzentrationslagers wurde befragt, warum es notwendig war, die Juden durch Hunger, Demütigung und Entzug der Hygiene zu erniedrigen, bevor man sie tötete. Seine Antwort lautete, dass es schwierig gewesen wäre, die Morde an normal aussehenden Menschen durchzuführen. Übersetzt heißt das, dass die Juden auf ihr eigentliches Aussehen gemäß der antisemitischen Vorstellung erniedrigt werden mussten, bevor sie getötet werden konnten: Sie mussten aussehen wie das Ungeziefer, als das sie in der rassistischen Theorie dargestellt wurden, und dies wurde erreicht, indem man ihnen jegliche Menschenwürde nahm. So wie die Konzentrationslager ein Abbild der christlichen Hölle waren, so war das Opfer des Konzentrationslagers in seiner ganzen Verzweiflung und seinem Schmutz ein Abbild aller Dämonen und verlorenen Seelen, die sie bewohnten.

Ich will nicht sagen, dass sich Hitler der religiösen Motivation seines Antisemitismus bewusst war. Es ist bezeichnend für den modernen Antisemitismus, sich dieser Motivation nicht bewusst zu sein (außer im Fall religiöser Antisemiten wie T. S. Eliot oder Charles Maurras). Die Moderne geht mit dem rationalistischen Stolz einher, die Glaubensüberzeugungen über Bord geworfen zu haben, und Hitler, als Anhänger moderner Strömungen des Denkens, bestritt religiöse Überzeugungen. Doch sein instinktives Entsetzen über die archetypische Gestalt des frommen Juden zeigt, dass die Wurzeln seines Antisemitismus religiös waren. Er erklärt, dass er vor diesem Anblick nicht antisemitisch war, aber das ist eine grob vereinfachende Version der Ereignisse. Eine Vorstellung vom Juden als verhasst und beängstigend war ihm durch seine religiöse Erziehung eingeimpft worden, und diese Vorstellung stand bereit, um in irgendeiner psychischen Krise an die Oberfläche zu kommen und ihn zu übermannen, obwohl ihm sein rationalistisches Gewissen nicht erlaubte, sich selbst den Ursprung seiner Vision des metaphysischen Bösen einzugestehen.

Aber war Hitler überhaupt Rationalist? Wie passten sein mystischer Rassismus und Nationalismus, seine Forderung des unbedingten Gehorsams gegenüber dem unfehlbaren „Führer", zum aufklärerischen Glauben an den Vorrang der Vernunft? Es trifft es besser, Hitler als Produkt der nachaufklärerischen Richtung einzuordnen, die als Romantik bezeichnet wird, obgleich selbst diese, sogar in ihrer Reaktion auf den Rationalismus der Aufklärung, eine Erscheinungsform der Moderne ist. Wie weit enthält die romantische Rebellion gegen den naiven Rationalismus der Aufklärung eine eigene Möglichkeit eines mörderischen Antisemitismus? Und wie knüpft die Romantik, eine moderne Strömung, an die mittelalterlichen religiösen Wurzeln des Antisemitismus an?

Vielleicht überrascht es, Hitler als Rationalisten zu bezeichnen, geradezu abenteuerlich aber dürfte es erscheinen, ihn einen Romantiker zu nennen.

Damit würde er in die Gesellschaft von Byron, Wordsworth, Shelley und vielen anderen beliebten Schriftstellern und Künstlern gerückt, die wir nicht mit Massenmord oder Rassismus assoziieren. Doch es gibt viele Bezüge, die Hitler mit den großen ästhetischen und politischen Strömungen des 18. und 19. Jahrhunderts, die wir als Romantik bezeichnen, verbinden.

Die Romantik hat viele Aspekte, aber ihr wichtigstes charakteristisches Merkmal ist ihre Absage an die Vernunft als wesentlichen Leitfaden in menschlichen Belangen. Der Keim der Romantik lässt sich schon im Kern der Aufklärung finden, nämlich in Rousseaus Protest gegen Voltaire, wie wir früher gesehen haben. Voltaires Inthronisation der Vernunft bedeutete, dass jeder Mensch, der über Vernunft verfügte, ein gleichwertiges Zentrum von Macht und Autorität wurde. Die Rolle der Gemeinschaft wurde auf eine bloße Versammlung von Individuen herabgesetzt, die miteinander um größtmögliche individuelle Freiheit feilschten. Rousseau jedoch sah die Gemeinschaft als Vorstufe des Individuums. Er erkannte, dass die Eigenschaften des Individuums in hohem Maß von der Gemeinschaft und Tradition, in der es lebt, geschaffen werden. Diese Erkenntnis veranlasste ihn, die Juden wertzuschätzen, da sie für ihn über eine edle alte moralische und politische Tradition verfügten, eine außergewöhnliche Wahrnehmung, die es ihm ermöglichte, Jahrhunderte des Vorurteils und der Verunglimpfung zu überspringen. Voltaire dagegen, der Streiter für die Vernunft, war in seinem gedankenlosen Angriff auf angeblichen jüdischen Aberglauben Opfer eines mittelalterlichen Stereotyps. Rousseaus Standpunkt war eine Bestätigung von nationalem Empfinden und Gemeinschaftserfahrung, die die begrenzte individuelle Vernunft übertrafen. Eine solche Wahrnehmung der Grenzen individuellen Denkens war der Keim der Romantik in ihren unterschiedlichen Ausprägungen.

Die Form der Romantik, die sich als National- oder Regionalgefühl ausdrückte, kann man zum Beispiel in Walter Scotts Verherrlichung der schottischen Tradition sehen, in Byrons Unterstützung der griechischen Unabhängigkeit, in Herders und Wagners Werk über die deutsche Vergangenheit, im Regionalismus von Wordsworth und Hardy, selbst im Zionismus in seiner mystischen Buber'schen Form. Aber während im Denken Rousseaus (und ansatzweise bei Herder) diese Tendenz zu neuer Sympathie mit den Juden führte, konnte es auch in eine neue und bösartige Art des Antisemitismus münden. Denn diejenigen, die sich mit ihrer eigenen Tradition identifizierten, konnten die Juden als fremde Eindringlinge sehen, die die Reinheit der Gemeinschaft störten und niemals mit Plänen zur Erneuerung der heiligen Vergangenheit übereinstimmen konnten. In dieser Wahrnehmung der Juden als Hindernisse für ein romantisches Programm der Erneuerung wurden sämtliche mittelalterlichen Stereotype wieder wach, mit zusätzlichen Elementen des rassischen Gegensatzes und der Angst vor Missgunst und Verrat.

Ein verwandtes Element der Romantik war ihr Widerstand gegen die Entwicklungen der Moderne an sich als schädlich für traditionelle Strukturen. Die Verherrlichung der Natur wie bei den englischen Romantikern Wordsworth und Coleridge war ein Protest gegen den Vorrang der Industrie. Liberalismus und Demokratie wurden als destruktiv für alte Werte der Ritterlichkeit und Aristokratie und getrieben vom Neid auf Menschen mit besonderen Führungstalenten gesehen; der romantische Kult des großen Mannes wurde von Nietzsche und Carlyle gefördert, und diese Verachtung der Demokratie verstärkte den Aufschwung des Faschismus. Und merkwürdigerweise wurden die Juden von einem bestimmten Schlag von Antisemiten als die hauptsächlichen Förderer der Moderne in allen ihren Formen beschuldigt. Typisch für diesen Schlag von Antisemiten war Charles Maurras, der Gründer der *Action Française*, der die Bewegung der „Anti-Dreyfusards" in Frankreich fortführte, eine Bewegung, die die Juden verleumdete, die traditionellen vormodernen Werte, die Frankreich groß gemacht hätten, auszuhöhlen. Maurice Barrès, Maurras' Freund und Gesinnungsgenosse, erklärte, die Juden seien für die Übel der modernen Welt, namentlich „Liberalismus, Demokratie, Gerechtigkeit, Gleichheit, Toleranz", verantwortlich.

Dies ist eine eigenartige Entwicklung, da die Juden nicht lange zuvor (zum Beispiel von Voltaire) angeprangert worden waren, sie seien so sehr in mittelalterliche Verkommenheit gesunken, dass man von ihnen niemals einen Anschluss an die moderne Welt erwarten könne. Nun wurden sie als die wahrhaften Urheber der modernen Welt in ihrem Ziel beschuldigt, vormoderne Werte zu zerstören. An diesem Vorwurf ist sogar etwas dran, denn die humanistischen Werte der Renaissance und Aufklärung verdanken den Juden und dem Einfluss der hebräischen Bibel weitaus mehr, als im Allgemeinen eingeräumt wird. Gewiss, soweit es um Gerechtigkeit und Gleichheit geht, mögen die Juden sich schuldig bekennen, diese Werte gegenüber vielen Gesellschaften, die Ungleichheit verherrlichten, bewahrt zu haben. Aber für Maurras und Barrès war „Gerechtigkeit" ein schmutziges Wort, weil es eine egalitäre, nichtadlige Gesellschaft verkörperte. Barrès erklärte sogar, dass Dreyfus, selbst wenn er unschuldig war, schuldig gesprochen werden sollte, weil Hierarchie um so vieles wichtiger war als Gerechtigkeit.

Aber die Vorstellung von den Juden als Schöpfer der Moderne leitet sich nicht von der Wahrnehmung des Judentums als einer seit Langem bestehenden humanistischen Tradition her, sondern von der Bekanntheit am Rande beteiligter Juden an Reform- und Revolutionsbewegungen des 19. und 20. Jahrhunderts. Hitler selbst betrachtete den Kommunismus als eine völlig jüdische Bewegung oder vielmehr Waffe, von Juden zur Untergrabung der nichtjüdischen Welt erfunden. Es ist wahr, dass als Außenseiter zu betrachtende Juden (also solche, die sich von der jüdischen religiösen Gemeinschaft losgelöst hatten) in der Frühzeit des Kommunismus sehr prominent waren, als er noch gemäßigte und demokratische Ziele vertrat; als die Bewegung rücksichtsloser und tyrannischer wurde, ließ sie ihre jüdischen Führer fallen, und am Ende, unter Stalin, wurde sie offen antisemitisch. Aber Juden waren auch prominent im demokratischen Sozialismus, wo sie Führungsgestalten wie Léon Blum in Frankreich, den Maurras und Barrès als moderne Verkörperung des Judas Ischariot schmähten, hervorbrachten. Es war die Prominenz, die Eliot zu seiner berühmten Erklärung in einer Vorlesungsreihe (*After Strange Gods*, „Nach fremden Göttern") veranlasste, ein wirklich christlicher Staat sollte die Zahl der weltlichen Juden beschränken, die darin leben durften. Eliot stimmte, wie seine frühe Dichtung zeigt, sicherlich mit Maurras und anderen überein, dass die Moderne im Wesentlichen jüdisch war, aber er war bereit, religiöse, orthodoxe Juden zu tolerieren, weil er sie in Fortsetzung der mittelalterlichen Rolle der Juden als unterdrückte Minderheit sah. Weltliche Juden dagegen drohten, ermutigt durch die Emanzipation, die Macht zu ergreifen und in Führungspositionen aufzurücken, was das Wesen einer christlichen Gesellschaft gefährdete.

Die weltlichen Juden verstanden sich als vom Judentum emanzipiert und als ganz und gar moderne Personen, aber in Wirklichkeit war ihr Interesse an sozialer Gerechtigkeit ein Erbe ihres jüdischen religiösen Hintergrunds. Marx war trotz seines aggressiven Antisemitismus und seiner Verachtung des Judentums das Abbild eines hebräischen Propheten. Eliots Aufteilung der Juden in die harmlosen orthodoxen und die gefährlichen weltlichen war also nicht sehr exakt, da der weltliche Jude ein Produkt des religiösen Juden war und (wie Rav Kook bemerkte) bestimmten jüdischen religiösen Werten eifriger folgte als der orthodoxe. Es mag seltsam erscheinen, dass Eliot bereit war, den mittelalterlichen Typus des Juden zu tolerieren, während Hitler schockiert und mit Panik auf genau diesen Typus des Juden reagierte, der seine antisemitische Sicht herbeiführte. Der Grund dafür ist, dass Eliot (mit seiner Kenntnis der christlichen Theorie auf akademischem Niveau) die mittelalterlichen Juden (zumindest zeitweise) in ihrer Rolle als tolerierter *religio licita* sah, während Hitler mit seinem viel stärker volkstümlich geprägten Hintergrund die Juden durch die Augen der mittelalterlichen Bauern sah, deren Köpfe (seit dem 12. Jahrhundert) durch die Hetzreden der niederen Geistlichkeit verwirrt waren von paranoider Folklore über Juden als Vampire und Brunnenvergifter, mit gespaltenen Hufen und einem widerlichen unausrottbaren Geruch (dem *foetor judaicus*, der allerdings durch Taufe überwunden werden konnte).

Somit hat die Wahrnehmung der Juden als archetypische Modernisten durchaus eine Grundlage. Juden, von mittelalterlichen Beschränkungen und Festhalten am Judentum emanzipiert, wurden in Führungspositionen gewählt, vor allem in fortschrittlichen politischen Parteien. Sie wurden auch schnell führend in den Naturwissenschaften, der Literatur und der Kunst. Manche Autoren, zum Beispiel Albert S. Lindemann, rügen die Juden für ihr aufdringliches Benehmen.[1] Die Juden hätten weniger im Blickpunkt der Öffentlichkeit stehen sollen und müssten deshalb eine Mitschuld am Antisemitismus einsehen. Wahrscheinlich hätte Einstein seine Relativitätstheorie unterdrücken sollen, Proust seine Romane, und Kafka hätte sich mit seiner Arbeit bei der Unfallversicherung zufriedengeben sollen. Der skandalös hohe Anteil jüdischer Nobelpreisträger hätte an der Quelle gestoppt werden sollen, vermutlich durch eine Entscheidung der Weisen von Zion, obgleich Lindemann nicht ausdrücklich sagt, wie die empfohlene Strategie reduzierter jüdischer Leistungen hätte umgesetzt werden können.

Tatsache ist, dass die Juden immer eine Kraftquelle gewesen sind, die über Jahrhunderte in der breiteren Öffentlichkeit unterdrückt worden war (allerdings innerhalb ihrer eigenen kulturellen Grenzen in vollem Umfang angewendet), und als die Einschränkungen plötzlich wegfielen, ließ sich der resultierende Ausbruch von Talent weder durch die Juden selbst noch durch ihre Feinde bändigen. Talent und Bildung wurden von den Juden mit allen erzieherischen und gesellschaftlichen Mitteln durch die Jahrhunderte hochgeschätzt und gefördert, und es gab keine Möglichkeit, wie man dieses Licht unter den Scheffel hätte stellen können. Aber anstatt den positiven Beitrag, den die Juden nun zur schnellen Entwicklung der Moderne leisten konnten, zu begrüßen, sahen ihre Feinde entsetzt eine teuflische gezielte Anstrengung zur Beherrschung der Welt, die Rache Satans für die Höllenfahrt Christi in den Zeitaltern des Glaubens, und die Zumutung einer neuen egalitären Lebensweise, die feindselig gegen Hierarchie und Aristokratie war. So wurde die romantische Reaktion gegen die Moderne mit dem Hass auf die Juden verflochten, der wiederum aus der vormodernen Zeit überlebt hatte. Die Juden waren den ihnen vom Zeitalter des Glaubens auferlegten Fesseln entkommen und im Begriff, so schien es, die Welt nach ihrem eigenen dämonischen Bild umzuformen, indem sie dabei alle Ideale der Schönheit und gebührenden Ordnung besudelten.

Doch bei aller gebührenden Nachsicht in Anbetracht des statistisch unwahrscheinlichen Vorsprungs von Juden in der Führung kultureller, ökonomischer und politischer Aktivitäten in der modernen Welt ging die bestürzte Reaktion weit über die verständliche Verhältnismäßigkeit hinaus. Die Juden waren schließlich keine geschlossene Macht. Ihr einziger Zusammenhalt war ihre Religion, und diese hatte den geringsten Einfluss auf die moderne Welt. Wo einzelne Juden über Einfluss verfügten, waren die Juden und das Judentum als solche nicht beteiligt, denn wenige dieser weltlichen Juden dachten daran, ihr eigenes Judentum in den Vordergrund zu rücken. Am Entstehen der Sowjetunion zum Beispiel waren einzelne Juden beteiligt, aber das Judentum spielte überhaupt keine Rolle, außer in der jiddisch geprägten weltlichen Kultur des *Bunds*, der aus dem kommunistischen Machtzentrum ausgestoßen wurde durch die Handlung von Männern, die als „nichtjüdische Juden" bezeichnet wurden, wie etwa Trotzki und Martow, die es nicht ertragen konnten, jüdischen Einfluss, selbst in weltlicher Form, im eigenen Namen ausgeübt zu sehen.

Aber wenn die Feinde der Juden einzelne Juden kulturellen oder ökonomischen oder politischen Einfluss ausüben sahen, konnten sie nicht glauben, dass diese Juden nicht als Juden organisiert waren. Sie mussten glauben, dass diese Juden Anhänger einer weltweiten, sorgfältig organisierten jüdischen Verschwörung waren. Das Dokument dieser Verschwörung waren die *Protokolle der Weisen von Zion*, eine Fälschung, der bis in den höchsten Kreisen weltweit Glauben geschenkt wurde, bis sie endgültig entlarvt wurde – wenn auch selbst heute noch viele an die Echtheit glauben.

Das Erstaunliche am modernen Antisemitismus ist die große Bedeutung, die den Juden während der Jahre ihres Kampfes um Emanzipation und Normalisierung beigemessen wird. Anstatt einfach als eine weitere schwache, schlecht organisierte Minderheitengruppe, die Unterdrückung und Schande zu entkommen versucht und bei diesem Bestreben unerwartet erfolgreich ist, betrachtet zu werden, rückten die Juden in das Zentrum des Interesses und wurden zum Anlass tausender ängstlicher Publikationen über die Gefahren dieser (äußerlich betrachtet) nicht gerade welterschütternden Entwicklung. Die einzige mögliche Erklärung für diese Eskalation der Besorgnis ist, dass die Juden einen wichtigen Platz in der Geisteshaltung der westlichen Zivilisation einnahmen – eine Geisteshaltung, die auf einem Mythos aufgebaut war, der immer noch in vielerlei Hinsicht mächtig war, trotz wachsender Skepsis auf der Vernunftebene.

Ein perfektes Beispiel für die Verschmelzung von offener Skepsis mit unbewusster Überzeugung im modernen europäischen Denken ist Adolf Hitler. Er rühmte sich, frei von Religion zu sein, und zweifellos hatte er eine nietzscheanische Überzeugung vom Tod Gottes und vom Übermenschen, obwohl dieser Humanismus nicht unvereinbar war mit einer Art von mystischem Glauben an latent in der menschlichen Psyche, besonders seiner eigenen, vorhandene übernatürliche Kräfte. Er manipulierte die Kirchen mit höchstem Zynismus (wie in seinem Konkordat mit Rom und seiner Einmischung in die Leitung der protestantischen Kirchen) und erkannte, dass seine Ziele vorangebracht werden konnten, indem er sich auf die Autorität christlicher Lehren berief, besonders auf Luther. Aber diese bewusste Berufung auf die christliche Vergangenheit als Autorisierung seiner antisemitischen Maßnahmen war nicht religiös, sondern bloß historisch.

In Bezug auf die Juden zeigt Hitlers Vernichtungsplan große Ähnlichkeiten mit der Tradition des christlichen Chiliasmus.[2] Selbst der Ausdruck „Tausendjähriges Reich“ ist ein Widerhall des christlichen Chiliasmus. Während das mittelalterliche Christentum im Allgemeinen nicht die Auslöschung der Juden ins Auge fasste, sondern sie als *religio licita* tolerierte, gab es einen christlichen Plan, bezogen auf die Endzeit, der tatsächlich eine totale Ermordung der Juden vorsah. Dies war der Plan des Antichristen, der auf bestimmten Passagen des Neuen Testaments beruhte. Danach wäre der Antichrist, der in der Endzeit aufstehen würde, ein Jude, der die Juden davon überzeugen würde, dass er der wahre Messias sei und er sie nach Jerusalem führen und den Tempel wieder errichten würde. Aber dann würde Christus auf die Erde zurückkommen, sich an die Spitze des christlichen Heeres stellen und den Kampf gegen die Juden aufnehmen, die besiegt und bis auf den Letzten getötet würden, Mann, Frau und Kind. Dieses Szenario war eine Alternative zu jenem, bei dem alle Juden in der Endzeit bekehrt würden, aber es hatte nicht weniger Autorität und inspirierte die chiliastischen Bewegungen, die besonders in Deutschland blühten, etwa die Bewegung von Thomas Müntzer.

Hitler wich also nicht ganz vom christlichen Denken ab, wenn er die Vernichtung der Juden vorschlug, besonders da er in die Rolle des Messias als Retter der Menschheit vor der jüdischen Gefahr geschlüpft war. Seine Vorstellung vom Nazistaat als einheitlichem Organismus mit ihm als Leitzelle oder „Führer“ war eine blasphemische Parodie auf die christliche Idee von der Kirche als Leib Christi. Sein weltlicher, atheistischer Mythos wahrte Struktur und Plan des christlichen chiliastischen Mythos und war dessen moderne Fortsetzung, ob unbewusst oder halb bewusst.

Wie sollen wir beurteilen, welche Art von Ursache als *die* Ursache für den Holocaust bezeichnet werden kann? Wie unterscheiden wir zwischen primären und sekundären Ursachen? Man kann dies vielleicht als Problem der Hierarchisierung bezeichnen, und ich werde mich damit ausführlicher in Kapitel 13 befassen.

Die Persönlichkeit Hitlers ist manchen Beobachtern als Hauptelement in der Verursachung des Holocaust in den Sinn gekommen. Zahlreich und unterschiedlich sind die Fragen nach Hitlers Psychologie und frühen Traumata. Nach einer Theorie hatte Hitler selbst den Verdacht, er könne jüdischer Herkunft sein, weil seine Mutter eine Affäre mit dem Sohn eines jüdischen Plutokraten gehabt habe; dies würde ihn zu einem jüdischen Selbsthasser machen wie Karl Marx. Andere führen seinen Hass auf die Juden auf den jüdischen Arzt zurück, der seine Mutter wegen Krebs behandelte, oder auf die jüdischen Bürokraten, die angeblich seine künstlerische Karriere zunichtemachten. Ron Rosenbaum überprüft in seinem Buch *Explaining Hitler*[3] alle Theorien in dieser Richtung, aber am Ende verwirft er sie alle genauso wie die allgemeineren Theorien mit der Begründung, dass sie dahin tendieren, Hitler von Schuld für seine böse persönliche Entscheidung zur Vernichtung der Juden zu entlasten. Dies jedoch läuft auf den Verzicht auf eine historische Erklärung und auf die Leugnung einer Verursachung außer im Sinne persönlicher Entscheidung hinaus. Rosenbaum übernimmt Milton Himmelfarbs Formel „Ohne Hitler kein Holocaust".

Dies mag durchaus wahr sein. Eine so wahnsinnige und böse Person wie Hitler war nötig, um die Vernichtungsstrategie umzusetzen, die seit fast zwei Jahrhunderten von vielen Autoren und Politikern angedeutet worden war. Wenn nie jemand mit diesem Wahnsinn und dieser Bosheit aufgetreten wäre, hätte es vielleicht keinen Holocaust gegeben. Aber wir müssen uns fragen: „Wie beschaffen waren die Verhältnisse in Europa, dass es so empfänglich für die Fantasien eines Wahnsinnigen war?" Dies ist der eigentliche Anfang für die Suche nach den grundlegenden Ursachen des Holocausts, und dies führt uns zu immer allgemeineren Untersuchungen, die die regionalen Leiden Deutschlands und anderer Staaten und schließlich das Leiden der westlichen Gesellschaft an sich offenlegen.

Wenn jemand einen Haufen Sprengstoff mit einer Zündschnur und eine Streichholzschachtel in der Nähe liegen lässt und ein Wahnsinniger vorbeikommt, das Streichholz und die Zündschnur anzündet und den Sprengstoff in die Luft jagt – was ist die Ursache der Katastrophe? War es der Wahnsinnige oder das Streichholz oder der Sprengstoff oder waren es die Menschen, die die Möglichkeit einer Explosion ausheckten, indem sie erst einmal eine gefährliche Situation vorbereiteten? Viele Theorien über den Holocaust laufen darauf hinaus, dem Wahnsinnigen oder dem Streichholz die Schuld zu geben und blenden die Ansicht, die Schuld liege bei den

Urhebern der Gefahr, als zu abseitig und verallgemeinert aus, um in Betracht gezogen zu werden. Eine Denkerin wie Hannah Arendt leugnet überhaupt historische Verbindungen des modernen Antisemitismus zum mittelalterlichen Antisemitismus mit dem Argument, dass Rassismus und theologischer Antijudaismus völlig unterschiedliche Phänomene seien.

Meine eigene Ansicht ist, dass der moderne Antisemitismus das Erbe des mittelalterlichen Mythos von den Juden als Christusmörder ist und auch das Erbe der gesellschaftlichen Stellung der Juden im Mittelalter als Pariavolk, verdammt, die notwendige, aber schmutzige Arbeit der Gesellschaft in Form des Wuchers auszuführen, und mehr und mehr mit einem dämonischen Bild als Kindermörder und Brunnenvergifter belastet. Wenn das Christentum nie an die Macht gekommen, sondern eine Minderheitenreligion neben dem Judentum wie im heidnischen Römischen Reich geblieben wäre, hätten seine Fantasien über die Juden keinen Holocaust hervorgebracht. Aber nachdem das Christentum unbegrenzte Macht errungen hatte, formte es seine antijüdischen Fantasien zu einer konkreten gesellschaftlichen Realität, die Umwandlung der Juden in eine verhasste und verachtete Unterschicht. Das aus diesem Status entstandene Stigma war so stark, dass es die Emanzipation der Juden überdauerte und neue Formen und Begründungen annahm, die auf modernen Denkweisen beruhten.

Es war die feste Absicht des Christentums, die Juden wegen ihrer Bedeutung im christlichen Mythos vor der Vernichtung zu schützen, welche in gewisser Weise den Holocaust in einer nachchristlichen Gesellschaft vorbereitete. Denn die Juden traten in die moderne Welt ein wie ein Lamm, das für das Opfer bereitet ist: Sie waren nun ohne die Absicherung, die sie im Zeitalter des Glaubens beschützt hatte, jedoch noch mit ihrem Stigma und ihrer ungeschmälerten Bedeutung als Fokus der Fantasie. Beim weiteren Vorgehen sollte man nicht bei regionalen Ursachen verweilen, die rasch überholt sind, sondern sich den wesentlichen historischen Ursachen widmen, die immer noch neue Konsequenzen haben unter sich wandelnden Umständen. Die Juden werden weiterhin mit Antisemitismus konfrontiert sein, solange die Welt fortfährt, ohne bewusste, vernünftige Prüfung die Fantasien auszuleben, die das Erbe des Mittelalters sind.

Anmerkungen

1 Albert S. Lindemann, *Esau's Tears*, Cambridge 1997.
2 Hyam Maccoby, *Der Heilige Henker*, Stuttgart 1999. Siehe auch Norman Cohn, 1970.
3 Ron Rosenbaum, *Explaining Hitler*, London 1998.

Kapitel 12

Muslimischer Antisemitismus

Der christliche Antisemitismus hat sich durch ein Merkmal von dem anderen großen Beispiel für Antisemitismus, jenem der islamischen Welt, unterschieden. Dies ist der Glaube an die große Reichweite jüdischer Macht. Über den größten Teil seiner Geschichte wurde der islamische Antisemitismus durch seine umfassende Verachtung gelindert, wodurch bei den Muslimen auch keine Fantasien von einer Übernahme des Islam durch jüdische Macht aufkamen. Abermals sollte man den Irrtum vermeiden, den Begriff „Antisemitismus" zu wörtlich als Verachtung für Menschen semitischer Abstammung zu nehmen. Wenn dieser Fehler gemacht wird, kann Antisemitismus als Feindschaft der Christen auch gegenüber Muslimen verstanden werden anstatt als Feindschaft, die sich auf die Juden beschränkt. Wie früher in diesem Buch erklärt, wurde der Begriff „Antisemitismus" spät in der Geschichte von Christen als nützliche, wenn auch irrtümliche Bezeichnung für ihre lange historische Ablehnung gegenüber Juden erfunden. Dieser irreführende Begriff hat nie die Anwerbung von Muslimen, das heißt Menschen von weitaus reinerer „semitischer" Herkunft als die Juden, als Helfer im Kampf oder einer Kampagne gewisser Christen gegen Juden gestört.

In jüngster Zeit jedoch hat die Beziehung zwischen Juden und Muslimen eine bisher nicht bekannt Wendung genommen: Die lange Geschichte muslimischer militärischer Überlegenheit über die Juden hat sich, ein Schock für Muslime, im Bereich Palästinas umgekehrt, wo die Juden sich zum ersten Mal in der Geschichte muslimischer militärischer Macht erwehrt und sie besiegt haben. Das war ein gewaltiger Schock für Muslime, die dafür kein Beispiel und deshalb für eine Erklärung nur über das Vokabular verfügten, das sie in christlicher religiöser Literatur finden konnten. Dies erklärt die ansonsten erstaunliche Tatsache, dass ein Großteil des antijüdischen Vokabulars, das in neuen muslimischen Schriften erschienen ist, eigentlich nicht aus muslimischen, sondern christlichen Quellen stammt.

Der Grund, warum antijüdische Gefühle seit Jahrhunderten in der gesamten christlichen Kultur existierten, ehe sie intensiv in der islamischen Kultur auftauchten, ist darin zu suchen, dass der Status der Juden in der christlichen Mythologie immer sehr viel ausgeprägter gewesen ist als jemals im vormodernen Islam. Es gehört zum grundlegenden Mythos des Christentums, dass sein göttlicher Gründer Jesus als Feind von der jüdischen Führung abgelehnt wurde, die durch ihre falschen Darstellungen seiner Person gegenüber der römischen Führung, nämlich als Gefahr für Rom, tatsächlich seinen Tod herbeiführte. Dazu existiert kein entsprechender Mythos im Islam, der die Juden niemals als in irgendeiner ernst zu nehmenden Weise als gefährlich für ihren nicht göttlichen Gründer Mohammed dargestellt hat, dessen Tod nie jüdischen Machenschaften zugeschrieben wurde. Es besteht also ein mythologischer Unterschied von höchster Bedeutung für die Rolle und den Rang der Juden in Islam und Christentum. Tatsächlich ist der tiefe Hass auf die Juden, der im modernen Islam aufgekommen ist, nicht aus der islamischen Mythologie hervorgegangen, sondern eher aus der Unterlassung der Juden, sich dem seit Langem bestehenden Status der Bedeutungslosigkeit in der islamischen Mythologie anzupassen, während im Christentum die Rolle der Juden beim Herbeiführen des Todes Jesu als ein äußerst wichtiges und schicksalhaftes Übel betrachtet worden ist.

Andererseits gibt es bestimmte projüdische Aspekte im Christentum, die im Islam fehlen. Schließlich haben die Christen nie geleugnet, dass Jesus von einer jüdischen Mutter geboren wurde und dass seine frühen Jünger alle Juden waren. Im Islam dagegen wurde nie behauptet, dass der Gründer Mohammed oder seine frühen Anhänger jüdischer Herkunft gewesen seien. So werden die vorhandenen Ähnlichkeiten der Lehre zwischen Judentum und Islam dem ähnlichen Hintergrund der zwei Religionen zugeschrieben. Das Judentum wurde als Weiterentwicklung einer frühen Religion betrachtet, die auch den Islam hervorbrachte, dessen Version des abrahamitischen Glaubens die verlässlichere sei. Juden konnten als Konvertiten zum Islam akzeptiert werden, aber diesem Schritt wurde nicht die gleiche große Bedeutung beigemessen, wie sie von Christen der letztendlichen Bekehrung der Juden zum Christentum zugeschrieben wurde. In christlichen Augen hätten die Juden damit die wahre Bedeutung der Religion anerkannt, die von Gott als die wahre Entwicklung des Judentums bestimmt worden war. Dieser Glaube hatte tatsächlich das Überleben der Juden als Volk, dem die Ausübung der unvollendeten Version des göttlichen Glaubens erlaubt war, innerhalb der christlichen Länder zur Folge. Es war Augustinus, der diese Idee der Zulässigkeit des jüdischen Überlebens innerhalb der christlichen Länder definierte, aber seine Lehre ging auf das Neue Testament zurück. Die gleiche Lehre der Zulässigkeit wurde dem Islam oder Versionen des Christentums, die als ketzerisch galten, nicht gewährt. Im Islam dagegen hatte die dem Judentum und dem Christentum gegebene Erlaubnis, auf islamischem Territorium zu bestehen, viel weniger prinzipielle Gründe, denn er war grundsätzlich eine Lehre der (begrenzten) Tolerierung von Religionen, die keine Götzenverehrung kannten.

Somit ist die Ablehnung gegen Juden und Judentum grundsätzlich kein wesentlicher Aspekt des islamischen Denkens, sondern es ist eine neuere Entwicklung im Islam, die aus dem Schock hervorging, dass das Judentum sich über seine anscheinend akzeptierte und seit Langem andauernde Rolle allgemeiner Unterlegenheit erhob. Im Christentum dagegen war das Judentum immer als wichtige und andauernde Form der Gegnerschaft gegen den christlichen Glauben betrachtet worden. Während dies dem Judentum einen bedeutenden Stellenwert im christlichen Denken verschafft hatte, ist diese Bedeutung zugleich als ständige Bedrohung gefürchtet worden.

Obwohl der islamische Antisemitismus in der Vergangenheit nicht die gleiche Heftigkeit wie der christliche hatte, da die Juden im Mythos des Islam keine gottesmörderische Rolle spielen, fällt den Juden dennoch eine negative Rolle in der grundlegenden Geschichte des Islam als frühe Gegenspieler des Propheten und als hartnäckige Gegner seines Anspruchs zu, das Judentum vollendet und ersetzt zu haben. Der Islam entschied früh, weder Juden noch Christen zur Übernahme des Islam zu zwingen, sondern ihnen einen geduldeten, aber untergeordneten Status einzuräumen. Es hat also eine gewisse feindselige Stimmung gegen die Juden gegeben, aber von ziemlich leiser Art, und die Geschichte muslimischer Feindschaft gegenüber den Juden ist bis in die allerjüngste Zeit sehr viel milder gewesen als jene des Christentums.

Ein wichtiges Merkmal des mythischen Ranges der Juden im Islam ist, dass sie eine erfolglose und unterlegene religiöse Gruppe sind. Im Christentum treten die Juden als beeindruckende, grausame Vaterfiguren auf, die dem harmlosen Opfer Jesus den Tod bringen. Im Islam dagegen erweisen sich die Juden als machtlos in ihrem Widerstand gegen Mohammed, und sie lösen eher Verachtung aus als Hass.

Dies bedeutet allerdings, dass die Juden, sollten sie jemals von ihrer vorbestimmten unterlegenen und machtlosen Rolle abweichen, von den Muslimen für schuldig angesehen werden, einen abscheulichen Akt der Frechheit begangen zu haben, und die tolerante Verachtung würde in bittere Feindschaft umschlagen. Dies ist in der Tat geschehen, als die Juden die Muslime im Kampf besiegten und ihren eigenen Staat auf einem Territorium errichteten, das die Muslime als ihr eigenes betrachteten. Dies verhöhnte sämtliche Regeln, die für jüdisches Handeln im muslimischen religiösen System vorgesehen waren, und wurde als unverzeihlich betrachtet. Dieses Grundempfinden der religiösen Beleidigung steckt hinter dem gegenwärtigen islamisch-jüdischen Konflikt und gibt ihm besonderes Gewicht jenseits aller politischen Erwägungen. Die muslimische Duldung der Juden ist in einen Antisemitismus umgeschlagen, der auf seine Art genauso erbittert ist wie christlicher Antisemitismus in seiner schlimmsten Form und dieselben Folgen eines möglichen Genozids haben kann.

Oberflächlich liegen arabischer Nationalismus und Zionismus insofern auf einer Ebene, als beide nationale Unabhängigkeitsbewegungen sind, die vom europäischen Nationalismus inspiriert sind und eine funktionierende Demokratie in einem modernen Industriestaat anstreben. Auch entstanden beide in einem antiimperialistischen Umfeld in der Absicht, souveräne Völker von Fremdherrschaft zu befreien – ein Anspruch, der scheinbar von europäischen Kolonialmächten gebilligt wurde, die das Prinzip zeitweiliger Treuhandverwaltung oder Mandatsherrschaft akzeptierten.

In der Praxis ist die Situation komplizierter. Während es dem Zionismus gelang, einen modernen demokratischen Staat in Israel zu errichten, hat jedes arabische Land, das Freiheit erlangte, fast sofort einen Rückfall in autokratische Herrschaft von Stammescharakter erlebt. Überdies hat kein arabisches Land eine echte Industrialisierung erreicht, da alle von ausländischer Sachkenntnis abhängig sind, obwohl der Ölreichtum genügend Entwicklungsmöglichkeiten geboten hat. Es scheint deshalb, dass die vernünftigen Lösungen, die man von einer echten nationalen Entwicklung erwarten könnte, noch in weiter Ferne liegen. Die Politik arabischer Länder wird noch immer weitgehend von religiösen und Stammesmotiven diktiert.

Eine außergewöhnliche Entwicklung ist das Bündnis eines modernen radikalen, antireligiösen linken Antizionismus mit reaktionären religiösen Gruppen der östlichen Welt gewesen. Es wäre nicht in meinem Sinne, einen Abschnitt dieses Buches solchen muslimischen Bewegungen zu widmen, die mit Selbstmordattentaten die Vernichtung jüdischer Einwohner Israels unterstützen, wobei sie nicht zwischen Zivilisten und Militärs unterscheiden (zum Beispiel Al Qaida). Solche Bewegungen leisten keinen Beitrag zu Entwürfen moderner individueller Freiheit, sondern erstreben ganz im Gegenteil eine Welt, der Begriffe wie Demokratie und Toleranz fremd sind. Eines der Ziele dieses Buches ist aber, die seltsame Verschmelzung zu untersuchen, die zwischen Antisemitismus und fortschrittlichen Freiheitsentwürfen stattgefunden hat. Diese Verschmelzung hat zu einem Bündnis zwischen fortschrittlichen (oder scheinbar fortschrittlichen) Bewegungen im Westen und einigen der reaktionärsten Bewegungen im Nahen Osten geführt.

Zum Beispiel wurden bei den Europawahlen in Westeuropa 2004 der Wählerschaft gemeinsame Listen islamistischer und extrem linker Kandidaten vorgelegt. Marxistisch-islamistische Bündnisse sind in Belgien und Deutschland gebildet worden. In Frankreich hat ein prominentes Mitglied der Lutte Ouvrière erklärt, dass der „Kampf um Palästina" jetzt Teil der „globalen proletarischen Revolution" sei. In Großbritannien ist die marxistisch-islamistische Allianz als Nachfolge der Antikriegskoalition jener gebildet geworden, die sich dem zweiten Irakkrieg widersetzten. Die Kandidaten werden unterstützt von der Britischen Sozialistischen Arbeiterpartei, der Muslimischen Vereinigung Großbritanniens, dem britischen Zweig der Muslimbruderschaft und einigen Palästinensergruppen, die von Jassir Arafat finanziert werden.

Dieses europäische marxistisch-islamistische Bündnis hat noch kein detailliertes politisches Programm vorgelegt; einig sind sie in ihrem Hass auf die Vereinigten Staaten und in ihren Zielen, Israel zu zerstören und das Ende des „globalen Kapitalismus" herbeizuführen.

Begleitet wurde diese Entwicklung von der Übernahme antisemitischer Motive aus westlichen Quellen durch Angehörige dieser islamistischen Gruppen, genau zu dem Zeitpunkt, als der Westen selbst solche Motive als voreingenommen und unglaubwürdig fallen ließ. Im Zweiten Weltkrieg waren die Araber weitgehend mit den faschistischen Mächten gegen den Westen verbündet. Der Mufti von Jerusalem, der Erzfeind des Zionismus, wurde mit großen Ehren von Hitler empfangen, dessen Politik des Genozids an den Juden er große Anerkennung zollte. Sadat aus Ägypten war zusammen mit anderen ägyptischen Offizieren ein Unterstützer Deutschlands. Auch Irak war stark prodeutsch ausgerichtet.

Nach dem Krieg fanden viele Nazioffiziere Zuflucht und Beschäftigung in arabischen Ländern, besonders in Ägypten, wo sie ihren Krieg gegen die

Juden fortsetzten, was zu der Fortführung der nazistischen antisemitischen Propaganda in arabischen Ländern führte. Antisemitische Beleidigungen, früher typisch für christlichen Antisemitismus und den Kern nazistischer Propaganda, zum Beispiel die Ritualmordlegende, bilden nun ein normales Merkmal der arabischen Propaganda.[1] So haben zum Beispiel die *Protokolle der Weisen von Zion*, im 19. Jahrhundert von Antisemiten in der westlichen Gesellschaft erfunden, und heute seit Langem von der großen Mehrheit im Westen als unecht erkannt, nun eine Auffrischung in der muslimischen Gesellschaft erreicht, deren aufgeklärte Vergangenheit solches Material nicht bereitgestellt hätte. Das ergibt die Schlussfolgerung, dass es im Nahen Osten eine Vereinigung von christlichem und muslimischem Antisemitismus gegeben hat, dessen Makler die Nazis waren.

Ein interessantes Beispiel ist die Rede des malaysischen Premierministers Mohammad Mahathir auf dem Gipfel der Organisation der Islamischen Konferenz, die von den Teilnehmern der Konferenz mit begeistertem Beifall aufgenommen wurde. An der Islamischen Konferenz (IOC), die am 16. Oktober 2003 in Putrajaya eröffnet wurde, nahmen Führer aus 57 Ländern teil. Premierminister Mahathir sagte:

> 1,3 Milliarden Muslime können nicht von wenigen Millionen Juden besiegt werden. Es muss einen Weg geben. Und wir können einen Weg nur finden, wenn wir aufhören zu denken, unsere Schwächen und unsere Stärken bewerten, planen, eine Strategie entwerfen und dann einen Gegenangriff machen. Wir sind tatsächlich sehr stark. 1,3 Milliarden Menschen können nicht einfach ausgelöscht werden. Die Europäer töteten 6 Millionen von 12 Millionen Juden. Aber heute lenken die Juden die Welt durch Stellvertreter. Sie lassen andere für sich kämpfen und sterben. Wir haben es mit einem Volk zu tun, das denkt. Sie haben 2.000 Jahre Pogrome überlebt, nicht durch Gegenwehr, sondern durch Denken. Sie erfanden und förderten erfolgreich Sozialismus, Kommunismus, Menschenrechte und Demokratie, sodass ihre Verfolgung als Unrecht erscheinen würde, sodass sie gleiche Rechte mit anderen genießen können. Mit diesen haben sie nun Kontrolle über die mächtigsten Länder erreicht, und sie, diese winzige Gemeinschaft, sind eine Weltmacht geworden.

Hier sehen wir die klassischen antisemitischen Motive und die Verwischung jeder Unterscheidung zwischen Antizionismus und Antisemitismus.

Doch dieser Rückfall in vulgären westlichen Antisemitismus in einem östlichen Umfeld hat westliche Anhänger der Moderne nicht davon abgehalten, muslimischen Antisemitismus grundsätzlich zu unterstützen. Die Begründung dafür ist, dass Israel mit westlichem Kapitalismus und Imperialismus identifiziert wird und im Bund mit einer Verschwörung gegen die nichtkapitalistischen Opfer des Ostens betrachtet wird. Die Verwendung fiktiven Materials (abgeleitet vom gröbsten westlichen Antisemitismus der Vergangenheit) durch die Opfer wird als verzeihlich unter solchen bedauernswerten Umständen gebilligt. Selbst ein Selbstmordattentat, anderswo als verwerflich betrachtet, gilt als lobenswert, wenn es gegen die zivile Bevölkerung Israels begangen wird.[2]

In welcher Weise kann Israel als das Instrument des westlichen Kapitalismus betrachtet werden, das im Auftrag der amerikanischen Ausbeutung der unentwickelten Welt handelt? In Wahrheit hatte Israel zur Zeit seiner ursprünglichen Staatsbildung keine Hilfe von Amerika. Erst als der Staat Israel aus eigener Anstrengung die Versuche arabischer Staaten, ihn auszulöschen, überstanden hatte und auch, nachdem die arabischen Staaten sich als Verbündete der Sowjetunion in ihrem Versuch, die Vereinigten Staaten zu schwächen, erwiesen hatten, trat Israel als der Verbündete der Vereinigten Staaten im Nahen Osten auf. Die Vorstellung vieler, die sich als Liberale bezeichnen, die Juden der Vereinigten Staaten seien dort die dominanten Bürger und verantwortlich für amerikanische Macht überall in der Welt, ist reine Fantasie. Aber hinter dieser Fantasie liegt die alte Vorstellung, gestützt auf das religiöse Dogma, die Juden seien in einer Verschwörung zur Beherrschung der Welt engagiert.

Tatsächlich ist diese unberechtigte Verbindungslinie zwischen den Juden und extremer Reaktion und Militarismus nicht neu. Sie wurde von linken Revolutionären der Vergangenheit vorweggenommen, darunter kein Geringerer als Karl Marx. Für jemanden mit einer linken Einstellung, wie mich zum Beispiel, ist dies ein schmerzliches Merkmal linker Geschichte. Der Zionismus hat viel Unterstützung von toleranteren, gemäßigteren und demokratischeren Formen der linken Theorie erfahren, aber jene Ausprägungen, die den schlimmsten Formen des Extremismus zugeordnet werden können (und schließlich zu den Gräueln des sowjetischen Kommunismus führten), blicken auf eine antisemitische und antizionistische Geschichte zurück.

Der Zionismus wurde von kommunistischen Theoretikern nie als Bewegung nationaler Freiheit anerkannt, sondern als eine Spielart des internationalen Kapitalismus und Imperialismus stigmatisiert. Es ist wahr, dass das Votum der Sowjetunion zugunsten einer Teilung 1947 den Ausschlag für die Errichtung Israels gab, aber dies war bloß eine taktische Maßnahme gegen den Westen und beendete nicht die Feindseligkeit gegenüber dem Zionismus. Heute ist es ein Grundprinzip des linken Antisemitismus, dass der Zionismus keine echte nationale Bewegung ist, sondern ein Instrument des Westens, das amerikanische Interessen im Nahen Osten unterstützt. Im

Sinne dieser Ansicht wird die gesamte jüdische Geschichte negiert, und die historische Verbindung der Juden mit dem Land Israel wird geleugnet.

Die Theorie, der Zionismus sei eine Schöpfung des westlichen Imperialismus und ziele hauptsächlich darauf ab, die Entwicklung arabischer Staaten des Nahen Ostens hin zu voller ökonomischer und politischer Unabhängigkeit zu verhindern, hat zum abwertenden Gebrauch des Begriffs „Zionismus" als Entsprechung zu „Imperialismus" geführt. Dieser Gebrauch ist heute auf viele traditionelle antisemitische Anklagen ausgedehnt worden. So lässt sich unter Imperialismus leicht die traditionelle Idee von einer jüdischen Verschwörung zur Erringung der Weltherrschaft verstehen und um Ideen von jüdischer Finanzmacht ergänzen. Kurz gesagt, das Wort „Zionist" ist ein Codewort für „Jude" geworden, und das gesamte antisemitische Syndrom hat sich an dieses Wort geheftet. Diese Bemerkungen gelten natürlich nicht für berechtigte Kritik an einer bestimmten israelischen Regierung oder ihrer Politik.

Juden sind oft mit liberalen Bewegungen in Verbindung gebracht worden und haben eine bemerkenswerte Rolle bei der Entwicklung des Sozialismus und der Emanzipation der schwarzen Bevölkerung und anderer unterdrückter Minderheiten gespielt. Heute hat der Zionismus, eine Befreiungsbewegung, in vielen Kreisen die gleiche satanische Aura, die in der christlichen Tradition die Juden umgeben hatte.

Viele Juden standen ratlos vor einer Wende der Ereignisse, in denen ihre liberalen Bestrebungen als die niederträchtigste Reaktion gegen liberalen Fortschritt stigmatisiert wurden. Die Errichtung Israels, so gut sie für das jüdische Volk gewesen ist, hat somit das Problem des Antisemitismus nicht gelöst, sondern nur in einer besonders hartnäckigen Form neu geschaffen.

Anmerkungen

1 Siehe Robert Wistrich, *Hitler's Apocalypse*, New York 1985, Kap. 9.

2 Scheich Yusuf Al-Qaradawi, der geistliche Führer der Muslimbruderschaft, wiederholte in einem Interview auf BBC Newsnight, am 7. Juli 2004 gesendet, seine Unterstützung für Selbstmordattentäter. Er sagte, dass solche Taten im Islam als eine Form des Heiligen Krieges gerechtfertigt waren. „Dies ist kein Selbstmord, es ist Märtyrertum im Namen Gottes", sagte der Geistliche. Auf die Frage, ob sich diese Ansichten auf die Situation in Irak bezogen, sagte er: „Wenn die Iraki dem Feind trotzen können, ist kein Bedarf für diese Märtyrerhandlungen. Wenn sie nicht die Mittel haben, sind Märtyrerhandlungen erlaubt." Über das Töten unschuldiger Frauen und Kinder sagte er: „Israelische Frauen sind nicht wie Frauen in unserer Gesellschaft, weil israelische Frauen militarisiert sind. Zweitens betrachte ich diese Art der Märtyreroperation als einen Hinweis auf die Gerechtigkeit Allahs des Allmächtigen. Allah ist gerecht durch seine unendliche Weisheit. Er hat den Schwachen gegeben, was die Starken nicht besitzen, und das ist die Fähigkeit, ihre Körper in Bomben zu verwandeln, wie die Palästinenser es tun."

Kapitel 13

Die Ursachen des Holocausts

Wenn wir über die Frage der Verursachung des Holocausts nachdenken, wundern wir uns über die Menge der sich überschneidenden Ursachen und finden es schwer, sie nach ihrer Bedeutung einzuordnen. Es lässt sich keine einzelne Ursache als die Ursache herauslösen. Viele unterschiedliche Ursachen sind ausgemacht worden, die zu ganz verschiedenen Diskursfeldern gehören, historischen, ökonomischen, ideologischen und religiösen. Wenn man diesen Ursachen bestimmte Bedeutungsgrade zuweisen möchte, das heißt, eine Hierarchie der Ursachen konstruieren möchte, nach welchen Kriterien sollte man dabei vorgehen? Eine Liste der Ursachen des Holocausts könnte folgendermaßen aussehen:

1. Die Existenz der Juden als eigenständige und unassimilierbare Gruppe in der westlichen Gesellschaft, die ewigen „Anderen".
2. Der religiöse Hintergrund des christlichen Glaubens, in dem die Juden mythologisiert wurden als Gottesmörder, die mit Exil und Versklavung bestraft worden waren und deshalb gehasst und verachtet wurden.
3. Die sozialen Strukturen, die sich aus christlicher Gewalt ergaben, in denen den Juden ein verachteter gesellschaftlicher Status als Parias gegeben wurde, allerdings geschützt vor der Vernichtung. Von ehrbaren Berufe ausgeschlossen, wurden die Juden in den tabuisierten Beruf des Wuchers gedrängt und dann umso mehr gehasst als angeblich geborene Wucherer.

4. Das religiöse Erbe des Mittelalters, durch das die Juden mythologisch mit Verrat und Verdorbenheit identifiziert wurden; das gesellschaftliche Erbe des Mittelalters, durch das die Juden ihr Stigma als niedrigste und am meisten verabscheute soziale Kaste behielten.
5. Die Verbreitung der volkstümlichen Überlieferung, die die Juden stigmatisierte: Blutbeschuldigung, Hostienschändung, Brunnen zu vergiften, den Schwarzen Tod zu verursachen, einen üblen Geruch (*foetor judaicus*) zu haben usw.
6. Das Fortbestehen einer verächtlichen Haltung bis in das Zeitalter der Aufklärung und in die heutige Welt, die von der Idee des Gottesmordes und von der langen Geschichte des Stigmas und des Pariatums herrührt.
7. Die Umwertung der Moral, die aus dem Verlust der Religiosität und dem Aufstieg moderner Denksysteme entstand, darunter Neodarwinismus, Eugenik und Faschismus, durch die allgemeine moralische Prinzipien ausgehöhlt und extreme eugenische Maßnahmen, die die Untauglichen aussortierten, annehmbar wurden.
8. Die Aushöhlung christlicher Dogmen, besonders solcher, die die Juden schützten: (a) der Glaube, die Bekehrung der Juden sei notwendig für die Wiederkunft Christi, (b) der Status des Judentums als *religio licita*, (c) die Rolle der Juden als „Zeugen" und als Hüter des Alten Testaments („die Bibliothekare der Kirche", Augustinus).
9. Der Einfluss der Aufklärung, die religiöse Bindungen schwächte und den Juden Möglichkeiten für Normalisierung und Vorankommen bot; die romantische Reaktion gegen die Aufklärung, die Stammes- und nationalistische Bindungen stärkte und somit die Juden noch fremder als zuvor machte.
10. Die Entwicklung rassistischer Theorien, in denen die Juden als völlig unerwünschte Rasse vorkamen.
11. Der Aufstieg eines idealistischen Nationalgefühls in Deutschland und anderswo, in dem die Juden als Gefahr für die nationale Seele erschienen (Fichte, Wagner). Die besondere Wendung zum Genozid, die der Nationalismus in Deutschland vollzog (Marr, Dühring).
12. Die vermeintliche Gefahr, die die Juden für das Überleben des Christentums und der christlichen Gesellschaft darstellten.
13. Der Aufstieg des Antikapitalismus und Sozialismus, in dem die Juden wegen ihres angeblich eingefleischten Handelsgeistes als Gefahr dargestellt wurden.
14. Die Gefahr des Kommunismus, der als jüdisches Phänomen gesehen wurde.

15. Die politische Situation in Deutschland: Niederlage im Ersten Weltkrieg, für die man den Juden die Schuld gab.
16. Die ökonomische Situation in Deutschland: Weltwirtschaftskrise und Inflation.
17. Die Suche nach nationaler Identität, die Deutschland und andere europäische Länder bewegte.
18. Die Angst, die aus zunehmender jüdischer Bedeutung in Kunst, Wissenschaft und gehobenen Berufen, besonders Bankwesen, hervorging.
19. Die psychopathische Persönlichkeit Hitlers.
20. Das Wesen deutscher Kultur: blinder Gehorsam gegenüber Befehlen.
21. Die allgemeine Akzeptanz der Idee des genozidalen Antisemitismus durch das deutsche Volk (Goldhagen – wie er allgemein verstanden wird).
22. Das Wesen der Bürokratie, die einen ursprünglich vagen Plan mit zunehmendem maschinenartigem Automatismus durchführt; ohne Gefühl und ohne Fantasie – die Banalität des Bösen (Hannah Arendt, Zygmunt Bauman).[1]

Jede dieser Erklärungen hat ihre besonderen Fürsprecher gehabt, die ihre Wahl als Hauptursache des Holocausts betrachtet haben. Andere haben allerdings keiner besonderen Ursache den Vorzug gegeben, sondern haben sich damit begnügt, alle Ursachen zu kennen, die zu dem Ergebnis beigetragen haben. Nach dieser Ansicht war der Holocaust das Resultat kumulierender Faktoren, von denen einige weit in der Geschichte zurückreichen, während andere jünger sind. Eine solche Ansicht tut die weit zurückliegenden Ursachen jedoch leicht als bloße historische Vorläufer ab, die nicht zu ernst genommen werden sollten, verglichen mit den unmittelbareren Ursachen des Holocausts, etwa dem Aufstieg des Nationalsozialismus. Eine Auflistung ohne Rangfolge verwandelt sich zwangsläufig in eine rein zeitliche Rangfolge, in der „wichtiger" „jüngeren Datums" bedeutet. Eine solche zeitliche Rangfolge würde zum Beispiel als Ursache des Ersten Weltkrieges das Attentat auf Erzherzog Franz Ferdinand in Sarajevo 1914 angeben.

Der Nachteil dieser Annäherung an das Problem der Kausalität ist, das sie unbrauchbare Schlussfolgerungen erzeugt. Welche Lehren für die Zukunft könnte man von Erzherzog Franz Ferdinand als Beispiel der Ursache des Ersten Weltkrieges ziehen? Wir müssen wissen, warum ein banales Ereignis Folgen von derart großer Tragweite hatte, und das bedeutet, dass wir uns in den historischen Hintergrund des Ereignisses vertiefen müssen. Natürlich wirft auch dies Probleme auf: Wie weit sollen wir zurückgehen? Manche mittelalterlichen Chronisten versuchten,

Ereignisse ihrer Zeit mit dem Rückgriff auf den Sündenfall zu erklären. Wir müssen ein feines Gefühl für Differenzierung und Diagnose entwickeln, um die Ereignisse in der Vergangenheit zu finden, die entscheidend waren für die Ausbildung der Krise, die wir zu erklären suchen. Wir müssen sensibel sein für die Gestalt eines ganzen Abschnitts der menschlichen Geschichte, dessen Ergebnis das zu untersuchende Ereignis ist.

Dieser Zugang hat auch einen pragmatischen Vorteil. Es ist wahrscheinlich, dass die Ursachen, die so aufgedeckt wurden, immer noch fortwirken. Erzherzog Franz Ferdinand wird wahrscheinlich in Zukunft nicht kopiert werden, aber die Konstellation der Faktoren, die seinen Tod herbeiführten, ist Teil des Bildes der heutigen Politik oder könnte es sein. Es ist daher bezeichnend für die Rangfolge von Ursachen, dass sie im Allgemeinen keinen Nutzen hat. Je tiefer aber die Ursache ausgegraben wird, umso wahrscheinlicher ist es, dass man einige Lektionen lernen wird, die zur Vermeidung ähnlich zerstörerischer Krisen führen können.

Unter den unzähligen Ereignissen oder Tendenzen, die sich als Ursachen eines wichtigen Ereignisses darstellen, müssen wir zwischen „Ursachen“ und „Auslösern“ unterscheiden. Ein Auslöser ist ein Ereignis, das die zerstörerische Kraft freisetzt, die in Lauerstellung liegt, um die Katastrophe zu verursachen, und es ist dieses zerstörerische Potenzial, das zu Recht als die „Ursache“ bezeichnet werden kann. Zum Beispiel wird eine Stadt durch einen Vulkanausbruch zerstört, der durch eine leichte Verschiebung tektonischer Platten ausgelöst wird. Die Ursache jedoch ist die Existenz des Vulkans, eine ständige Bedrohung, der sich die Bewohner der Stadt bewusst sind. Natürlich könnte man diese Unterscheidung zwischen Auslöser und Ursache als rein semantisch beschreiben. Wenn eine Lawine durch achtlosen Lärm losgetreten wird, könnte man leicht und selbstverständlich sagen, dass der Lärm die Ursache war und nicht die Existenz einer bedenklichen Struktur des Schnees. Wenn jemand vom Blitz getroffen wird, ist dann die Ursache seines Todes seine Sorglosigkeit, dass er sich unter einem Baum untergestellt hat oder die Existenz einer starken elektrischen Ladung in der Luft? In gewissen Zusammenhängen (z. B. eine gerichtliche Untersuchung) kann man sinnvollerweise den Auslöser als die Ursache beschreiben, in anderen sucht man ein grundlegenderes Erklärungssystem. Auch wenn „Ursache“ ein schwer greifbarer und mehrdeutiger Begriff ist, der Philosophen über viele Jahrhunderte beschäftigt hat, ist es immer noch nützlich, zwischen Auslöser und Ursache zu unterscheiden, wenn die zugrunde liegende Gefahr keine Naturgewalt ist (gegenüber der man machtlos ist), sondern eine gesellschaftliche Struktur, die für Wandel und Neuordnung seitens derer, die sie verstehen, anfällig ist. In einem solchen Fall ist es eine grobe Vereinfachung, sich mit geringfügigen Ursachen oder Auslösern zu befassen, anstatt die wesentliche gesellschaftliche Schieflage anzusprechen, von der die geringfügigen oder flüchtigen Ansätze ausgegangen sind.

Im Fall des Holocausts ist die Kraft, die im Hintergrund liegt, übermächtiger Hass und erdrückende Verachtung gegenüber den Juden, die in vielen Ländern existierten (und noch existieren), nicht nur in Deutschland, von wo der Holocaust tatsächlich ausging. Dieser Hass und diese Verachtung finden sich in allen christlichen Ländern (d. h. Länder mit einem christlichen Hintergrund, auch wenn sie in hohem Maß säkularisiert sind) und auch in geringerem Maß in Ländern mit islamischem Hintergrund, aber nicht in Ländern, deren vorherrschende Religion nicht vom Judentum abgeleitet ist, etwa in China oder im hinduistischen Indien. Die religiöse Rivalität zwischen dem Judentum und ihren Tochterreligionen ließ diesen Hass und diese Verachtung entstehen, denn sowohl Christentum als auch Islam behaupten, verbesserte Versionen des Judentums zu sein, und beide betrachten daher das Judentum als überholte und altmodische Religionsform, an die sich die Juden stur und böswillig klammern, anstatt die neue verbesserte Version anzunehmen. Im Christentum wird dieser Groll verstärkt durch einen religiösen Mythos des Gottesmordes, nach dem die Juden die verbesserte Version nicht nur ablehnten, sondern auch den grausamen Tod ihres göttlichen Gründers herbeiführten. Wenn der Islam Mohammed vergöttlicht und ebenfalls einen Mythos eingeführt hätte, der den Juden die Schuld an seinem Tod gab, dann hätte auch in den islamischen Ländern ein ebenso heftiger Hass auf die Juden existiert. Wie die Dinge lagen, genügte auch das Ausmaß an religiöser Rivalität zwischen Judentum und Islam, um die Lage der Juden als Bürger zweiter Klasse im Islam elend genug zu machen, und als die Juden versuchten, ein Land wiederzugewinnen, das als islamisch betrachtet wurde, erreichte der Groll den Siedepunkt, und die Juden wurden für den Islam so dämonisch, wie sie es im Christentum gewesen waren. Gerade als das Christentum unter dem Einfluss der Aufklärung allmählich die Möglichkeit einer Befreiung der Juden erwog (wenn auch allein die Ankündigung einer solchen Möglichkeit genügte, um eine neue und besonders bösartige Form des Antisemitismus auszulösen), bewegte sich der Islam, unberührt von aufgeklärtem Denken (zumindest was eine liberale und kritische Auslegung des Koran angeht) in die andere Richtung, nämlich von relativer Toleranz zu fundamentalistischem religiös-politischem Hass.

Gegen diese ganze Vorstellung von einem besonderen Hass gegen die Juden, der sich aus einer besonderen religiös-historischen Entwicklung ableitet, gibt es die von vielen vertretene Theorie von „dem Anderen".[2] Diese erklärt, dass Antisemitismus einfach eine Form der Xenophobie sei. Juden ziehen sich Anfeindungen zu, da sie „anders" sind. Dies trifft auf alle Völker zu, die anders sind, nicht nur auf Juden. Die Details des Unterschieds oder des „Andersseins" sind nicht wichtig; Juden in der christlichen Gesellschaft werden gehasst, aber auch Christen in der jüdischen Gesellschaft (Romane sind geschrieben worden, um zu erforschen, was geschehen wäre, wenn Christen im Römischen Reich zum Judentum übergetreten wären). Nicht nur Juden wurden im mittelalterlichen christlichen Europa verfolgt, sondern auch „Zigeuner" und Aussätzige.

Die Lehre von „dem Anderen" ist, in unterschiedlichen Formen, seit der Aufklärung bei Juden sehr verbreitet gewesen, da sie anscheinend auf ein Ende des Antisemitismus hoffen lässt. Wenn Juden sich nur ausreichend assimilieren können, damit sie von Nichtjuden ununterscheidbar sind, wird die fremdenfeindliche Reaktion nicht auftreten und das Problem gelöst sein. Also grenzten sich deutsche Juden, die sich als patriotische Deutsche und als Träger deutscher Kultur betrachteten, scharf von den „Ostjuden" ab, deren seltsame Tracht und Bärte und Bräuche als Ursache eines berechtigten Fremdenhasses betrachtet wurden. Die gleiche Abneigung gegen unverbesserliches Judentum lässt sich zu Beginn der Aufklärung in der Antwort Isaac de Pintos auf die scharfe antisemitische Kritik Voltaires beobachten. De Pinto macht einen großen Unterschied zwischen dem sephardischen Judentum (gut) und dem aschkenasischen Judentum (schlecht). Wenn nur alle Juden den Schliff der Sephardim hätten, dann wäre es mit dem Antisemitismus vorbei!

Fremdenhass ist zweifellos ein Bestandteil des Antisemitismus, besonders in bestimmten Epochen, in denen Juden einen frischen Migrantenzuzug ausmachten, aber die jüdische Geschichte als Ganzes zeigt, dass der Jude als „der Andere" einer Erklärung des Antisemitismus und des Holocausts nicht sehr nahe kommt. Assimilierte Juden sind genauso gehasst worden wie unassimilierte, und die deutschen Juden, die das Ideal der Symbiose verinnerlicht hatten, entgingen nicht den Gaskammern. Tatsächlich war es das Scheitern der Assimilation und somit auch das der Theorie des „Anderen", die zur Lösung des Zionismus führten.

Es ist wahr, dass „Zigeuner" genauso wie Juden im mittelalterlichen Christentum und in Hitlers Deutschland litten. Aber es gab einen gewaltigen Unterschied zwischen dem Bild des „Zigeuners" und jenem des Juden im christlichen Denken. Zigeuner waren einfach nicht wichtig für Christen in der Weise, wie es die Juden waren. Es wurden keine theologischen Wälzer geschrieben, um die Beziehung zwischen „Zigeunern" und

Christentum zu erklären. Dagegen stellten die Juden für Christen ein riesiges theologisches Problem dar.

Man könnte sogar argumentieren, dass die Schwierigkeit für die Juden nicht darin bestand, dass sie den Christen unvertraut und fremd waren, sondern dass sie vielmehr zu eng in das geistige Rüstzeug von Christen eingebunden waren. Die Juden waren, anders als die „Zigeuner", *dramatis personae* in der zentralen christlichen Erzählung. Jedes Mal, wenn Christen in die Kirche gingen, hörten sie von den Juden. Christliche Kunst und die Passionsspiele ließen die Juden als die dämonischen Feinde Christi auftreten. Über „Zigeuner" gab es keine christlichen Mythen, sie wurden allein aus fremdenfeindlichen Gründen verachtet.

Dieser zentrale Platz der Juden im christlichen Denken verursachte sowohl ihre Erhaltung wie auch ihre Dämonisierung. Nur die Juden erhielten eine Erlaubnis, innerhalb der Grenzen des Christentums eine nichtchristliche Religion zu praktizieren. Der Islam dagegen wurde als Ketzerei eingestuft, nicht als *religio licita*, und wo Christen herrschten, war kein islamischer Kult erlaubt. Das Judentum war als die Religion anerkannt, von der das Christentum herstammte, und war deshalb eine legitime, wenn auch unvollkommene und unvollständige Art des Christentums. Schließlich würden die Juden bekehrt und mussten bis zu diesem Zeitpunkt geschützt werden, denn ihre Bekehrung war unverzichtbar für den Ausgang der christlichen Erzählung. Diese Erhaltung bedeutete allerdings, dass die Juden über lange Zeit Fantasien ausgesetzt waren, die immer entsetzlicher wurden. Am Ende des Mittelalters waren die Juden in der Wahrnehmung der christlichen Massen kaum noch menschlich. Dies war kein Abscheu vor „dem Anderen"; es war eher der Schauder des Entsetzens, den man heute vor dem Vampir Dracula verspürt, aber ohne das Bewusstsein, dass es sich um eine Romanfigur handelt. Die Juden füllten die Rolle aus, die heute von Horrorfilmen geboten wird, aber mit weit mehr Neigung, sie für real zu nehmen.

Ein neueres Buch, *The Singular Beast: Jews, Christians and the Pig*, von Claudine Fabre-Vassas (1997)[3] vermittelt ein überzeugendes Bild von der Dämonisierung der Juden durch Bauern in Südfrankreich und Katalonien. Die Weigerung der Juden, Schweinefleisch zu essen, nimmt fantastische Formen in den Köpfen dieser Bauern an, für die das Schwein eine wichtige häusliche Gestalt ist, halb Tier und halb Mensch. In ihre Schweine-Rituale, die sich besonders mit Blut und Opfer befassen, ist der Jude einbezogen, und zwar in der Rolle des Henkers wie des Opfers. Im bäuerlichen Denken ist der Jude ein angsteinjagender Buhmann, aber auch der Opferer, dessen Verdorbenheit notwendig ist für die Erlösung der

Christen.[4] Der Jude kann niemals als normaler Mensch gedacht werden, sondern nur als Dämon, dessen Einschreiten sowohl gefürchtet als auch ersehnt ist. Fabre-Vassas' Forschung widmet sich allerdings nicht in erster Linie dem Mittelalter, sondern den Bauern von heute und der jüngsten Vergangenheit, die viel von der unheimlichen volkstümlichen Vorstellung vom Juden und dem Gefühl seiner kosmischen Bedeutung als Vertreter des Bösen bewahrt haben.

Die Terminologie des Juden als „der Andere" ist somit ernstlich irreführend, da sie Antisemitismus an bloßen Fremdenhass angleicht und auslässt, was besonders an ihm ist, nämlich seine einzigartige mythologische Eigenschaft, die aus der Rolle der Juden im christlichen Mythos hervorgeht.

Ein interessanter Autor zu diesem Thema ist Gavin Langmuir,[5] der die Ansicht vertritt, dass es vor dem 11. Jahrhundert keinen richtigen Antisemitismus gegeben habe. Vor dieser Zeit würde man das antijüdische Gefühl passender als Fremdenhass charakterisieren. Langmuir ist sich jedoch sicher, dass es so etwas wie Antisemitismus gibt, der von Fremdenhass durch seine besonderen Merkmale der hysterischen Unvernunft, etwa dem Glauben an die Blutlegende, unterschieden werden muss. Solche besonderen Merkmale, argumentiert er, erfordern die Verwendung eines besonderen Namens für diese Variante des Hasses, um ihn von dem zu unterscheiden, was normaler Fremdenhass, der mit Stereotypen arbeitet, genannt werden könnte.

Langmuirs Analyse ist nützlich, aber hat ihre Grenzen. Er würdigt nicht genügend die theologischen und mythologischen Aspekte des Antisemitismus und seiner Wurzeln in den Ursprüngen des christlich-jüdischen Konflikts. Er behauptet sogar, dass bis ins 11. Jahrhundert die christliche Gegnerschaft gegen die Juden „rational" war, da sie auf dem Vorwurf beruhte, die Juden hätten den Tod Jesu herbeigeführt, ein Vorwurf, den die Juden selbst als berechtigt einräumten, nur anderer Meinung in der Frage waren, ob dieser Justizmord gerechtfertigt war. Dies jedoch überschätzt stark die Vernunftsgrundlage der Rolle, die den Juden seit den Evangelien zugeteilt war. Die Juden wurden nicht angeklagt, Jesus getötet zu haben, sondern Gott. Wenn Jesus, wie Sokrates, nur als Gelehrter betrachtet worden wäre, hätte sich eine völlig andere Situation ergeben. Langmuir hat deshalb nicht recht, wenn er behauptet, vor dem 11. Jahrhundert habe kein Antisemitismus existiert. Es gab ihn in voller Stärke im Denken der christlichen Geistlichkeit, die die Adversus-Judaeos-Literatur verfassten und von den Kanzeln gegen das Übel der Juden wetterten (Johannes Chrysostomos ist ein herausragendes Beispiel). Richtig an Langmuirs

These ist, dass vor dem 11. Jahrhundert Antisemitismus nicht als Obsession in der Bevölkerung existierte. Die Predigten der Geistlichen brauchten viele Jahrhunderte, um die Juden im Volksdenken von Menschen in Monster zu verwandeln. Dekrete vieler Kirchenkonzile sind Beweis einer lange andauernden Freundlichkeit der gewöhnlichen Menschen gegenüber den Juden: zum Beispiel die Dekrete, die Teilnahme an jüdischen Hochzeiten verboten, oder die Bauern verboten, Rabbis um Segen für ihre Felder zu bitten. Erst als das gemeine Volk gründlich christianisiert war, trat der volkstümliche Antisemitismus, so wichtig für die spätere Entwicklung bis zum Holocaust, in Erscheinung. Zu dieser Entwicklung trug auch der schrittweise Ausschluss der Juden von ehrbaren Beschäftigungen und ihre Verwendung durch christliche Herrscher bei, für Aufgaben, die dem gemeinen Volk verhasst waren, besonders das Eintreiben von Steuern, direkt oder indirekt. Die Entwicklung der Juden zu einer Pariakaste, das Ziel allgemeiner Verachtung, Angst und Abscheu, war ein langer Prozess, kein Werk des 11. Jahrhunderts. Langmuirs Versuche, das Erscheinen des volkstümlichen Antisemitismus in der Gesellschaftsstruktur des 11. Jahrhunderts zu begründen, gehen somit an der Sache vorbei.

Dagegen ist Langmuir sehr zu empfehlen wegen der Ernsthaftigkeit, mit der er das Phänomen des christlichen Antisemitismus behandelt, und wegen der Strenge seiner Kritik an anderen Historikern, die die ganze Sache nahezu ignoriert haben.

Andere Autoren der letzten Jahre, die die irreführende und oberflächliche Terminologie „des Anderen" vermieden haben, sind Paul Lawrence Rose und Daniel Goldhagen gewesen, denen beiden fälschlich unterstellt wurde, sie hätten den Holocaust allein als von Deutschen verursacht dargestellt. Es ist außergewöhnlich, wie die tieferen, auf Religion bezogenen Aspekte der Thesen dieser Autoren in den Reaktionen, wohlwollenden wie ablehnenden, auf ihre Schriften ignoriert worden sind.

Paul Lawrence Rose untersuchte die Entwicklung des deutschen idealistischen Nationalgefühls.[6] Er zeigte, wie eng der Antisemitismus mit den Versuchen deutscher Intellektueller verbunden war, ihren Verlust des christlichen Glaubens und den Austausch gegen einen Glauben an das edle Schicksal des deutschen Volkes zu bewältigen. Aber er zeigte auch, wie dieser Antisemitismus ein Erbe des Christentums selbst war, indem er genau dieselben Konturen und dieselbe Struktur übernahm, die der Antisemitismus im christlichen Mythos gezeigt hatte. Rose bezeichnete sein eigenes Argument als ein „morphologisches", worunter er verstand, dass er sich mit der strukturellen Identität zwischen christlichem Antisemitismus und seiner vermeintlich atheistischen deutschen Fortsetzung befasste. Er hätte es einfacher ausdrücken können, indem er gesagt hätte, dass der Tod des Dogmas nicht den Tod des zugehörigen Mythos bedeute. Menschen wie Fichte oder Bruno Bauer hielten an einem grundsätzlich christlichen Szenario fest. Keine einzige Anklage gegen die Juden wurde fallen gelassen: Sie wurden eines kalten Legalismus beschuldigt (Pharisäertum), der Geldgier (Judas Ischariot und die dreißig Silberlinge), des Mangels an Patriotismus (der Ewige Jude) und in jeder Hinsicht als Hindernis für das neue edle Deutschland, das die Welt in ein messianisches Zeitalter führen würde. In dem, was als neuer, gottloser Mittelpunkt des Idealismus beabsichtigt war, blieb der Feind unverändert. Noch bemerkenswerter war die zentrale, wenngleich negative, *Bedeutung*, die den Juden von diesen nachchristlichen Denkern zugewiesen wurde. Sie beschäftigten sich fast zwanghaft mit der sogenannten „jüdischen Frage“. Objektiv gesehen waren die Juden eine unbedeutende Minderheit, die sich abmühte, nach Jahrhunderten der Erniedrigung in einem System entstehender Demokratien Normalität zu erreichen. In der Praxis wurde jeder kleinste Erfolg seitens der Juden als furchterregend befunden: Die Juden waren im Begriff, die Führung zu übernehmen. Diese Überschätzung der jüdischen Präsenz war in sich ein Echo christlicher Paranoia, in der die Juden mächtige Verbündete des Teufels waren.

In seiner Antwort an seine Kritiker (Nachwort der Ausgabe von 1992) bemerkte Rose, sein wichtiges „morphologisches“ Argument sei völlig übergangen worden und man habe ihn vielmehr so verstanden, als habe er die gesamte Schuld am Holocaust intellektuellen Strömungen in Deutschland gegeben, besonders dem deutschen revolutionären Nationalismus. An entscheidender Stelle platzierte Passagen wie die folgende seien ohne Kommentar übergangen worden:

> Diese starke verbindende Eigenschaft lässt sich in unterschiedlichen Zusammenhängen beobachten. Vor allem überspringt Ahasver die Kluft zwischen den großen Strömungen der Christen und dem säkularen Antisemitismus. In beiden Geisteshaltungen schlummert sein symbolischer Kern – nämlich die geerbte jüdische Kollektivschuld. Aber die Säkularisierung brachte neue Möglichkeiten für antijüdische Theorienbildungen, die letztlich für die Juden gefährlicher waren als der alte christliche Rahmen. Mit dem Aufstieg einer säkularen Philosophie mutierte Ahasver zum Symbol eines aufgeklärten „edel gesinnten“ Judenhasses, der menschliche Erlösung als höchstes Gut der Menschheit predigte. Ahasver behielt seinen Status als Symbol jüdischen Starrsinns, aber nun waren seine symbolischen Eigenschaften in die auf-

geklärte moderne Terminologie von menschlicher Freiheit und moralischer Versklavung, Egoismus und Lieblosigkeit, Versöhnung mit der Natur und Geschichte übersetzt. (S. 55)

Es scheint, dass die offenkundige Beziehung des modernen Antisemitismus zu seinem Vorläufer, dem christlichen Antisemitismus, ein Tabuthema ist. Autoren, die dieses Thema erörtern, werden nicht direkt totgeschwiegen; vielmehr wird die Aufmerksamkeit auf Aspekte ihrer Werke konzentriert, die für das Tabu unerheblich sind. So wird Paul Lawrence Rose, dessen eigentliches Thema ist, wie der deutsche Antisemitismus aus dem christlichen Antisemitismus hervorging, behandelt, als habe er sich auf die deutsche Geschichte beschränkt, und als zwanghaft antideutscher Theoretiker kritisiert.

Ein noch bemerkenswerterer Fall der Bedienung des Tabus ist Daniel Goldhagen, dessen Buch *Hitler's Willing Executioners: Ordinary Germans and the Holocaust* (1996, dt. *Hitlers willige Vollstrecker. Ganz gewöhnliche Deutsche und der Holocaust*, 1996, dt. von Klaus Kochmann) eine der berühmtesten und am meisten kritisierten Arbeiten über den Holocaust geworden ist.[7] Doch das zweite Kapitel, „Die Entwicklung des eliminatorischen Antisemitismus im modernen Deutschland", ist fast unbeachtet geblieben. Hier schreibt Goldhagen:

Das Mittelalter vererbte, so Joshua Trachtenberg, der neuzeitlichen Welt „einen Hass, der so gewaltig und abgrundtief, so intensiv ist, dass er seinesgleichen sucht". Dennoch ließ man die Juden am Leben; angesichts des gemeinsamen Erbes erkannte die Kirche das Recht der Juden auf Existenz und Ausübung ihrer Religion an, obwohl sie als Strafe für ihre Leugnung Jesu zu einem minderen gesellschaftlich-moralischen Status verdammt waren. (S. 76)

Im Weiteren sagt Goldhagen:

Jahrhundertelang hatte der Antisemitismus den Zusammenhang und das Selbstwertgefühl der christlichen Welt gewährleistet. Als im Deutschland des 19. Jahrhunderts viele der alten Gewissheiten zerbrachen, nahm die Bedeutung des Antisemitismus als Modell zur Sicherung kultureller Kohärenz und schließlich auch als politische Ideologie [– und ihre beruhigende Eigenschaft für eine Gesellschaft, die ihre Sicherheiten verlor –] sprunghaft zu. (S. 76)

Goldhagen argumentiert in der Tat, dass der Antisemitismus in Deutschland eine besondere Schärfe und mörderische Tendenz erreichte, die in dieser Hinsicht sogar den Antisemitismus in Frankreich, Polen und anderen Ländern mit dem gleichen Erbe des christlichen Antisemitismus in den Schatten stellte. Er schreibt diese besondere Schärfe den Umständen der deutschen Geschichte zu, besonders der Angst und Unsicherheit bezüglich des deutschen Selbstverständnisses und der Identität als Nation. Aber er schreibt sie niemals dem „deutschen Charakter" zu und deutet niemals an, dass Judenhass einzig im deutschen Volk anzutreffen war. Seine These lautet, dass Judenhass überall in Europa ein Erbe des mittelalterlichen Christentums war, aber dass die Umstände ihn besonders hysterisch in Deutschland machten, wo die angebliche Notwendigkeit, die Juden mit dem einen oder anderen Mittel aus der deutschen Gesellschaft zu entfernen, ein intellektueller Gemeinplatz geworden war, eingeimpft durch alle Medien und auf allen Bildungsebenen, verbunden mit der verbreiteten Überzeugung, dass die Juden Deutschland sehr geschadet hätten und sein giftigster Feind seien. Goldhagens These ist nicht „simplifizierend", wie unterstellt wurde. Er glaubt nicht, dass der Holocaust „unvermeidlich" war, sondern dass eine Anzahl von sekundären Ursachen notwendig war, um ihn herbeizuführen, darunter die deutsche militärische Niederlage, die Wirtschaftskrise und die pervertierte Persönlichkeit Hitlers. Ohne alle diese Ursachen hätte der Holocaust nicht stattgefunden. Aber alle diese Ursachen hätten nicht ausgereicht, wenn es keinen Vorrat an Hass, Furcht und Verachtung gegeben hätte, der von der dauerhaft fortwirkenden Dämonisierung der Juden im christlichen Mittelalter herrührte.

Die bei Weitem wichtigste Ursache des Holocausts war dieser „Hass, der so gewaltig und abgrundtief, so intensiv ist, dass er seinesgleichen sucht". Die Ursachen für diesen Hass sind in den weiter oben aufgeführten Punkten 2–5 skizziert. Dennoch hätte es anders ablaufen können. Trotz der unheilvollen Rolle, die den Juden im christlichen Mythos als Gottesmörder und als hartnäckige Verweigerer der christlichen Lehre zugewiesen war, musste sich das Christentum erst politisch durchsetzen, bevor der Mythos in gesellschaftliche Realität umgesetzt werden konnte. Die Macht der Kirche und die Unterwerfung der Juden bedeuteten, dass die Kirche eine erfolgreiche Verleumdungskampagne beginnen konnte, die im Lauf der Jahrhunderte den Juden im Denken der christlichen Bevölkerung eine albtraumhafte Gestalt gab. Noch wichtiger war, dass die Macht der Kirche einen institutionellen Prozess ermöglichte, durch den die Juden mit dem Stigma einer Pariaklasse ausgezeichnet wurden. Dies war nicht nur eine theologische oder gar mythologische Kampagne, sondern ein aktiver Prozess der Erniedrigung, der erreicht wurde, indem man die Juden von allen ehrbaren Berufen ausschloss und in tabuisierte Beschäftigungen, besonders den Wucher, drängte. Dieser Prozess wurde im Verlauf des Mittelalters intensiver, sodass die Juden sich zu Beginn des Zeitalters der Aufklärung auf ihrem Tiefpunkt befanden.[8]

Es war nicht damit zu rechnen, dass dieses Stigma durch ein Schwenken des Zauberstabs der Aufklärung verschwinden würde. Vielmehr brachte die Aufklärung besondere Gefahren für die Juden. Den gleichen Prozess der Gefährdung durch Liberalisierung kann man in dem gewaltsamen Vorgehen gegen die Unberührbaren in Indien als Folge ihrer Versuche beobachten, ihre Stellung als Reaktion auf die Gesetzgebung zur Verbesserung ihres Status zu normalisieren. Das religiöse Pariatum der Juden lebte, unterstützt von Theorien der Rasse oder ökonomischen Klasse, in anderen Gewändern weiter.

Die Frage sei erlaubt, warum eine derartige Abneigung seitens der Forscher besteht, als Hauptursache des Holocausts den Vorrat an Hass zu benennen, der durch christliche Indoktrination und ihre Auswirkungen auf die Volksseele und auf nachchristliche Ideologien aufgebaut wurde. Wie wir gesehen haben, ist diese Abneigung so extrem, dass dieser Teil der Thesen von Rose und Goldhagen schlicht ignoriert wurde und beiden vorgeworfen wurde, „die Deutschen zu beschuldigen".

Ein offensichtlicher Grund für das Widerstreben ist bei Juden wie bei Christen Verlegenheit, auf die Schuld einer Religion zu zeigen, die für sich beansprucht, der Gipfel der Geistigkeit zu sein. Tatsächlich sind die erhabenen Ansprüche des Christentums von Anfang an ein wichtiger Teil des Problems gewesen. Dieser Standpunkt, der jedes Zugeständnis an Pluralismus ausschließt, ließ die Juden als böse und verdorben erscheinen, da sie nicht akzeptieren wollten, dass ihre eigene Religion überholt sei. Außerdem distanzierten sich die aufgeklärten Intellektuellen, selbst wenn sie Deisten oder Atheisten wurden, nicht von der historischen evolutionären Idee, nach der das Judentum durch die Ankunft des Christentums überholt sei. In der Geschichtsphilosophie von Kant wie von Hegel kommt dem Judentum die Rolle eines unvollkommenen Vorläufers für das höchste Stadium der Religion zu, das Christentum. Bruno Bauer, obwohl Atheist, schlug sogar vor, die Juden müssten zum Christentum übertreten, bevor sie für eine Befreiung in Frage kämen, weil das Christentum auf der Entwicklungsskala (die zum aufgeklärten Atheismus führte) höher stand als das Judentum.

Wichtiger noch vielleicht ist ein Gefühl der Verzweiflung, wenn man das Christentum präzise als Auslöser des Antisemitismus und des Holocausts benennt. Wenn das Christentum die Schuld trägt, was kann man dann ausrichten? Hier mögen wir auf die Analogie des Blitzschlags zurückkommen. Die Ursache eines Todesfalls durch Blitzschlag als das Vorhandensein einer elektrischen Ladung in der Luft zu bestimmen, wäre sinnlos, weil es außerhalb menschlicher Kontrolle liegt. Wir stellen deshalb zu Recht lieber eine Ursache fest, die der Kontrolle unterliegt, zum Beispiel die falsche Entscheidung, sich unter einem Baum aufzuhalten. Manche Ursachen liegen zu tief, um erwähnenswert zu sein; so wäre es nicht hilfreich, den Holocaust der menschlichen Neigung zum Bösen zuzuschreiben. Andererseits sind manche Ursachen zu banal, um Erwähnung zu verdienen, es sei denn, wir entscheiden uns für einen akademischen historischen Zugang und kümmern uns nicht darum, ob unsere Analyse irgendwelche praktischen Vorschläge für die Zukunft ergibt.

Das Christentum ist jedoch keine Naturgewalt, sondern ein Produkt menschlicher Kultur. Der „Hass, so gewaltig und abgrundtief", mag zeitweise endemisch in der menschlichen Seele sein, sodass manche sogar geäußert haben, Antisemitismus habe überall existiert, wo es Juden gegeben habe. Dies ist nicht wahr; in China und Indien trafen die Juden nicht auf Antisemitismus wegen ihres „Andersseins", sondern nur auf Respekt für des Festhalten an ererbten Bräuchen. Antisemitismus tritt in Regionen auf, wo die beherrschende Religion aus dem Judentum hervorgegangen ist (d. h. Christentum und Islam) und deshalb darum kämpft, das Judentum zu ersetzen. Die Lösung liegt in der Entwicklung eines pluralistischen Denkansatzes. Diese hat tatsächlich weitgehend in westlichen Gesellschaften stattgefunden, aber auch in ihnen bleiben Nischen eines uneinsichtigen christlichen Triumphalismus. Wo Demokratie und Pluralismus keine sichere Tradition entwickelt haben (d. h. in Osteuropa und in islamischen Ländern), bleiben die Möglichkeiten für einen Holocaust bestehen.

Die größte Lektion des Holocaust ist jedoch die Existenz eines aggressiven nachchristlichen Antisemitismus, der die schlimmsten strukturellen Merkmale des traditionellen Antisemitismus beibehält. Dies ist ein Antisemitismus, der die religiösen Ursprünge leugnet und deshalb schwer zu behandeln ist. Seine Lösung jedoch liegt in einer Art Psychoanalyse, in der die unbewussten Wurzeln in Mythos, Folklore und Kunst freigelegt werden und ein rationales Verstehen der langen Geschichte des Hasses ermöglicht wird.

Anmerkungen

1 Ich habe Ursachen des Antisemitismus nach dem Holocaust weggelassen, zum Beispiel die Auffassung der Neuen Linken von Israel als Bastion des westlichen Imperialismus. Auch Ursachen des islamischen Antisemitismus sind als unbedeutend für die Ursachen des Holocausts übergangen worden.

2 Der Begriff „der Andere“ wurde von Emmanuel Levinas geprägt, der darunter etwas ganz anderes verstand als der heutige Gebrauch, nach dem es den unvertrauten Fremden bezeichnet, der durch seine Unangepasstheit an örtliche Verhaltensnormen Groll und Hass weckt. Levinas meinte mit „dem Anderen“ einfach den Mitmenschen, ob er zur eigenen Gesellschaft gehörte oder zu einer anderen, dem man etwas schuldete.

3 Dieses Buch ergänzt frühere Arbeiten über die mittelalterliche Dämonisierung der Juden, besonders *The Devil and the Jews* von Joshua Trachtenberg (1961).

4 Zu einer allgemeineren Behandlung der Bedeutung des Opfers für den Antisemitismus siehe Hyam Maccoby, *Der Heilige Henker: Die Menschenopfer und das Vermächtnis der Schuld*, Stuttgart 1999.

5 Besonders in seinem *Toward a Definition of Antisemitism*, Berkeley, CA, 1990.

6 Paul Lawrence Rose, *German Question/Jewish Question: Revolutionary Antisemitism from Kant to Wagner*, Princeton, NJ, 1990.

7 Siehe „Motive, Ursachen und Alibis: Eine Antwort an meine Kritiker“, von Daniel Jonah Goldhagen, http://www.goldhagen.com/. Siehe auch Goldhagens Artikel in *New Republic*, Dezember 1996 und Brief in *New York Review of Books* 44, 2 (6. Februar 1997).

8 Siehe Hyam Maccoby, *Ein Pariavolk. Zur Anthropologie des Antisemitismus*, Berlin und Leipzig 2019.

Anhang

Eine Interpretation von „Mr. Eliots Sonntagmorgen-Andacht“[1]

Polyphiloprogenitiv
Schwärmt das vor dem Fenster dort
Studierte Sudelköch des Herrn.
Vor allem Anfang war das Wort.

Kommentatoren (beeinflusst von der Überschrift aus *Der Jude von Malta*) verstehen unter den „studierten Sudelköchen“ die Geistlichkeit, die nach allgemeiner Ansicht von dem ganzen Gedicht satirisch kommentiert wird. Aber warum sind die Geistlichen „polyphiloprogenitiv“? Grover Smith[2] wird auf die Aussage reduziert, dies sei ein Bezug auf die Lüsternheit der Geistlichen in *Der Jude von Malta.* Aber lüstern zu sein ist etwas völlig anderes, als sich viele Kinder zu wünschen. Jedenfalls ist schwer zu verstehen, warum die Moral irgendwelcher fiktiver Klosterbrüder des 16. Jahrhunderts, wie sie von den Schurken des Stücks beschrieben wird, zur Grundlage eines satirischen Angriffs auf die Geistlichkeit im Allgemeinen gemacht werden sollte. Warum also „schwärmt“ die Geistlichkeit „vor dem Fenster dort“? Ist es einfach so, dass der Dichter sich in der Kirche befindet und die Geistlichen sieht, die draußen an den Fenstern vorbeigehen? Was kann das bedeuten?

Der Name der Gottheit in diesem Vers ist „der Herr“. Im nächsten Vers ist es „*το ἑν*“, und im dritten Vers ist es „der Getaufte Gott“. „Der Herr“ klingt nach Altem Testament. Ich schlage vor, dass sich der erste Vers auf die Sicht Gottes im Alten Testament bezieht, der zweite Vers auf jene der griechischen Philosophen und der dritte auf jene des Neuen Testaments, eine Verbindung oder Verschmelzung der vorhergehenden zwei. Die „studierten Sudelköche des Herrn“ sind die Juden. „Sudelköche“ bedeutet hier „Kleinhändler von Speisen und Getränken“.

Mit einem antijüdischen Vorurteil kann man bei Eliot zu diesem Zeitpunkt seiner Karriere rechnen. Er dürfte die Juden vor allem als Händler betrachtet haben, deren Religion sich sehr stark mit Essen und Trinken befasste, sowohl wegen der jüdischen Speisevorschriften als auch wegen des Tempelopfers (vgl. Röm 14, 17: „Denn das Reich Gottes ist nicht Essen und Trinken“). „Sudelköche *des Herrn*“ bedeutet sowohl „ihm gehörend“ als auch „für ihn“. Die Juden sind das Volk des Herrn, dem er Befehle hinsichtlich Essen und Trinken gibt, und sie versorgen den Herrn auch in der Form von Speise- und Trankopfern mit Essen und Getränken. Die Juden werden als „studiert“ bezeichnet, weil sie stolz sind auf die Weisheit des Gesetzes (1 Kor 1, 20: „Hat nicht Gott die Weisheit der Welt als Torheit entlarvt?“). Die Juden werden „polyphiloprogenitiv“ genannt, weil sie Fruchtbarkeit hoch schätzen („Seid fruchtbar und vermehrt euch“ ist das erste Gebot im Alten Testament), wegen ihres Wunsches nach Wachstum (Gen 22, 17: Ich will „deine Nachkommen zahlreich machen wie die Sterne am Himmel und den Sand am Meeresstrand“), und vielleicht auch wegen der typischen jüdischen familiären Anhänglichkeit, die Ezra Pound in Canto 29 angriff („philoprogenitiv“ kann „seine Kinder liebend“ , aber auch „Nachkommen wünschend“ bedeuten).

Die Strophe sagt aus, dass die Juden des Alten Testaments eine materialistische religiöse Einstellung hatten. Sie betrachteten sich als „Sudelköche“, die Gott mit Speisen und Getränken versorgten und dafür materielle Vorteile erwarteten. Sie waren außerstande, die nichtmaterielle, geistige Beschaffenheit Gottes zu würdigen, wie sie von griechischen Philosophen beschrieben und in Johannes’ Aussage ausgedrückt wird „Im Anfang war das Wort“. Dementsprechend waren die Juden außerstande, ihre Religion in der Welt einzurichten; sie „schwärmen vor dem Fenster“. Dies ähnelt einer Zeile in „Gerontion“ (im selben Gedichtband erschienen): „Und der Jude hockt auf dem Fenstersims, der Eigentümer.“ Eliot sieht die Juden außerhalb des Hauses (der europäischen Zivilisation), sie spähen hinein durch das Fenster oder treiben daran vorbei. Er mag das Haus besitzen (ein Hinweis auf seine angebliche finanzielle Macht), aber er kann nie darin wohnen, noch kann er sich davon trennen. Die nächste Zeile in „Gerontion“ lautet: „Gelaicht in Antwerpen, in irgendeiner Schwemme.“ Das Wort „gelaicht“ bringt, wie „poly“, nur unverhüllter, Eliots Widerwillen gegen die Fruchtbarkeit der Juden zum Ausdruck. Ein weiteres Beispiel für den Zusammenhang in Eliots Denken zwischen Juden und Fenstern findet sich in „Sweeney unter den Nachtigallen“, wo ein Mann (erkennbar als Jude durch „das schwere Auge“ und das „grinsende Gesicht“ [im Original „golden grin“, d. h. „Goldzähne“]) „den Raum verlässt, von draußen dann / sich an das Fenster lehnet dicht“.[3]

Wenn die frühere Interpretation der ersten Strophe richtig ist, erhält die Überschrift aus *Der Jude von Malta* eine neue Aussagekraft. Es ist Ithamore der Türke, der die Worte „Schau, schau, Herr, da kommen zwei fromme Prozessionsraupen“ zu seinem Meister, dem Juden Barabas, sagt. Es ist, zumindest teilweise, das Unverständnis, das der Nichtchrist für die Funktion der christlichen Geistlichkeit erkennen lässt, auf das Eliot in seiner Überschrift die Aufmerksamkeit lenken will. Falls Eliot wirklich in diesem Gedicht die Geistlichkeit angriff, hätte er sich mit den Schurken in *Der Jude von Malta* seltsame Verbündete als Helfer gesucht.

> Vor allem Anfang war das Wort,
> το ἑν durch Superfoetatione
> Da die Period erfüllet war
> Erschien Origines, die Drohne.

Die zweite Strophe befasst sich mit dem Irrtum, der jenem der Juden entgegengesetzt war, nämlich dem Irrtum, eine Auffassung von Gott anzunehmen, die zu geistig war. Dies war der Irrtum der heidnischen Philosophen, die eine Vorstellung von Gott als dem unpersönlichen Einen entwickelten, der das Wort oder den Logos als Emanation erzeugte. Diese Vorstellung vom Logos geriet in der christlichen Kirche in Konflikt mit der Lehre vom fleischgewordenen Wort und von der vollständigen Göttlichkeit Christi. Origines, der zu voll von griechischer Philosophie war, verachtete schließlich das Fleisch, wie seine Selbstkastrierung zeigte, und er vertrat ketzerische Ansichten über den fleischgewordenen Gott.

Somit wird der Grund für die Wiederholung der Zeile „Vor allem Anfang war das Wort“ klar. Am Ende der ersten Strophe erscheint es als Feststellung einer Wahrheit, die den Fehler der Juden berichtigt und ihr Scheitern erklärt. Am Anfang der zweiten Strophe erscheint es als Behauptung, die ihrerseits weitere Überlegungen und Einschränkungen erfordert, will sie nicht als Ketzerei gelten.

Man mag einwenden, dass es tatsächlich ein jüdischer Philosoph war, Philo, der als Erster die Logostheorie auf die biblische Theologie anwandte. Aber das ist eine solche Tatsache, die leicht übergangen oder abgetan werden kann von einem, der ein antijüdisches Hühnchen zu rupfen hat.

Warum ist das Wort eine „Superfoetation“? Welchen Sinn hat hier das Wort „Periode“? Und was soll das bedeuten, dass das Wort, von dem Einen erzeugt, dann zum Erscheinen von Origines führte? Grover Smith führt hier einige merkwürdige Vermutungen über die Sexualität Gottvaters bei der Erzeugung des Sohnes ein; aber diese Vermutungen gehen nach meiner Meinung an der Sache vorbei, da die Strophe sich nicht auf christliche Lehre bezieht, sondern auf griechische Philosophie. Ich schlage vor, dass das in dieser Strophe herausgearbeitete Bild vom Wort ein Ei ist. Das Eine erzeugte ein Ei, das Wort (vermutlich mit dem Ur-Ei der Mythologie gleichzusetzen), und dieses Ei erzeugte, „da die Periode erfüllet war“ (d. h. nach der richtigen Reifezeit), Origenes. Ich würde sogar vorschlagen, dass sich hier ein Wortspiel mit dem griechischen Ausdruck το έν [to hen] versteckt. Das Ur-Ei wurde von der Ur-Henne erzeugt.[4] Eliot mag auf den Gedanken eines derartigen gelehrten Scherzes durch eine Passage in Ezra Pounds „Mauberley" gekommen sein:

O strahlender Apoll,
τίν᾽ ἄνδρα, τίν᾽ ἥρωα, τίνα θεὸν
Welchem Mann, Heros oder Gott
Soll ich einen Blechkranz widmen!

Dass das Wort eine „Superfoetation" des Einen ist, kann man verstehen, indem man bedenkt, dass das Wort in der stoischen Spekulation (und bei Philo) das schöpferische Prinzip war, das zwischen dem Einen und den Vielen vermittelte (Johannes 1, 3: „Alles ist durch das Wort geworden, und ohne das Wort wurde nichts, was geworden ist"). Also wird das von dem Einen erzeugte Ei von den Vielen befruchtet und kann so die ganze Vielfalt des Lebens entstehen lassen. Doch für die christliche Lehre (sagt Eliot) ist diese Ansicht, falls bedingungslos, zu intellektuell und unpersönlich und gibt dem Fleisch nicht genügend kosmische Bedeutung. Die Folge, die in der Kirche ausgeheckt wurde, war daher die Häresie des Origines. In den nächsten zwei Strophen geht Eliot zur christlichen Sicht der Gottheit über, die (so schlägt er vor) frei ist von den Irrtümern des Judentums und der heidnischen Philosophie, doch beide kombiniert und zusammenfasst. Eliot möchte die christliche Auffassung nicht als Doktrin darstellen, sondern als Vision – eine einfache, bildhafte und tiefe Einsicht wie das Symbol in der literarischen Theorie. Eliot wendet sich nicht an die Theologen, sondern an die Maler und besonders an einen Maler der Primitiven Schule, unverdorben von der Theorie der Renaissance sogar in Bezug auf seine eigene Kunst. Die Sprache dieser zwei Strophen unterscheidet sich stark vom Rest des Gedichts; die vielsilbigen Wörter sind verschwunden. Der Maler ist ein schlichter Handwerker, offenbar nur mit den Einzelheiten seines Handwerks befasst (der „Gesso-Grund" zum Beispiel – aber nicht einmal hier ist er ganz sachkundig, denn die Materialien der „Wildnis" haben der Zeit nicht standgehalten, sie sind „sprüngig und in Braun") und mit seinem Auftrag, eine Taufe Christi samt „Nimbus" zu malen. Doch in diesem Gemälde ist die wesentliche christliche Vision ausgedrückt worden; das Wort, das Fleisch geworden ist, in seiner wahren Beziehung zu Gottvater und dem Heiligen Geist. Es ist der Getaufte Gott, den der Maler abbildet, nicht der Gekreuzigte Gott. Das

Fleisch wird in seinem Moment der Apotheose dargestellt, gereinigt von dem Makel der Sünde („die milden Füße“) und somit in der Lage, das Wort zu verkörpern.

Jetzt ist es möglich, zu verstehen, warum das Gedicht an dieser Stelle eine deutliche Pause oder Unterbrechung hat, die durch eine Linie von Punkten gekennzeichnet ist. Das Gedicht ist bis hierher eine Art Credo, eine Erläuterung der christlichen Auffassung von der Gottheit und ein Bericht, wie diese Auffassung entwickelt wurde. Der Rest des Gedichts beschäftigt sich nicht mit Gott, sondern dem Menschen. In diesem zweiten Teil haben wir einen Bericht vom Wesen und der Funktion der Kirche, und die beiden Teile zusammen bestätigen so zur Genüge, dass es nicht unzutreffend als „Sonntagmorgen-Andacht“ bezeichnet wird.

Man wird sofort einwenden, dass diese Interpretation den berühmten satirischen Ton außer Acht lässt, der bezeichnend für die Gedichte in dieser Periode von Eliots Werk sein soll. Ich hoffe, später zu beweisen, dass dieser Einwand hinlänglich entkräftet werden kann.

Presbyter nahen schwarzumwallt
Dem bußbereiten Nacheinand.
Die Jungen, rot und pickelig
Den Ablasspfennig in der Hand.

Die Vielsilber sind zurück. Die einfache klare Vision der letzten zwei Strophen, eine Vision des Göttlichen, weicht den banalen hässlichen Realitäten des Alltags in der Kirche. Das wiederholte Thema in dieser Strophe und der nächsten ist „Buße“. Statt der „milden Füße“, des geläuterten, sündenfreien Fleisches, haben wir das „picklige“ Fleisch der Menschen, fleckig vor Sünde. Statt des Ewigkeitsmoments der Verbindung von Fleisch und Wort, in Stille vom Maler eingefangen, haben wir die schmerzliche Bewegung der Zeit, in der ständig kleine Sünden gebüßt werden müssen und ständig ein neuer Anfang gemacht werden muss. Statt der ewig jugendlichen Schönheit des Getauften Gottes (das sind Echos von Adonis, Attis und Dionysos, für die die Taufe eine Wiedergeburt ist) gibt es die Aufspaltung in der Kirche zwischen den Jungen und den Alten. Die Geistlichen werden „Presbyter“ genannt, weil das „alte Männer“ bedeutet; sie sind schwarz, weil das Feuer des Lebens in ihnen erloschen ist. Aber in den Jungen erzeugt das Feuer des Lebens eine hässliche Rötung und einen Ausbruch von Geschwüren. Bei diesen Menschen ist das Fleisch verdorben in der Jugend und ohnmächtig im Alter. Statt der einmaligen Taufe, ihrer unumkehrbaren Wiedergeburt auf einer übernatürlichen Ebene, gibt es ständig die kleinen Ausbrüche von Sünde, deren jede den Ablasspfennig erfordert.

> Unter dem Fegefeuertor,
> Gestützt von starren Seraphim
> Schwelt manche fromme Büßerseele
> In fahlem Dämmer vor sich hin.

Die Syntax dieser Strophe gibt Rätsel auf. Sollte am Ende der vorigen Strophe statt eines Punkts ein Komma stehen? Wenn ja, sind es die Jungen, die den Ablasspfennig unter dem Fegefeuertor umklammern. Aber was für ein Fegefeuertor? Ist das irgendein Hinweis auf die innere Struktur einer Kirche? Wenn ja, sind die Details schwer zu erkennen. Und wer sind die Frommen, deren Seelen „im fahlen Dämmer vor sich hin schwelen"? Sind sie dieselben Menschen wie die „Jungen" der vorigen Strophe? Oder sind sie die „Presbyter"? Oder eine andere Gruppe? Und wenn die Seelen unsichtbar sind, wie können sie auch fahl sein? Und warum schwelen sie? Die übliche Interpretation, die sich auf das Wort „fahl" konzentriert und die Strophe als Bezug zu den lauen Gebeten der sogenannten Frommen versteht, beantwortet diese Fragen nicht.

Wenn wir jedoch den Punkt am Ende der vorigen Strophe ernst nehmen, kommen wir zu einer anderen syntaktischen Struktur. Das Wort „unter" wird ein Adverb („unterhalb"), keine Präposition, und unmittelbar danach ist das Verb „ist" zu denken. (Ein ähnlicher Zweifel zwischen Adverb und Präposition tritt in dem Fall von „obendrauf" in den vierten Strophe auf, „oberhalb"? Ich werde darauf zurückkommen, ob es einen Anlass für Bedenken gibt.) Die Interpretation drängt sich nun auf, dass diese Strophe sich auf das Purgatorium bezieht.

> Darunter sind die Büßertore des Purgatoriums, bewacht von ehrfurchtgebietenden geflügelten Engeln. Innerhalb der Tore brennen die Seelen derer, die geläutert werden, nachdem sie Gottes Gnade errungen haben. Manche dieser Seelen sind unsichtbar und manche sind fahl sichtbar.[5]

Die Strophe setzt die Idee der vorigen Strophe fort, die die Kirche als eine mit der Läuterung des Fleisches befassten Gemeinschaft behandelt, und zeigt, dass diese Läuterung auch nach dem Tod fortgesetzt werden muss. (Die mittelalterliche Lehre beharrte auf der körperlichen Realität der Qualen des Fegefeuers und seiner Flammen.) Das Fegefeuer liegt unterhalb der Kirchgänger (der „Presbyter" und der „Jungen"), weil Dante das Purgatorium (den Läuterungsberg) bei den Antipoden angesiedelt hat.

Das „Fegefeuertor“ heißt im Purgatorium „Pforte Petri“. Die Pforte ist nicht nur den Eingang zum Ort der Buße, sondern sie wird auch über die Drei Stufen der Buße erreicht. Die „starren Seraphim“, die die Pforte stützen, sind die zwei Engel des Tals, die den Teil des Vorpurgatoriums bewachen, der der Pforte und dem Engel der Pforte selbst am nächsten liegt. Die Gesichter aller drei Engel werden als ehrfurchtgebietend beschrieben (8. Gesang, 35 und 9. Gesang, 81).

Dass die Seelen im Purgatorium „fromm“ genannt werden, ist nicht überraschend; denn diese Seelen nehmen alle ihre Bestrafung bereitwillig an und sind in Gottes Gnade. Katholiken nennen diese Seelen „heilig“, und es ist sogar erlaubt, um ihre Fürsprache zu beten. Dass manche dieser Seelen unsichtbar und manche im fahlen Dämmer sichtbar sind, erklärt Dante mit seinem Bericht von der Flammenwand der Siebenten Terrasse, wo die Seelen dem Dichter nur zeitweise sichtbar werden. Eliot zitiert direkt aus dem gleichen Abschnitt in „Das wüste Land“: „Poi s’ascose nel foco che gli affina“ (Zeile 427). Arnold, der aus der Mitte der Flammen so weit herausgetreten war, dass er sichtbar wurde, ging zurück und wurde wieder unsichtbar. Auch wenn sie vollständig sichtbar sind, haben die Schatten („ombre“) des Purgatoriums einen „corpo fittizio“. Ein weiterer Grad der Schattenhaftigkeit tritt auf, wenn der Schatten gerade erscheint oder verschwindet, wie wenn Guido (26. Gesang, 135) „schwand in dem Feuer, gleichwie der Fisch im Wasser, der zum Grund fährt“ („come per l’acqua pesce andando al fondo“).

Es bleibt zu erklären, warum Eliot in dieser Strophe wie in der 4. Strophe beim Leser eine Unsicherheit zwischen Präposition und Adverb erzeugt hat. In beiden Fällen wird die Präposition beim ersten Lesen als natürlicher verstanden. In der 4. Strophe wird die erste Lektüre unweigerlich den Ausdruck „above the painter“ [„über dem Maler“] ergeben, um unweigerlich in der nächsten Zeile, die sehr deutlich macht, dass „above“ als Adverb [„obendrauf“] gedacht ist, ersetzt zu werden. Doch der Ausdruck „über dem Maler“ bleibt als Hintergedanke haften, und damit wird die Wirkung erzeugt, dass der Maler einen solchen Eindruck von Unmittelbarkeit gegeben hat, dass er einer in der Menge der Zuschauer auf dem Gemälde zu sein scheint. In der 6. Strophe folgt das Wort „unter“ anscheinend ganz natürlich als Präposition nach der vorigen Strophe, dass wir auch dann, wenn wir es als Adverb lesen (wozu uns der vorangehende Punkt zwingt), dennoch den Eindruck beibehalten, die Kirchgänger seien irgendwie „unterhalb des Fegefeuertors“. Und das sind sie auch, denn das irdische Leben ist eine Art Wartezimmer für das Purgatorium, und die Pforte Petri wartet auf sie, bedrohlich über ihnen am Ende ihres irdischen

Weges. Die Pforte Petri ist also sowohl unter ihnen als auch über ihnen. Eliots hintergründige Verwendung der Interpunktion, um Zweideutigkeit zu erzeugen, wurde von dem Dichter und Literaturkritiker William Empson in seinen Bemerkungen zu einem Gedicht Eliots aus dieser Epoche, „Unsterblichkeits-Wehen", erwähnt.

Es sollte angemerkt werden, dass der einzige Teil von Dantes Purgatorium, in dem Seelen durch Feuer geläutert werden, die Siebente Terrasse ist, wo es sich bei den Sünden, von denen sie befreit werden, um die Sünde der Wollust handelt. Dies ist wichtig in Hinblick auf das sexuelle Thema in der nächsten Strophe. (Im Fegefeuer des Thomas von Aquin dagegen war Feuer das Standardmittel der Strafe, und das Fegefeuer der Stoiker hieß εμπύρωσις.)

Die Bienen längs dem Gartenwall
Vollführen mit behaartem Schwanz
Von Stamina zu Stigmata
Der Epizoen Minnetanz.

In dieser Strophe haben wir ein Beispiel für Eliots Überraschungstechnik, die im Wesentlichen auf eine Fortsetzung des Arguments mit bildlichen Mitteln hinausläuft. Der plötzliche Sprung zur Malerei der Vorrenaissance in der 3. Strophe war ein früheres Beispiel dieser Technik. Die Parabel von den Bienen, schlage ich vor, will Licht auf die Funktion der Kirche werfen und auf den ziemlich deprimierenden Gegensatz, der zwischen dem eintönigen Leben der Kirche und dem Moment göttlicher Erleuchtung besteht. Die Sache ist die, dass das Leben in der Kirche für alle ihre Mitglieder und insbesondere die Geistlichkeit ein Leben voller Opfer ist. Das treue Mitglied der Kirche muss die drängenden Forderungen des Fleisches leugnen, um sein Fleisch von der Sünde zu reinigen. Doch letztlich ist die christliche Religion keine Verleugnung des Fleisches, sondern in der zentralen Lehre von der Inkarnation eine Bejahung. Durch die Opferung der Begierden des Fleisches tragen die einzelnen Mitglieder der Kirche zur Apotheose des Fleisches bei, welches der Leib Christi ist – das Fleisch Gottes –, welches die Kirche ist. Die Substanz der Kirche ist das Fleisch (darum geht es in dem Gedicht „Das Hippopotamus", in dem das Hippopotamus, Symbol des Fleisches in seiner ganzen massigen, wabbligen, fehlbaren Absurdität, sich über die Kirche erhebt, wenn Letztere fälschlich empfunden wird, als stände sie über den Erschütterungen, die dem Fleisch eigen sind). So trägt die tägliche eintönige reumütige Existenz der einzelnen Kirchenmitglieder zum Tauferlebnis der Gottheit bei und hält dieses Erlebnis frisch. Die Arbeitsbienen verleugnen ihr sexuelles Wesen, aber anschließend bewirken sie die sexuelle Erneuerung der Natur. Das Erlebnis, das sie geopfert haben, geht dem Universum nicht verloren; es wird zusammengefasst und aufbewahrt und führt zu einer enormen zentralen sexuellen Kraftübertragung, die mit dem Herabkommen des Heiligen Geistes auf das Fleisch des Getauften Christus identisch ist. Diese Auffassung vom Opfer lässt sich durch Eliots gesamtes Werk nachzeichnen. Sie stammt letztlich von dem Abschnitt in Frazers *Der goldene Zweig*, der das wilde Opferritual beschreibt, durch das der primitive Mensch, wie er glaubte, die Kräfte der Natur erneuerte (LII, I). Der Gedanke hinter dem Ritual ist, dass wir nicht opfern dürfen, was wertlos ist (denn das wäre kein Opfer), sondern etwas äußerst Wertvolles, und dass wir es, indem wir es opfern, bewahren, nicht für uns, sondern für die Gemeinschaft und für das Universum. Dies gilt für jedes Kirchenmitglied, aber besonders für die Geistlichen. (In *The Idea of a Christian Society* [„Die Idee einer christlichen Gesellschaft", drei in Cambridge gehaltene Vorlesungen] rief Eliot zur Erneuerung der Mönchsorden in der Church of England auf.) Die Selbstverleugnung des Asketen unterscheidet sich stark von der Selbstkastration des Origines aus der 2. Strophe, an die das Wort „Epizoen" erinnert. Origenes verzichtete nicht auf Sexualität; er riss sie mit der Wurzel aus und leugnete so den Wert und die Göttlichkeit des Fleisches. Er wünschte einen reinen Geist, ohne das Bedürfnis nach Läuterung, und schmähte so die Inkarnation. Er machte es sich zu leicht mit seinem endgültigen Verzicht, der das ständige Bemühen um Selbstkasteiung überflüssig machte.

Die Worte „blest office" [im Original 7. Strophe, 4. Zeile, „gesegnetes Amt"] lässt uns sofort an die Geistlichkeit denken, und dies führt uns zurück auf die Überschrift aus *Der Jude von Malta*. Die Ungläubigen, Ithamore und Barabas, verstehen das „gesegnete Amt" der Geistlichkeit nicht, aber Ithamore kommt unbewusst auf eine fruchtbare Analogie, als er sie „Raupen" nennt. Er meint natürlich „wertlose Parasiten", wie wenn Bolingbroke Bushy und Bagot „gift'gen Wurmfraß des gemeinen Wesens" nennt (Shakespeares *Richard II.*, 2. Akt, 3. Szene); aber die Metapher aus der Insektenwelt bietet Eliot ein passenderes Bild aus der gleichen Sphäre als Symbol der Geistlichkeit.

Sweeney verlagert Back zu Back
Die Wanne schwappt bis an den Bug.
Die Meister der subtilen Schulen
Sind uneins, streitbar, siebenklug.

Hier haben wir einen weiteren Schockübergang, von den Arbeitsbienen zu Sweeney in seinem Bad. Es ist unschwer zu sehen, dass wir in dieser letzten Strophe wieder mit dem Fleisch und dem Wort befasst sind. Sweeney steht für das Fleisch ohne das Wort, und „die Meister der subtilen Schulen" stehen für das Wort ohne das Fleisch. Ich schlage vor, dass so, wie die Anfangsstrophen des Gedichts sich mit der vorchristlichen Epoche befassen, die letzte Strophe mit dem befasst ist, was man als nachchristliche Epoche bezeichnet hat. Im Heidentum der modernen Welt (sagt Eliot) hat ein Bruch zwischen dem Fleisch und dem Wort stattgefunden. Auf der einen Seite haben wir den barbarischen Sweeney, der das personifizierte Fleisch ist – sein Körper muss in Fleischbegriffen beschrieben werden. Auf der anderen Seite sind die Philosophen und Wissenschaftler, die eine neue Höhe des Wissens und der Kultiviertheit erreicht haben, deren Bemühungen aber die Welt spalten, anstatt sie zu vereinen. Es ist die gleiche Gegensätzlichkeit, die Eliot auf literarischem Gebiet mit seinem vieldiskutierten Ausspruch „die Dissoziation der Sensibilität" beklagte. Es steckt Ironie in der Tatsache, dass sich Sweeney in der Badewanne befindet; er bietet ein Bild, das man neben jenes Christi im Taufwasser stellen kann – die „milden Füße" werden neben Sweeneys „Schinken" [„ham" im Original] gestellt und die geheimnisvollen Wasser der Läuterung neben die nicht geheimnisvollen Wasser der säkularisierten Welt. Aber Sweeneys Fleisch und das Wasser in seiner Wanne sind ohne Heiligkeit. Die „Meister der subtilen Schulen" werden manchmal als die Scholastiker des Mittelalters interpretiert. Ich halte das für einen Fehler, aber ich würde vorschlagen, dass das Wort „Schulen" bewusst gewählt wurde, um die modernen Wissenschaftler auf die Scholastiker und somit auf deren ersten Denker, Origines, zu beziehen. Wir denken also, „die modernen Wissenschaftler haben den Geist vom Körper getrennt, gerade so, wie es manche mittelalterlichen Scholastiker und eben Origines taten. Moderne Wissenschaftler sind kastrierte Geister".

Es sollte angemerkt werden, dass die letzten zwei Zeilen des Gedichts unauffällig auf die ersten zwei Zeilen des Gedichts bezogen sind, denn die Wörter „subtle" und „polymath" [dt. „subtil", „siebenklug"] sind ein Echo auf „Sutlers" und „polyphiloprogenitive" [dt. „Sudelköch", „polyphiloprogenitiv"]. Ich meine, es bedeutet, dass die Welt einen vollen Kreis beschrieben hat; die modernen Wissenschaftler sind eine andere Rasse von Juden, und zwar wegen ihres Materialismus, ihres besonderen Scharfsinns und ihres Stolzes auf den Geist und ihrem Festhalten an den Vielen statt an dem Einen. (Die Juden, wird unterstellt, waren Individualisten, Rationalisten und Pluralisten, die ihre Nachkommenschaft mehren wollten, anstatt in der

Kirche zusammenzukommen zu einer einheitlichen Gemeinschaft im Leib Christi. Die Juden wünschten nicht, ihre Individualität in Einheit mit Gott zu versenken, sondern nur seine privilegierten Knechte zu sein.)

Somit ist die „Sonntagmorgen-Andacht" vollständig. Sie enthält eine Bestätigung des Glaubens an die christlichen Lehren von der Gottheit wie von der Kirche und eine Predigt gegen unchristliche Lehren, vorchristliche wie nachchristliche.

Ich komme nun zu der Frage, was mit dem satirischen Ton und Stil des Gedichts geschehen ist. Wenn das Gedicht eine fromme Bekräftigung des Glaubens ist, scheint wenig Raum für die satirischen Eigenschaften zu bleiben, die in diesen sarkastischen Vierzeilern so sehr bewundert worden sind. Auf diesen Einwand würde ich antworten, dass das Gedicht größtenteils nicht satirisch, aber voller Ironie ist. Die Ironie leitet sich nicht von billigen Standpunkten gegen die christliche Geistlichkeit ab, sondern von dem Konflikt zwischen Wort und Fleisch, die immer danach streben, sich zu vereinen, die aber mit lächerlicher und erbärmlicher Wirkung stets daran scheitern. Der Stolz des Fleisches und der Stolz des Wortes erleiden immer wieder einen unerwarteten Absturz, und dieser erzeugt die Ironie; doch trotz der jeweiligen Lächerlichkeit offenbart sich die Heiligkeit beider, wenn sie sich vereinen, entweder in der Person des Getauften Gottes oder in den alltäglichen Läuterungen der Kirche. Und es gibt eine weitere Quelle der Ironie, die mindestens gleich wichtig ist. Dies ist die Ironie, die Eliot gegen sich selbst richtet. Er nennt das Gedicht „Mr. Eliots Sonntagmorgen-Andacht".

Eliot wird oft wegen der dramatischen Gabe gepriesen, die ihn befähigte, Charaktere wie Prufrock und Sweeney zu erschaffen. Aber es wird nicht immer erkannt, dass eine der erfolgreichsten seiner dramatischen Personenbeschreibungen jene von „Mr. Eliot" selbst ist. Die Vielsilber dieses Gedichts vermitteln die Ironie und das Pathos des pedantischen und gebildeten Mr. Eliot, dessen Philosophie auf Verzicht und Ekstase beruht – eine Ekstase, die er nur in der Theorie erreichen kann.

Es tut mir leid, wenn ich die satirische Attacke auf die Geistlichkeit zerstört habe, die die Menschen so lieben, die jene Gedichte Eliots bevorzugen, die er vor seinem „Überlaufen" zur Religion schrieb. Ich fürchte, eine genaue Prüfung würde ähnliche Ergebnisse im Fall der anderen „satirischen" Gedichte dieser Periode zeitigen. Das Gedicht, wie es jetzt erscheint, ist in meinen Augen ein viel bedeutenderes Gedicht als das andere, das es bisher war; trotz des Antisemitismus, den (wenn ich recht habe) „Mr. Eliots Sonntagmorgen-Andacht" mit vielen Werken Eliots aus dieser Periode teilt.

Anmerkungen

1 Dt. von Hedda Soellner, Eliot 1972, S. 74 ff.
2 *T. S. Eliot's Poetry und Plays*, Chicago, IL, 1956, S. 43.
3 Siehe John Harrison, *The Reactionaries*, London 1966, S. 149 f.
4 Das Ur-Ei erscheint in phönizischen, ägyptischen, hinduistischen, finnischen und orphischen Schöpfungsmythen, In manchen Versionen wird das Ur-Ei von einem Urvogel gelegt.
5 Dante nennt diese Seelen „le devote ombre" (Purg. XIII, 82). Siehe auch Purg. XXIII, 21.

Literatur

Adams, Henry: *Mont-Saint-Michel and Chartres*, Princeton, NJ, 1981.
Arendt, Hannah: *The Origins of Totalitarism*, New York 1951. (dt. *Elemente und Ursprünge totalitärer Herrschaft*, Frankfurt a. M. 1955.)
Avineri, Shlomo: *The Social and Political Thought of Karl Marx*, Cambridge 1968.
Baker, William, „George Eliot's Daniel Deronda", *The Jewish Quarterly*, Frühjahr 1969.
Bauer, Bruno: *Die Judenfrage*, Braunschweig 1843.
British Union Quarterly, 120, 4. Juni 1938.
Brooke-Rose, Christine: *A ZBC of Ezra Pound*, London 1971.
Browning, Christopher: *Ordinary Men*, London 2001.
Buber, Martin: „Jüdische Renaissance", *Ost und West*, Bd. 1, Nr. 1., 1901.
–: „Zionistische Politik", *Die Jüdische Bewegung*, Berlin 1920.
Carroll, James: *Constantine's Sword*, Boston, MA, New York 2001.
Ceserani, Daniel: *Eichmann: His Life and Crimes*, London 2004.
Chamberlain, Houston Stewart: *The Foundations of the Nineteenth Century*, London 1899. (dt. *Die Grundlagen des neunzehnten Jahrhunderts*, München 1899)
Cheyette, Bryan: *Constructions of the Jew in English Literature and Society: Racial Representations, 1875–1945*, Cambridge 1993.
Cohn, Norman: *Warrant for Genocide: the Myth of the Jewish World Conspiracy and the „Protocols of the Elders of Zion"*, London 1970.
Cohn-Sherbok, Dan: *The Crucified Jew*, London 1992.
Cory, Daniel: „Ezra Pound: A Memoir", *Encounter*, Bd. 30, Nr. 5, 1968.
Curtis, M.: *Three against the Third Republic*, Princeton, NJ, 1959.
Davie, Donald: *Ezra Pound: The Poet Sculptor*, London 1964.
Drumont, Edouard: *La France Juive Devant l'Opinion*, Paris 1886.
Dühring, Eugen: *Die Judenfrage als Frage des Rassencharakters*, Leipzig 1901.
Eliot, T. S.: *After Strange Gods*, London 1934.
–: *The Complete Poems and Plays*, London 1969.
–; *The Waste Land: a facsimile and transcript*, hg. Eliot, Valerie, London 1971.
Felsenstein, Frank: *Anti-Semitic Stereotypes*, Baltimore, MD, 1999.
Frazer, J. G.: *The Golden Bough*, London 1922. (dt. *Der goldene Zweig. Das Geheimnis von Glauben und Sitten der Völker*, Leipzig 1928.
Goldhagen, Daniel: *Hitler's Willing Executioners*, London 1996. (dt. *Hitlers willige Vollstrecker – ganz gewöhnliche Deutsche und der Holocaust*, Berlin 1996)
–: „Motives, Causes and Alibis: A Reply to My Critics", http://www.goldhagen.com/
Golomb, Jacob, Hg.: *Nietzsche and Jewish Culture*, London und New York 1997.
Golomb, Jacob und Wistrich, Robert, Hg.: *Nietzsche Godfather of Fascism?*, Princeton, NJ, 2002.
Goodman, David G. und Miyazawa, Masanori: *Jews in the Japanese Mind*, New York 1995.
Graetz, Heinrich: *History of the Jews*, London 1891. (dt. *Geschichte der Juden. Von den ältesten Zeiten bis auf die Gegenwart*, 11 Bde., Berlin 1853–1875)
Guénée, Antoine: *Lettres de quelques juifs portugais et allemands*, 2. Aufl., II, 44, Nr. 1, Paris 1769.
Harrison, John R.: *The Reactionaries*, London 1966.
Hertzberg, Arthur: *The French Enlightenment and the Jews*, New York und London 1968.

Hitler, Adolf: *Mein Kampf*, London 1973.
d'Holbach, Paul Thiry: *L'esprit du Judaïsme, ou examen raisonné de la loi de Moyse, et de son influence sur la religion chrétienne*, London 1770.
James, William: *The Lettres of William James*, hg. von seinem Sohn Henry James, 2 Bde., Boston, MA, 1920.
Julius, Anthony: *T. S. Eliot's Anti-Semitism and Literary Form*, Cambridge 1995.
Keppel, Giles: *Jihad*, London 2002.
Kershaw, Ian: *Hitler, 1889–1936: Hubris*, London 1998. (Dt. *Hitler 1889–1936*, Stuttgart 1998)
Langmuir, Gavin: *Towards a Definition of Antisemitism*, Berkeley, CA, 1990.
Laqueur, Walter: *The History of Zionism*, London 2003. (dt. *Der Weg zum Staat Israel. Geschichte des Zionismus*, Wien 1975)
Leavis, F. R.: *„George Eliot's Zionist Novel"*, Commentary, Oktober 1960.
Levy, William Turner und Scherle, Victor: *Affectionately, T. S. Eliot*, London 1969.
Lewis, Bernard: *The Middle East*, London 1995.
–: *Semites and Anti-Semites*, London 1997.
–: *What Went Wrong?*, London 2002.
Lieberman, Saul: *Shki'in*, Jerusalem 1939.
Lindemann, Albert S.: *Esau's Tears*, Cambruídge 1997.
Maccoby, *Revolution in Judaea: Jesus and the Jewish Resistance*, New York 1980. (dt. *König Jesus. Die Geschichte eines jüdischen Rebellen*, Tübingen 1982)
–: *The Sacred Executioner: Human Sacrifice and the Legacy of Guilt*, London 1982. (dt. *Der Heilige Henker*, Stuttgart 1999)
–: *The Mythmaker: Paul and the Invention of Christianity*, London 1986. (dt. *Der Mythenschmied*, Freiburg 2007)
–: *Paul and Hellenism*, London 1991.
–: *Judas Iscariot and the Myth of Jewish Evil*, London 1992.
–: *Judaism on Trial*, London 1982, 1993.
–: „Holiness and Purity: The Holy People in Leviticus and Ezra-Nehemiah" in *Reading Leviticus: A Conversation with Mary Douglas*, Hg. John F. A. Sawyer, Sheffield 1996.
–: *A Pariah People: The Anthropology of Antisemitism*, London 1996.(dt. *Ein Pariavolk. Zur Anthropologie des Antisemitismus*, Berlin, Leipzig 2019)
–: *Jesus the Pharisee*, London 2003.
Maimon, Solomon: *An Autobiography*, Hg. Moses Hadas, New York 1975.
Manuel, Frank E.: *The Broken Staff: Judaism Through Christian Eyes*, Cambridge, MA, 1992.
Marcus, Jacob R.: *The Jew in the Medieval World*, New York 1975.
Martin, Graham: *Eliot in Perspective*, London 1970.
Marx, Karl: *Early Texts*, übers. und hg. von McLellan, David, Oxford 1971. (dt. *Marx-Engels-Werke*, 44 Bde., Berlin 1956–2018)
Mead, Margaret: *Growing up in New Guinea*, New York 2001. (dt. *Kindheit und Jugend in Neuguinea*, Eschborn 2002)
Nicholls, William: *Christian Antisemitism: A History of Hate*, Northvale, NJ, 1993.
Nietzsche, Friedrich: *Kritische Studienausgabe*, Hg. Colli, Giorgio und Montinari, Mazzino, Berlin 1975–1984.
Novick, Peter: *The Holocaust in Collective Memory*, London 1999.
Parkes, James: *The Conflict of the Church and the Synagogue*, London 1934.
Pearson, Gabriel: „Eliot: An American use of Symbolism" in *Eliot in Perspective*, Hg. Martin, Graham, London 1970.
Poliakov, Leon: *The History of Antisemitism*, Bd. 2, Philadelphia, PA, 2003.

Pound, Ezra: *Culture*, New York 1938, neue Ausg. erschienen als *Guide to Kulchur*, New York 1952.
–: *Impact, Essays on Ignorance and Decline of American Civilization*, hg. mit einer Einführung von Noel Stock, Chicago, IL, 1960.
–: *The Cantos of Ezra Pound*, London 1968.
Pulzer, Peter: *The Rise of Political Anti-Semitism in Germany and Austria*, London 1998.
Ricks, Christopher: *T. S. Eliot and Prejudice*, London 1988.
Rose, Paul Lawrence: *German Question/Jewish Question: Revolutionary Antisemitism from Kant to Wagner*, Princeton, NJ, 1990.
Rosenbaum, Ron: *Explaining Hitler*, London 1998.
Rougemont, Denis de: *L'amour et l'occident*, Paris 1962. (dt. *Die Liebe und das Abendland*, Köln 1966)
Rousseau, Jean-Jacques: „Des Juifs", in *Œuvres complètes*, III, Paris 1964.
Ruether, Rosemary: *Faith and Fratricide*, New York 1974.
Said, Edward: *Orientalism: Western Conceptions of the Orient*, London 2003.
Sartre, Jean Paul: *Réflexions sur la question Juive*, Paris 1954. (dt. *Überlegungen zur Judenfrage*, Reinbek 1994)
Smith Grover: *T. S. Eliot's Poetry and Plays*, Chicago, IL, 1956.
Trachtenberg, Joshua: *The Devil and the Jews – Medieval Conceptions of the Jews and its Relation in Modern Antisemitism*, New York 1961.
Voltaire, François-Marie Arouet de: *Dictionnaire philosophique*, Genf 1764.
Wagner, Richard: *The Jews in Music and other Essays*, Lincoln, NE, 1995. (dt. *Das Judentum in der Musik*, Leipzig 1869)
Wistrich, Robert: *Hitler's Apocalypse*, New York 1985. (dt. *Der antisemitische Wahn. Von Hitler bis zum Heiligen Krieg gegen Israel*, München 1987)

Über den Autor

Hyam Maccoby
(1924–2004) war Talmudphilologe, Bibliothekar am Leo Baeck College in London und zuletzt Professor für Judaistik an der Universität Leeds. Er erforschte die Entstehung und historische Dynamik von Christentum und Judentum und veröffentlichte viele Bücher und Artikel. Seine zentralen Werke *Der Mythenschmied. Paulus und die Erfindung des Christentums* und *Der Heilige Henker. Die Menschenopfer und das Vermächtnis der Schuld* wurden auch außerhalb der akademischen Welt bekannt. Sein Theaterstück *Die Disputation* wurde in zahlreichen Städten der USA sehr erfolgreich aufgeführt. Außerdem liegen bisher in deutscher Übersetzung vor: *Jesus und der Jüdische Freiheitskampf* und *Ein Pariavolk. Zur Anthropologie des Antisemitismus.*